实电
战商

教育部中等职业教育专业技能课立项教材

活页
教材

中等职业教育
实战型
电子商务系列教材

网店运营

主　编　李　俊
副主编　李百灵　姜　滢
参　编　杨春影　陈　栩　刘加亮
　　　　王云鹏　韩　柳

PPT课件　电子教案　课程标准　微课视频

中国人民大学出版社
· 北京 ·

图书在版编目（CIP）数据

网店运营 / 李俊主编. -- 北京 : 中国人民大学出版社，2023.5
教育部中等职业教育专业技能课立项教材
ISBN 978-7-300-31129-6

Ⅰ. ①网… Ⅱ. ①李… Ⅲ. ①网店－运营管理－中等专业学校－教材 Ⅳ. ① F713.365.2

中国版本图书馆 CIP 数据核字（2022）第 191402 号

教育部中等职业教育专业技能课立项教材
中等职业教育实战型电子商务系列教材
网店运营
主　编　李　俊
副主编　李百灵　姜　滢
参　编　杨春影　陈　栩　刘加亮　王云鹏　韩　柳
Wangdian Yunying

出版发行　中国人民大学出版社
社　　址　北京中关村大街 31 号　　邮政编码　100080
电　　话　010－62511242（总编室）　010－62511770（质管部）
　　　　　010－82501766（邮购部）　010－62514148（门市部）
　　　　　010－62515195（发行公司）　010－62515275（盗版举报）
网　　址　http://www.crup.com.cn
经　　销　新华书店
印　　刷　中煤（北京）印务有限公司
开　　本　787 mm × 1092 mm　1/16　　版　　次　2023 年 5 月第 1 版
印　　张　15.25　　印　　次　2023 年 5 月第 1 次印刷
字　　数　321 000　　定　　价　55.00 元

前言 PREFACE

为全面贯彻落实《国家职业教育改革实施方案》，积极推进职业院校“三教”改革，推进“1+X”证书制度试点工作，立足职业教育类型特点和电商行业发展对技术技能人才的需求，探索开发新形态教材，夯实学生可持续发展基础，拓展学生就业创业本领，校企合作开发了《网店运营》活页式教材。

本教材共设五大模块，分别是网店开设、网店装修、运营推广、网店客服和运营数据分析。每个模块下设工作任务，以任务创设工作场景，共计19个工作任务，用以强化学生技能训练，提升学生实训能力。

本教材具有以下特色：

1. 深化教材改革，打造多元立体教材

党的二十大报告首次明确提出“加强教材建设和管理”，表明教材建设国家事权的重要性。本教材以“活页教材+活页笔记+操作手册”三位一体，共建活页式多元立体教材，使得教材更具内容开放性、更新及时性、主体联合性、使用便捷性等特点，更加契合学生学习主体性要求，充分体现“工学结合”理念，更加符合职业教育人才培养需求，符合新时代职业教育所倡导的“以学生为中心”的教育理念要求。

2. 对接工作岗位标准，实现“教学做一体化”

本教材立足于岗位需求，对接工作岗位标准，融入网店运营（初级）证书考核标准，确定教学目标与教学内容，遵循企业岗位典型工作过程，设计教材各模块，确保教材与实际工作紧密结合，让学生在职业行动中构建职业能力，通过职业行动应用知识与理解知识，实现“教学做一体化”。

3. 遵循学生认知规律，强化育训结合理念

本教材结合职业院校学生的学习习惯，提炼“学习—模仿—理解—运用”模式，每个任务由任务目标、任务背景、任务分析、知识解析、学习笔记、实训任务、评价与总结、任务延伸与拓展等环节构成，促进各阶段学习顺利转化，实现“做中学”“做中思”。同时，实训任务均设有任务示例与详细的任务操作步骤，为学生完成实训提供“脚手架”，提高学生动手实践能力和专

业知识运用能力，实现学与做的双向轮动。

4. 实施课程思政，落实立德树人根本任务

2022年国家提出实施“数商兴农”工程，推进电子商务进乡村，推动农村创新创业，助力乡村振兴。本教材以学生创业、开设农产品网店为背景，从农产品选品到运营数据分析，让学生在学习中感受农村电商的大有可为。同时，每个模块设计岗位快照、素养园地等栏目，结合实际案例，让学生拓展法律知识，提升职业素养，树立诚信经营、合法合规的开店意识。

5. 丰富教材资源，突出“纸数一体化”设计

教材配有丰富的数字化资源，每个模块都配有课件、教案、微课、习题等，为教师教学、学生自学提供了便利。教材将具有典型性、实用性的优质资源以二维码的形式进行标注，供使用者即扫即用。

本教材由李俊担任主编，李百灵、姜滢担任副主编。具体编写分工如下：陈栩编写模块一，杨春影、李百灵、王云鹏编写模块二，李俊、刘加亮编写模块三，李俊、韩柳编写模块四，姜滢编写模块五。本教材在编写过程中得到了北京市劲松职业高中领导的大力支持，得到了原北京联合大学应用科技学院院长支芬和教授的悉心指导，还得到了北京博导前程信息技术股份有限公司、晟熙商贸等企业的大力支持，在此一并表示衷心感谢。

由于编者水平有限，疏漏之处在所难免，恳请广大读者提出宝贵意见与建议。

编者

目 录 CONTENTS

模块一 网店开设

模块二 网店装修

模块三 运营推广

模块四 网店客服

模块五 运营数据分析

模块一

网店开设

岗位快照

网店运营岗位

职位描述

岗位职责

1. 负责淘宝、天猫、京东等平台店铺的运营工作。
2. 负责网店日常维护，保证网店的正常运作，能优化店铺。
3. 负责对接第三方平台运营（如阿里小二），深度配合，获取资源。
4. 负责产品信息整理、产品选品与优化、产品上下架与维护等。
5. 配合并执行网店推广，策划店铺活动，完成店铺销售目标。
6. 跟踪监控网店运营数据，及时提出运营改进措施与改进方案。

任职要求

1. 熟悉淘宝、京东等主流电商平台的运营环境、操作流程及交易规则等。
2. 具有应变能力，能够洞察网络市场动态，主动分析，从容应对。
3. 熟悉各种营销工具，对商品促销活动有一定的策划和组织能力。
4. 善于沟通，具备良好的沟通协调能力。
5. 责任心强，具有亲和力及团队合作精神。
6. 具有 1 年及以上淘宝、天猫、京东等平台的网店运营经验，或独立开过网店。

学习路线

工作任务一

选择开店平台

任务目标

知识目标：1. 能够说出国内主流的网上开店平台及其特点。
2. 能够说出跨境主流的网上开店平台。

技能目标：能够根据自身的实际需求选择适合的电商平台开店。

素养目标：遵守电子商务行业规范，养成认真严谨的工作态度。

任务背景

小白毕业后，了解到家乡的农产品滞销，为了帮助乡亲们解决农产品销售的问题，小白想结合所学专业，充分发挥电商优势，开设网店，帮助乡亲们将果鲜味美的农产品推广到全国各地。目前，他手里有5 000元启动资金，他该如何选择网上开店平台？

任务分析

在网上开店前首先要挑选适合自己的平台。近几年，随着电子商务的发展，已经形成了几大成熟的主流电子商务平台，既有国内电商平台，也有国外电商平台。各个平台都有自己的销售与运营模式，有自己的优势与特点。商家在开店前，一定要先了解各大电子商务平台的运作模式，并结合开店需求、产品品类、消费者类型等因素，选择适合自己的经营平台，只有这样才能更好地将自己的商品销售出去。

知识解析

一、国内主流电商平台

随着近几年电子商务的繁荣发展，可以为网店运营者提供网上开店服务的电商平台有很多，目前国内主流的电商平台有淘宝网、天猫商城、京东商城、拼多多等，可以在线上销售的商品与服务种类包罗万象。

1. 淘宝网

淘宝网（见图1-1-1）是国内使用最广泛的C2C个人网上交易电商平台，深受网络消费者的喜欢。淘宝网拥有上亿的注册用户数，每天有上千万的用户访问量，每天上架的在线商品数量已经超过了 8 亿件，平均每分钟售出几万件商品。淘宝网在 C2C 电子商务市场上占据的市场份额颇高，它具有门槛低、创业资金少、风险低、压力小的特点。

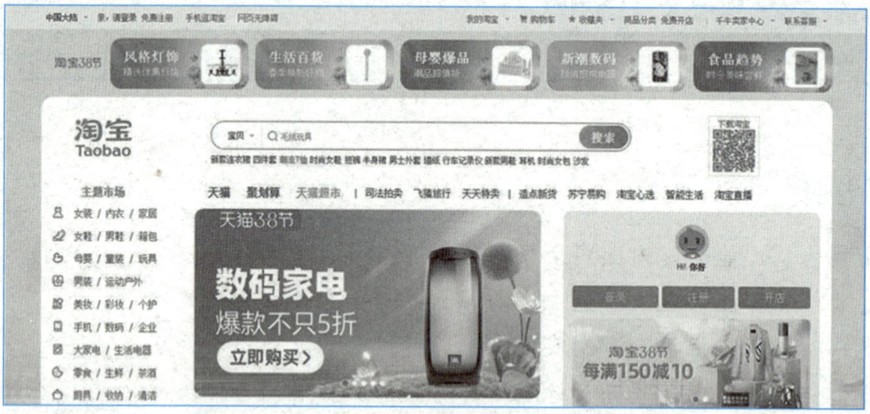

图 1-1-1　淘宝网首页

淘宝网的店铺类型有个人店铺和企业店铺两种。个人店铺是由通过支付宝个人实名认证的卖家创建的店铺，企业店铺是通过支付宝企业认证并以工商营业执照开设的店铺。目前这两类店铺都是免费开店。

天猫商家入驻资费标准

2. 天猫商城

天猫商城（见图 1-1-2），亦称天猫，成立于 2008 年 4 月，是阿里巴巴集团旗下的一个综合性购物网站。天猫商城是淘宝网打造的 B2C 商业零售平台，其整合了众多家品牌商、生产商，为商家和消费者之间提供一站式购物解决方案。天猫入驻门槛较高，品牌商提供 100% 品质保证的商品，7 天无理由退货的售后服务，以及购物积分返现等优质服务。目前，天猫已成为知名的第三方品牌及零售平台。

图 1-1-2　天猫商城首页

天猫店铺包括旗舰店、专卖店和专营店三种店铺类型，三者之间的对比见表 1-1-1。

表 1-1-1 天猫平台不同类型店铺对比

对比项目	旗舰店	专卖店	专营店
类型定义	以自有品牌或由商标权人提供独占授权的品牌入驻天猫开设的店铺	以商标权人提供普通授权的品牌入驻天猫开设的店铺	同一天猫经营大类下经营两个或两个以上品牌的店铺
品牌数量	一个（多品牌为邀约入驻）	一个（多品牌为邀约入驻）	至少两个
授权要求	有品牌商直接授权的独占授权书	品牌商直接授权	以品牌商为源头的授权链条（授权级数按照各类目的要求）
保证金	R 标：5 万元 TM 标：10 万元	R 标：5 万元 TM 标：10 万元	R 标：10 万元 TM 标：15 万元
软件服务年费	参照店铺经营的一级类目，3 万元或 6 万元	参照店铺经营的一级类目，3 万元或 6 万元	参照店铺经营的一级类目，3 万元或 6 万元
软件服务费	根据类目不同，按销售额的百分比计费	根据类目不同，按销售额的百分比计费	根据类目不同，按销售额的百分比计费
R 标 ®：是注册商标的标记，指该商标已在国家商标局进行注册申请并已通过商标局审查，成为注册商标。 TM 标Ⓣⓜ：既包含注册商标，也包含直接使用未经商标局审核注册的商标。			

3. 京东商城

京东商城（见图 1-1-3），创办于 2004 年 6 月，是我国 B2C 市场较大的综合网络零售商，也是国内主流电商平台中颇受消费者欢迎，并具有一定影响力的电子商务交易平台。京东商城是京东集团打造的一站式综合购物平台，既有京东自营店铺，又有第三方买家入驻。商城主营家电、3C 数码、电脑、家居、服饰、母婴、食品等多类目上万个品牌的百万种商品，特别是对于 3C 产品，京东商城具有较大的品牌、价格、配送等方面优势。

京东自建的物流中心拥有我国电商领域规模强大的物流基础设施，为入驻商家提供仓储、运输、配送、售后等一体化供应链解决方案。其物流服务包括京东供应链、京东快递、京东快运、京东冷链、京东云仓、京东跨境等。

京东商城的店铺类型包括旗舰店、专卖店和专营店三种。旗舰店指卖家以自有品牌或由权利人出具在京东开放平台开设品牌旗舰店的独立授权文件入驻京东开放平台开设的店铺；专卖店指卖家持有他人品牌授权文件在京东开放平台开设的店铺；专营店指经营京东开放平台相同以及类目下两个及以上他人授权或自有品牌商品的店铺。

京东全渠道开放平台店铺资质管理规范

知识解析

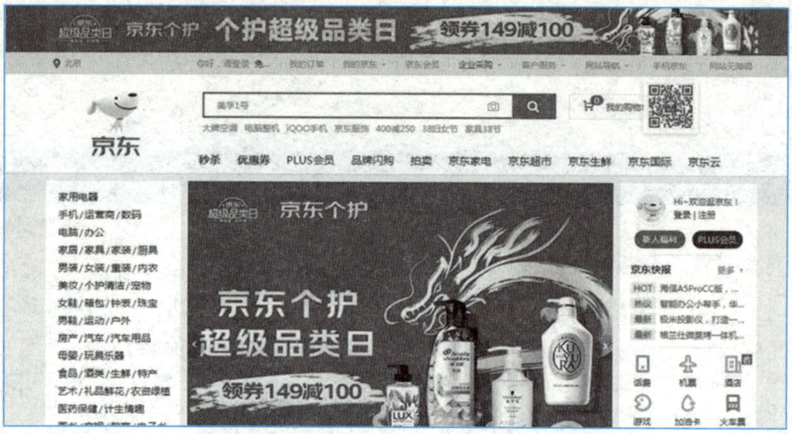

图 1-1-3　京东商城首页

知识拓展

京东运营模式

目前，京东平台运营模式共有四种，分别是 SOP、SOPL、FBP、LBP。自主申请入驻京东的卖家，默认 SOP 经营模式。四种运营模式特点如表 1-1-2 所示。

表 1-1-2　京东运营模式特点

运营模式	特点
SOP	注册资金达人民币 50 万元以上； 与淘宝模式类似，商家自己负责商品信息上传、展示、资讯回复、销售推广、发票开具、物流配送及售后等所有服务。
SOPL	注册资金达人民币 50 万元以上； 京东给商家提供独立操作的后台，商品配送与客服由京东负责，商家每日将产生的订单打包送至京东仓储中心，京东完成订单配送和收款，商家负责给买家开发票。
FBP	注册资金达人民币 50 万元以上； 与京东自营模式类似，商家自己负责商品信息上传、展示、资讯回复、销售推广等。消费者下单后，京东根据双方签订的协议提供仓储及配送等供应链服务，并由京东向消费者开具发票。
LBP	注册资金达人民币 50 万元以上； 京东给商家提供独立操作的后台，商品配送与客服由京东负责，商家每日将产生的订单打包送至京东仓储中心，京东完成订单配送和收款，京东向买家开具发票。

4. 拼多多

拼多多（见图 1-1-4）成立于 2015 年 9 月，是第三方社交电商平台，消费者通过发起和朋友、家人、邻居等的拼团，可以以更低的价格，拼团购买优质商品。

拼多多依靠网络人气的聚集，让用户能以低廉的价格买到优质的商品，从而体会购物过程中的乐趣。通过分享商品链接形成的社交理念，形成了拼多多独特的新社交电商思维。目前，拼多多的年活跃买家数量达到了上亿级。拼多多的店铺类型包括个人店铺和企业店铺两种。拼多多入驻需要向平台缴纳保证金，除虚拟类目保证金较多，需缴纳 10 000 元以外，其他类目的个人店铺保证金均为 2 000 元，其他类目的企业店铺保证金为 1 000 元。

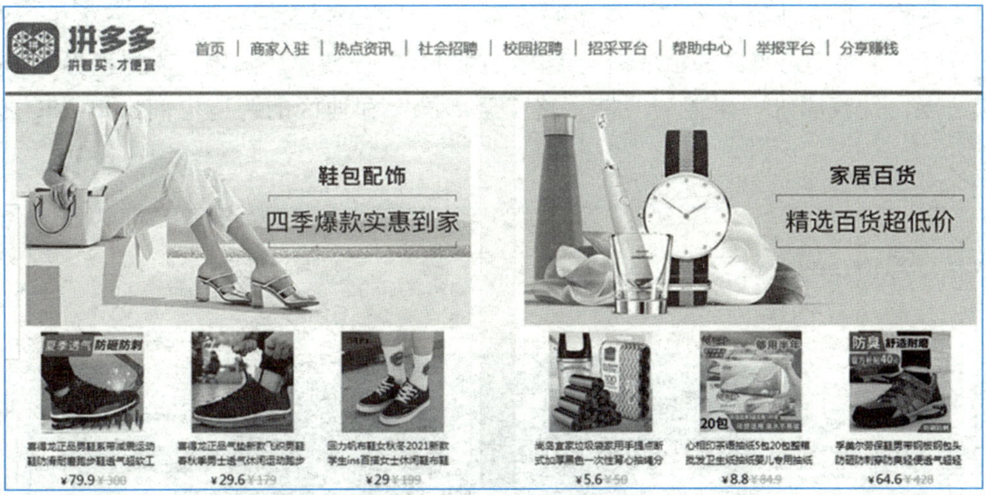

图 1-1-4　拼多多首页

知识拓展

电子商务经营模式

- C2C（Customer to Customer）：消费者个人之间借助网络进行的电子商务活动，即一个消费者通过网络销售平台把商品销售给另一个消费者的线上交易活动。例如，消费者在闲鱼出售二手货品，甚至是新品，最终被其他消费者购买，达成交易。
- B2C（Business to Customer）：企业与消费者之间借助网络进行的电子商务活动，企业直接面向消费者销售商品和服务。这种形式的电子商务一般以各类商品零售为主，开展线上交易活动。
- B2B（Business to Business）：进行电子商务交易的供需双方都是企业（或商家、公司），它们使用互联网的技术或各种商务网络平台完成商务交易。
- C2B（Customer to Business）：是互联网经济时代新的商业模式。在这种模式下，先有消费者提出需求，后有生产企业按需求组织生产。通常情况为消费者根据自身需求定制产品和价格，或主动参与产品设计、生产和定价，产品、价格等彰显消费者的个性化需求，生产企业进行定制化生产。
- O2O（Online to Offline）：即线上到线下，是指将线下的商务机会与互联网结合，让互联网成为线下交易的平台。

二、跨境主流电商平台

1. 速卖通

速卖通（英文名：AliExpress，见图 1－1－5）是阿里巴巴旗下的面向国际市场打造的跨境电商平台，被卖家称为“国际版淘宝”。全球速卖通平台入驻门槛较低，适合初级卖家，面向国际买家，通过支付宝国际账户进行担保交易，并使用国际物流渠道运输发货，是全球第三大英文在线购物网站。目前，速卖通已经覆盖了 220 余个国家和地区，主要交易市场为俄罗斯、美国、西班牙、巴西、法国等，支持世界上 18 种语言站点，是我国唯一覆盖“一带一路”全部国家和地区的跨境电商出口 B2C 零售平台。

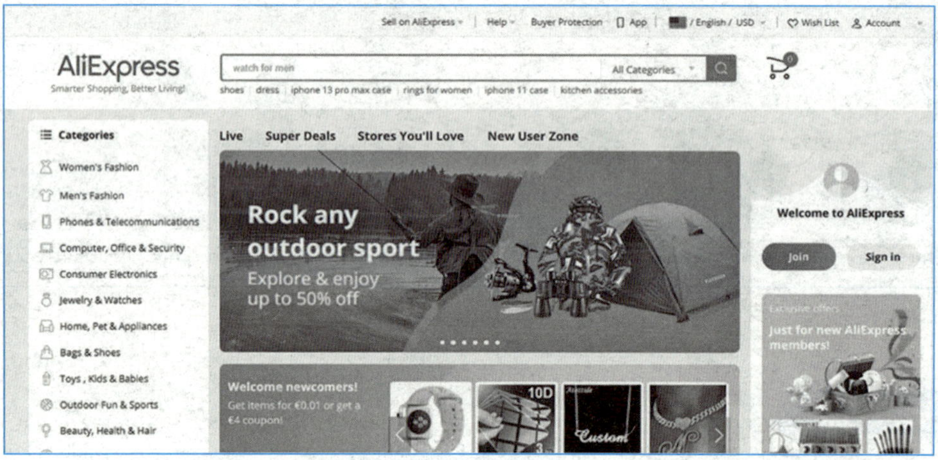

图 1－1－5　速卖通首页

2. 亚马逊

亚马逊（英文名：Amazon，见图 1－1－6），成立于 1994 年，是美国的一家网络电子商务公司。亚马逊从开始只经营网络的书籍销售业务，到现在扩展到了范围相当广的其他产品。

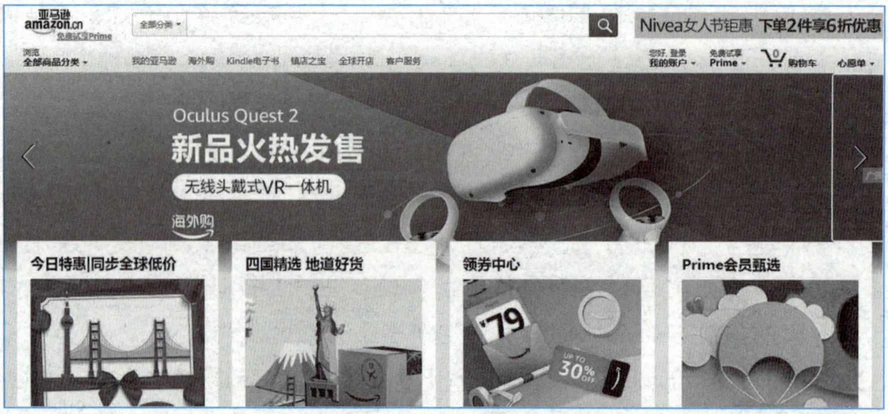

图 1－1－6　亚马逊首页

亚马逊的主营商品类别有图书，影视，音乐和游戏，数码下载，电子产品和电脑，家居园艺用品，玩具，婴幼儿用品，食品，服饰，鞋类，珠宝，健康和个人护理用品，体育及户外用品，汽车及工业产品等。与速卖通相比，亚马逊入驻门槛较高，亚马逊入驻费用包括店铺月租费和成交费。专业卖家账号的店铺月租费在不同站点收费标准不同，个人卖家账号不需要缴纳月租费用。成交费（类目佣金费）一般佣金比例在8%～20%，根据类目而定。以美国站点为例：

月租费：个人卖家无月租费，专业卖家每月 39.99 美元。

佣金：不同品类商品的佣金比例和按件最低佣金各不相同，按较高收取。

单件销售费用：个人卖家每件收取 0.99 美元，专业卖家无须付费。

学习笔记

1. 淘宝网

淘宝网			
电商经营模式	店铺类型	平台费用	特点

2. 天猫商城

天猫商城			
电商经营模式	店铺类型	平台费用	特点

3. 京东商城

京东商城			
电商经营模式	店铺类型	平台费用	特点

4. 拼多多

拼多多			
电商经营模式	店铺类型	平台费用	特点

5. 速卖通

速卖通			
电商经营模式	店铺类型	平台费用	特点

6. 亚马逊

亚马逊			
电商经营模式	店铺类型	平台费用	特点

实训任务

1. 任务示例

某商户选择速卖通作为开店平台的原因分析，如表 1-1-3 所示。

表 1-1-3　选择速卖通作为开店平台的原因

选择平台	选择原因
速卖通	店铺自身情况：为服装配饰类产品的企业店铺，供应商直接拿货销售，具有价格优势。
	目标消费群体：主要面向海外买家，且目标消费群体为发展中国家和经济相对落后国家的中低端买家。
	入驻门槛方面：跨境平台中，速卖通平台作为阿里巴巴旗下的国际版淘宝，平台操作简单易学，入驻门槛低，适合初次尝试跨境经营的卖家平台费用方面，佣金比例相对低，佣金比例为总销售的 17%，每件产品最低佣金 1 美元。

2. 任务操作

第一步，对比国内主流电商平台，完成表 1-1-4。

表 1-1-4　国内主流电商平台对比

平台名称	店铺类型	入驻门槛	平台费用	优势	劣势
淘宝网					
天猫商城					
京东商城					
拼多多					

第二步，对比跨境主流电商平台，完成表 1-1-5。

表 1-1-5　跨境主流电商平台对比

平台名称	店铺类型	入驻门槛	平台费用	优势	劣势
速卖通					
亚马逊					

第三步，选择开店平台，依照任务示例，完成表 1-1-6。

表 1-1-6　选择开店平台并分析原因

选择平台	选择原因

评价与总结

1. 课堂表现评价

结合各小组课堂表现情况，完成课堂表现评价表（见表 1－1－7）。

表 1－1－7　课堂表现评价表

小组名称	小组全勤	回答或解决问题	小组讨论	小组汇报	合计
小组一					
小组二					
小组三					
小组四					
小组五					
小组六					

2. 任务成果评价

结合自身任务完成情况，完成任务成果评价（见表 1－1－8）。

表 1－1－8　任务成果评价表

评价内容	未达标	达标
1. 能够识别国内主流电商平台网站		
2. 能够识别跨境主流电商平台网站		
3. 能够说出国内主流电商平台的特点与区别		
4. 能够说出跨境主流电商平台的特点与区别		
5. 能够结合现有资源及开店需求选择适合的网店平台		

3. 总结

回顾课程内容，用思维导图形式总结

任务延伸与拓展

使用手机移动端即可进行线上开店的主流 App 平台有哪些？各个平台有哪些特色？

工作任务二

开店前期准备

任务目标

知识目标：1. 能够说出商品选品的依据。

2. 能够说出商品定价的策略。

3. 能够说出货源渠道的种类。

技能目标：能够结合自身的经营条件，完成店铺开店前期的准备工作。

素养目标：遵守商务行业规范，有服务态度、意识，具有较高的职业道德操守。

任务背景

完成开店平台的选择后，小白和乡亲们开始共同着手开店前期的准备工作。在正式开店前，他们还需要结合现有资源来定位线上店铺、明确商品品类、分析并定位消费人群、定位商品价格并选择合适的货源渠道等。

任务分析

想要开好一家网店，首先要有一个合理的定位，明确店铺销售哪些商品，所面临的客户群体，客户对商品的心理价位，从哪里取得货源等，做到谋定而后动。开店前期的准备工作主要是根据对网络销售市场环境的分析，确定网络店铺的销售主体和特色，选择适合销售的商品，根据所售商品找准消费人群，寻找合适的商品货源渠道，减少中间环节，并确定具有优势的商品价格来吸引消费者。

知识解析

一、店铺定位

一家店铺只能有一个定位，不能风格多样化，也不能风格多变化。要想成功经营店铺，就必须精准定位店铺，服务好目标消费群，不断积累流量，提高转化。

1. 依据消费者需求定位

一家店铺不可能做所有人的生意，因此卖家需要提前在市场中锁定目标客户群体，明确服务对象，充分分析他们的购买需求、购物习惯及消费行为等，从而使店铺经营方向与理念更好地贴合目标消费群体，达到快速识别并吸引消费者，让服务目标化，得到消费者的认可与关注。

2. 依据店铺自身优势定位

对准备长期稳定经营店铺的卖家而言，在进行店铺定位时，要客观地做好自身经营能力的分析，充分挖掘自身优势，做到扬长避短。例如，可以选择销售有货源优势的商品，利用自身的成本、地域优势，保证充足稳定的货源；也可以选择具有原创优势的行业，借助自身专业能力自主开发产品等。挖掘店铺自身的特色与优势，避免与其他店铺同质化，让店铺具有鲜明的特点，更利于目标消费群快速、准确地找到店铺。

知识拓展

农产品网络店铺的定位

结合农产品本身的鲜活性、地域性、季节性等特点，要想被消费者关注，在众多网店中脱颖而出，可以从特色、地域、价格等方面来定位店铺。

1. 以特色来定位

一提到农产品，我们首先想到的就是其无公害、绿色有机的产品特性，那么卖家应依据消费者对农产品商品的认知程度，用农产品本身的特色去定位店铺。例如，“绿色无污染的田园有机农产品”和“使用传统手工艺制作出来的农产品加工品”等。

2. 以地域来定位

挖掘农产品的地域价值，将地区差别变成一种地域标签、地域特色，使之成为一种优势。不同地区开设的网店大多可以考虑结合自身的地理位置，选择当地特有的农产品来销售，比如沿海城市每到开渔季，就销售新鲜的水产；热带地区销售热带水果；西北地区销售散养的牛羊；东北地区销售山珍干货等。以地域标签来定位店铺可以更有效地吸引消费者。

3. 以价格来定位

网店的竞争力与商品的价格定位是密不可分的。不同的消费者有着不同的消费观，有的消费者追求高价商品的品质和绿色健康，而有的消费者追求商品的经济实惠。例如，卖家可以从商品定价上给店铺打上“高端”“精品”“经济实惠”等标签进行店铺定位。

二、商品品类选择

1. 选择市场需求量大的品类

商品的市场需求量是卖家在选品过程中的一个重要参考数据。要想打造长期爆款的主营商品，卖家需要选择需求量大且需求持续的商品品类。客户群体要有长期性需求，而不是仅在某一时间段需要的产品。

2. 选择市场竞争小的品类

大众商品的网络市场占有份额相对饱和，卖家要想更快地从选品中找到突破口，可以考虑市场竞争小、具有竞争优势的品类。这个竞争优势不仅是指市场需求上的竞争优势，也指卖家结合自身实力找到竞争相对较小、较有销售把握的商品品类。当然，市场竞争小的品类可能市场需求也会相对比较小，卖家需要自行做好品类分析。

淘宝网商品发布规范

3. 选择满足消费群体特征的品类

选品时，可以利用数据工具，对消费群体进行属性分析，以真实的统计数据为基础，选择满足消费群体特征的商品品类。同样是水果，精品高端水果定位于精英白领消费群体；低热量、低糖的水果定位于对个人的健康管理有比较高要求的人群。

4. 选择自己熟悉的品类

作为新手卖家，可以在自己熟悉的商品领域里，从自己熟知的商品品类入手，便于快速入门。如果卖家熟悉所售商品，就能更好地挖掘商品价值，突出商品优势；就能更准确地定位消费群体，把握消费人群关于商品及服务的需求与喜好，做到投其所好。

5. 选择有货源优势的品类

如果卖家能够掌握优质或低价的货源渠道，就有了货源保障，那么经营店铺就具有了一定优势。例如，居住在靠近农产品种植区的卖家，在价格、进货甚至发货方面都更为便利，具备先天优势。

素养园地

避免选品过程中的法律风险

《网络交易监督管理办法》第十一条规定：网络交易经营者销售的商品或者提供的服务应当符合保障人身、财产安全的要求和环境保护要求，不得销售或者提供法律、行政法规禁止交易，损害国家利益和社会公共利益，违背公序良俗的商品或者服务。

因此，在选品过程中，要明确以下几类禁止在网上销售的商品，避免违法违规行为：

（1）法律法规禁止销售的商品，例如枪支弹药、军警用品、管制刀具、毒品、走私物品及其他非法来源的物品。

（2）涉及欺诈、盗窃、作弊、骚扰他人等的商品或服务。

（3）假冒伪劣商品。

（4）动植物及动植物捕杀商品。

（5）不适合网上交易的商品，例如股票、债券、抵押品、部分医疗器械等。

（6）不符合国家生产标准的商品。

（7）依法被限制进出口的商品或服务。

（8）危害未成年人身心健康的商品或信息。

三、消费人群分析

开店前期要充分了解消费群体的来源，分析消费群体特征，找准店铺服务的目标人群，通过了解消费者的性别、年龄、职业、喜好、消费水平及消费习惯等，指导店铺选品，制定价格和营销策略。那么，如何定位消费者呢?

1. 搜索行为

搜索引擎为消费者提供了主动搜索信息的入口，输入商品关键词，就可以检索到消费者所需的商品。对于店铺而言，了解消费人群的搜索行为，如经常搜索的关键词，喜欢浏览的店铺商品页面等，能帮助卖家有针对性地撰写商品标题，合理设计店铺首页及详情页等。同时，也可以通过观察消费者的关注热度变化，了解市场需求，调整店铺商品的销售策略。

2. 分布地域

不同地域有着不同的地方文化，不同的生活习惯，使得消费者对商品的需求也截然不同。同一种商品在华北地区是受欢迎的，而到了华南地区可能就没有了销售市场。所以，卖家在销售商品时，要了解目标消费群体的分布地区。以农产品为例，新鲜食材尽可能同城交易，可保障食材的新鲜度。不同地域人群有着不同的饮食口味，某个地域的特殊食材，要销往消费者能真正喜欢、需求量大的地域。对消费者地域分布进行分析后，卖家可以明确自己店铺中的哪些商品会受到哪个地域消费者的青睐，从而在这个地区进行商品的推广才能收到更好的销售效果。

3. 年龄层次

一般来说，不同年龄的消费者在消费水平、消费观念上都有所不同，我们在销售商品时要有针对性。年轻人对任何新鲜事物都有强烈的好奇心，追求时尚潮流，追求个性，喜欢表现自我。如果店铺的目标人群是年轻人，那么店铺的风格应该是活泼、时尚、前沿的。中年人成熟稳重，生活已趋于稳定，对商品追求档次和品质，会注重商品的功能用途和使用体验。老年人对商品品牌忠诚度高，追求物美价廉的同时，看重商品的方便实用。所以对不同年龄层次的消费群体，在店铺风格定位及商品定位上，应有相应的针对性。

4. 消费水平

不同地区消费人群的消费水平，也会影响店铺的定位和商品的选择。低收入人群在网上购物的主要原因是看重商品价格优惠，他们喜欢挑选一些报价相对较低的商品。中等收入人群在网购过程中热衷于收集、对比产品信息，他们追求商品的高性价比。高收入人群在网购时更关注商品的品牌和质量，他们喜欢高端精品或者个性化定制产品。

通过消费人群定位，分析目标消费群体的特点，深入了解消费者行为，便于卖家结合商品特点及店铺优势，更有针对性地满足消费者不同的需求，加大竞争优势，从而提高市场份额。

四、商品价格定位

商品的价格定位将直接影响店铺的销售情况。消费者选择网上购物，一方面是网上购物较为便利，另一方面是线上销售价格一般比实体市场价格更具优势，消费者可以轻松对比各家店铺的商品信息，以最优惠的价格购买到心仪的商品。商品线上销售的定价策略既要考虑成本，又要考虑市场竞争、活动、商品款式等各方面因素，一般可以参考以下策略。

1. 低价渗透策略

作为新手卖家，可以直接用低价商品来为店铺引流，以求迅速开拓市场。拼多多的运营思路就是让消费者以最低的价格买到合适的商品。店铺中的商品普遍价格较低，使消费者形成拼多多商品价格低廉的第一印象，并借助买家社交圈来吸引大量消费者光顾，迅速占据市场。一般地，日常生活类用品复购率高、周转快，适合采用这种薄利多销的策略。

淘宝平台价格发布规范

2. 高价撇脂策略

在产品进入市场初期，采用高位定价，以便在短期内尽快收回投资的策略即为高价撇脂策略。一般对于周转慢、销售与储运成本较高的商品、奢侈品及特殊定制类产品可采用此类策略。

3. 折扣定价策略

在商品原价的基础上采用折扣来定价，这类方式可以让消费者直观了解商品的降价幅度以促成购买。

数量折扣，就是卖家可以根据消费者购买商品所达到的数量标准，给予不同的折扣。购买数量越多，折扣越大。

淡季折扣，就是季节性商品在销售淡季时，卖家为了增加销量，而给予商品的打折优惠。

节日折扣，就是卖家利用各种节假日，例如母亲节、国庆节、春节等，开展促销的活动折扣价格。目前，“双 11”“双 12”“京东 618”等线上购物狂欢节促销已经被人们所熟知。

4. 组合定价策略

为了迎合消费者的某种消费心理，在为一些互补商品和成套商品的定价时，可以将部分商品定价相对高一些，其他商品定价相对低一些。多种商品组合定价销售，价格有高有低，并不影响店铺整体的盈利。例如，在售卖低价商品时，提供高价的附件商品来增加利润。超市中常见的买够一定金额商品，便可低价换购额外商品，就是使用了该销售策略。

总之，价格是影响消费者购买决策的重要因素，商品的价格不仅显示了商品的价值，还决定了购买这类商品的消费者类型。商品定价的原则：一是不亏本，要兼顾成本因素，不亏本出售；二是高性价比，不光指低价格也包括高质量，在合理定价的范围内，要让消费者觉得商品物有所值；三是放眼未来，将定价放眼于长期的营销及促销活动中合理规划，不贪图短期小利；四是顾客至上，定价要符合消费者的定位及需求。店铺中商品的价格定位要参考网络市场中同类商品的市场行情价位，对自己店内的商品价格也要有不同层次的划分，有低价位、中价位，也要有高价位，定价科学合理，就可以刺激消费者的购买欲望，促进店铺运营良性循环。

五、货源渠道选择

开店准备过程中，很多卖家都被进货渠道所困扰，由于卖家没有这方面经验，且不了解各类渠道的利弊，因此很难选出适合店铺的货源渠道。以下是常见的线上、线下进货渠道。

1. 线下批发市场

从批发市场进货的优势是可以实地考察，看到商品实物，现场挑选商品、比对质量。这种进货的方式最简单，批发商供货稳定，商品的挑选余地也很大，还能及时了解当下的商品行情与流行趋势。

2. 厂家直接进货

卖家可以直接去厂家进货，与工厂达成长期合作协议，这种进货方式的货源更稳定，信用度更高。通过厂家进货，可以减少一些中间环节，所花费的成本会较批发市场进货更低。但需要注意的是，从厂家进货一般对店铺的进货量有较高的要求，经营规模小的店铺会有一定的进货压力，因此不适合规模较小的卖家。

3. 库存积压或清仓商品

这类商品由于急于处理，卖家普遍可以以较低价格购入，再利用地域或时间差获取不错的利润。但对于此类商品，卖家需要对质量有识别能力，同时充分掌握市场变化趋势。

4. 阿里巴巴平台

阿里巴巴批发网上商家众多，货源品类多样，覆盖服装、原材料、家居百货等，地域覆盖面广，卖家可以自行在平台上搜索选择，找到自己所需的商品。阿里巴巴上的很多厂家支持一件代发，很适合新手操作，投入少、风险小，没有库存压力。

5. 分销网站

除了阿里巴巴官方平台以外，还有一些提供批发服务的分销网站，适合中小卖家选用，例如，服装批发（衣联网）、女鞋批发（购途网）等。卖家可以结合店铺商品品类，选择优质厂家网上采购货源，但建议尽量选择提供真实图片、具有价格优势、可一件代发的货源。

知识拓展

农产品的进货渠道

（1）合作社及农民自销。

（2）生产基地直供。

（3）农产品批发市场。

（4）农产品网上交易平台，如惠农网。惠农网是农业B2B产业互联网平台。平台包括水果、蔬菜、畜禽肉蛋、水产、农副加工、粮油米面、农资农机、种子种苗、苗木花草、中药材十大类目，涵盖2万多个常规农产品品种，是农业从业者的常用平台。

学习笔记

1. 开店前的准备工作

2. 定位店铺

3. 选择商品品类

4. 定位消费者

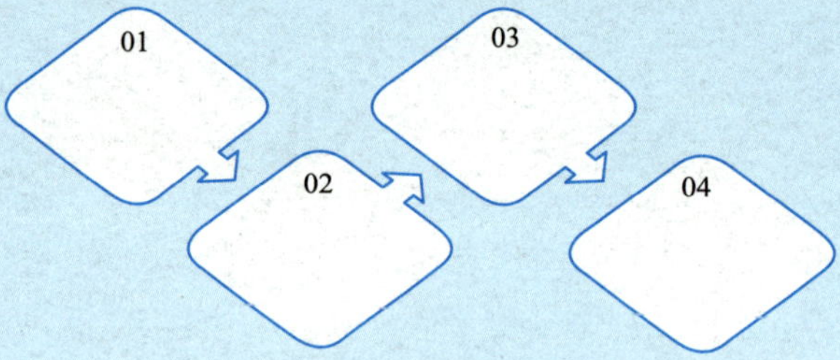

5. 商品的定价策略

6. 货源渠道

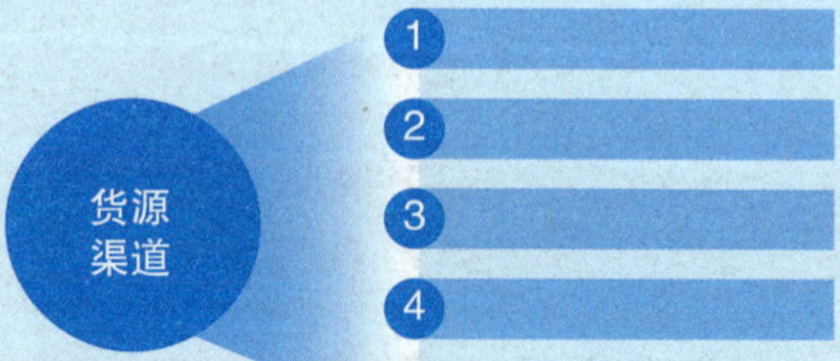

实训任务

1. 任务示例

开店前期准备，如表 1－2－1 所示。

表 1－2－1 开店前期准备

水果便利店的开店前期准备	
店铺定位	鲜果切、即食
产品定位	瓜类、葡萄等易保存的鲜切果
消费人群	大学生、白领、上班族
商品价格	每份鲜切果 20 ～ 50 元

2. 任务操作

第一步，店铺定位。以主营农产品为类目对店铺进行定位，并完成表 1－2－2。

表 1－2－2 店铺定位

以主营农产品为类目对店铺进行定位	
以产品特色定位	
以商品价格定位	

第二步，产品定位。结合店铺定位确定产品品类，并完成表 1－2－3。

表 1－2－3 产品定位

结合店铺定位确定产品品类			
蔬菜类	水果类	干货类	其他类

第三步，消费人群定位。对店铺消费人群进行定位，并完成表 1－2－4。

表 1－2－4 消费人群定位

年龄 / 性别	职业	地域来源	消费水平	搜索行为	其他

实训任务

第四步，商品定价。确定商品价格，并完成表 1-2-5。

表 1-2-5　商品定价

蔬菜类商品定价	水果类商品定价	干货类商品定价	其他类商品定价

第五步，货源渠道选择。选择进货渠道，并完成表 1-2-6。

表 1-2-6　货源渠道选择

商品品类	线下渠道	线上渠道
蔬菜类商品		
水果类商品		
干货类商品		
其他类商品		

评价与总结

1. 课堂表现评价

结合各小组课堂表现情况，完成课堂表现评价表（见表1-2-7）。

表1-2-7　课堂表现评价表

小组名称	小组全勤	回答或解决问题	小组讨论	小组汇报	合计
小组一					
小组二					
小组三					
小组四					
小组五					
小组六					

2. 任务成果评价

结合自身任务完成情况，完成任务成果评价表（见表1-2-8）。

表1-2-8　任务成果评价表

评价内容	不达标	达标
能说出在网店开店前要做的准备工作		
能说出可以从哪些方面对店铺进行定位		
能根据店铺里的商品资源选择主打商品		
能找到相对应的消费人群		
能对主打商品进行合理的价格定位		
能为店铺找到合适的供货渠道		

3. 总结

回顾课程内容，用思维导图形式总结

任务延伸与拓展

商家可以利用什么网络工具分析农产品行业的需求量，获取最新的市场数据？

工作任务三

网店申请与开通

任务目标

知识目标： 1. 能够说出淘宝、天猫、京东平台入驻条件。

2. 能够说出速卖通、亚马逊平台入驻要求。

技能目标： 能够完成淘宝平台入驻操作。

素养目标： 遵守电子商务行业规范，诚信开店，养成认真严谨的工作态度。

任务背景

小白和乡亲们最终决定在淘宝平台开设“乡里人家”网店，他们已经完成了开店的前期准备工作，接下来将根据平台要求准备相关开店的资质材料，并正式在淘宝平台上申请开通网店。

任务分析

各大电商平台对于不同类型店铺的入驻条件及资质都有明确的要求，要想顺利申请开通网店，既要掌握相应平台的开店流程，又要熟悉平台对资质、入驻条件等方面的要求，保障网店的开通与正常运营。

知识解析

一、国内主流电商平台的申请与开通

1. 淘宝网

（1）入驻条件：

1）一个身份证只能注册一家淘宝店铺。

2）同账户如果注册过天猫店铺，则无法注册淘宝店铺，可更换账户开店。

3）同账户如果注册过 U 站或其他站点，则无法注册淘宝店铺，可更换账户开店。

4）同账户如果在 1688 有过经营行为，则无法注册淘宝店铺，可更换账户开店。

5）同账户如果违规操作被平台处罚永久禁止开店，则无法注册淘宝店铺。

6）经淘宝排查认证，实际控制的其他淘宝账户被平台因严重违规行为而进行处罚

或发生过严重危及交易安全情形的，则无法注册淘宝店铺。

（2）所需材料：

1）个人店铺：个人身份证（需要未开过淘宝店铺）照片和银行账户。另外，个人开店要求年满 16 周岁。

2）企业店铺：营业执照，社会信用代码（注册号），银行对公账户，法人、店铺负责人的身份证照片等。

（3）开店流程：

第一步，注册淘宝账号。在开通淘宝网店之前，首先登录淘宝网（www.taobao.com）注册淘宝账号（如果作为买家已经注册了淘宝会员，那么可以直接使用同一个账号作为卖家账号）。

淘宝个人店铺入驻流程

第二步，注册并实名认证支付宝账户（见图 1－3－1）。支付宝实名认证分为个人账户认证和企业账户认证。个人账号认证需提交身份证和银行账号即可办理，企业认证需要提交营业执照、公司对公账户等相关资料。

图 1－3－1　支付宝账户注册

第三步，登录已注册好的淘宝账号，并点击“免费开店”（见图 1－3－2）。

图 1－3－2　淘宝网中的“免费开店”入口

第四步，开店认证。选择开店类型，分为“个人店铺”（见图 1－3－3）和“企业店铺”，并上传相应的开店准备资料进行开店认证。审核通过后，进入买家中心，可以看到“支付宝实名认证通过”“淘宝开店认证通过”的结果（见图 1-3-4）。

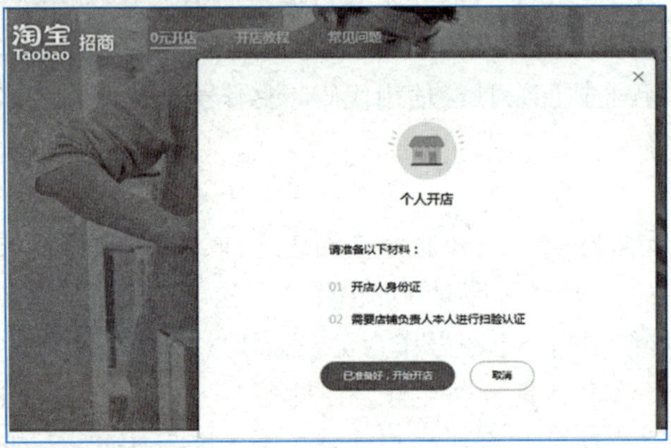

图 1-3-3　0 元开店页面

图 1-3-4　账户信息显示页面

第五步，完善店铺基本信息。开通店铺后，商家就可以进行店铺基本信息设置（见图 1-3-5），如设置店铺名称、店铺标志和店铺简介等信息，这些信息是店铺的重要标识。对淘宝店铺来说，其基本信息的设置是在千牛卖家工作平台中完成的。

淘宝企业店铺入驻流程

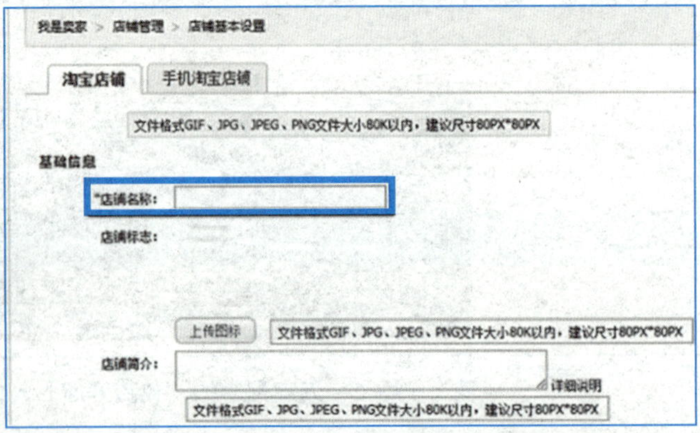

图 1-3-5　淘宝店铺基本信息设置

2. 天猫商城

（1）入驻资质。

天猫商城开店需要具备企业资质（见表 1－3－1），必须具有企业营业执照才可申请开店，还需要有品牌注册证明，以及自有品牌认证或品牌所有人的销售授权。目前，天猫不接受个体工商户、非中国（港澳台地区除外）企业开店。

表 1－3－1　天猫入驻资质

类型	旗舰店	专卖店	专营店	备注
企业资质	1. 企业营业执照（需确保未在企业经营异常名录中且所售商品在营业执照经营范围内）。 2. 法定代表人身份证正反面照片。 3. 联系人身份证正反面照片。 4. 一般纳税人资质（具备一般纳税人资格）。 5. 银行开户许可证。 6. 卖家向支付宝公司出具的授权书。			商品类目不同，其入驻要求有所不同。卖家在申请前，可详细了解商品类目下的具体入驻条件。
品牌资质	1. 商标注册证或商标注册申请受理通知书。 2. 独占授权书。	1. 商标注册证或商标注册申请受理通知书。 2. 品牌授权书。	1. 商标注册证或商标注册申请受理通知书。 2. 品牌授权书。	

（2）入驻流程。

卖家入驻天猫的流程一般分为四个阶段，见图 1－3－6。

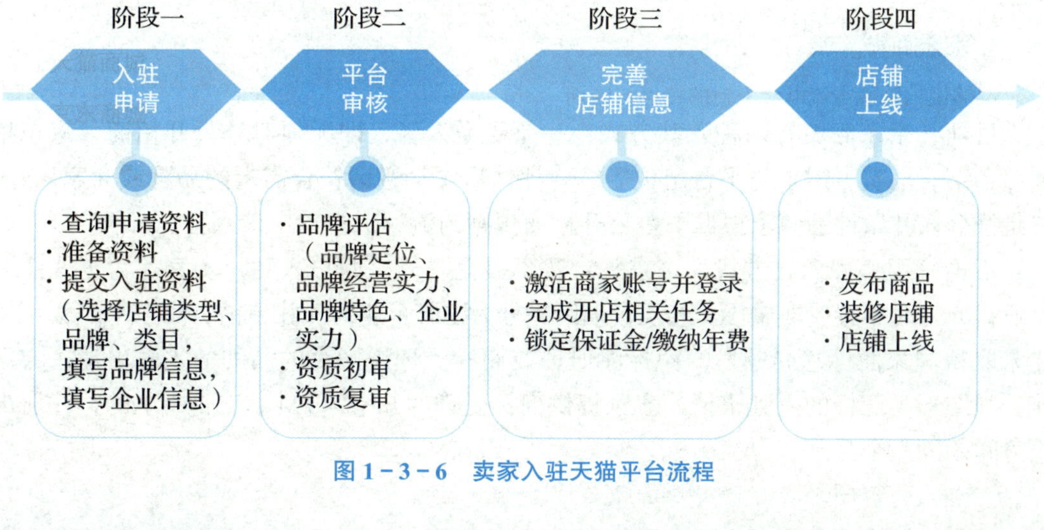

图 1－3－6　卖家入驻天猫平台流程

知识拓展

天猫商城入驻限制

（1）天猫暂不接受个体工商户的入驻申请，也不接受非中国大陆（港澳台地区除外）企业的入驻申请。

（2）天猫暂不接受未取得商标注册证或商标受理通知书的品牌的入驻申请（部分类目进口商品除外），也不接受纯图形类商标的入驻申请。

（3）经天猫排查认定，该账户实际控制人的其他阿里平台账户存在被阿里平台处以特定管理措施或严重违规行为处罚的情形，将不予入驻。特殊严重违规行为处罚，包括但不限于因骗取他人财物、出售假冒商品、严重侵权。特定管理措施，包括但不限于因危及交易安全被监管店铺。

（4）品牌限制：

1）与阿里巴巴集团控股有限公司及其子公司和关联公司的品牌、业务等相同或近似。

2）以“网”“网货”结尾的品牌。

3）包含行业名称、通用名称、知名人士或地名的品牌。

4）与知名品牌相同或近似的品牌。

5）含其他不宜入驻品牌的。

（5）企业名称中含以下字号的，限制入驻：

1）与阿里巴巴集团控股有限公司及其子公司和关联公司的品牌、业务等相同或近似。

2）与知名品牌相同或近似的。

3）含其他不宜入驻字号的。

3. 京东商城

（1）入驻方式。

目前，京东商城有两种入驻方式：一是受邀入驻，即无须对外公开招商，京东招商部会结合消费者需求与平台定位等综合评估后主动邀请符合需求的品牌或商家入驻；二是符合入驻条件的商家根据平台公开招商规则与流程，主动申请入驻。

不论采用哪种入驻方式，京东平台暂不接受个体工商户入驻，卖家须为正式注册企业，亦暂时不接受非中国（港澳台地区除外）注册企业的入驻申请；京东平台暂不接受未取得国家商标总局颁发的商标注册证或商标受理通知书的品牌的入驻申请，亦不接受纯图形类商标的入驻申请。卖家提供商标受理通知书（TM 状态商标）的，注册申请时间须满六个月。

（2）入驻资质。

根据店铺类型，京东入驻资质如表 1－3－2 所示。

（3）入驻流程。

卖家入驻京东平台的流程如图 1－3－7 所示。

表 1－3－2　京东入驻资质

<table>
<tr><th>类型</th><th>旗舰店</th><th>专卖店</th><th>专营店</th><th>备注</th></tr>
<tr><td>企业资质</td><td colspan="3">1. 三证合一营业执照。
2. 法人身份证正反面照片。
3. 一般纳税人资格证，由具备一般纳税人资格的企业提供（手机、数码、电脑办公、图书、家电类目商家必须提供）。
4. 银行开户行许可证。</td><td rowspan="4">不同经营类目、店铺类型、进口类型会对应不同的资费及资质标准。</td></tr>
<tr><td rowspan="3">品牌资质</td><td colspan="3">商标注册证 / 商标注册申请受理通知书。
商标持有人身份证。</td></tr>
<tr><td>1. 旗舰店授权书（由品牌注册人出具的在京东开放平台开设品牌旗舰店的独占性授权文件）。
2. 销售授权书。</td><td>1. 普通授权书（以商标持有人为源头出发的完整授权链条）。
2. 品牌授权书。</td><td>1. 普通授权书（以商标持有人为源头出发的完整授权链条）。
2. 品牌授权书。</td></tr>
<tr><td>若经营多个自有品牌的旗舰店，需要提供品牌属于同一实际控制人的证明。</td><td>若经营多个自有品牌的专卖店，需要提供品牌属于同一实际控制人的证明。</td><td>专营店命名不得带有商品品牌名称。</td></tr>
</table>

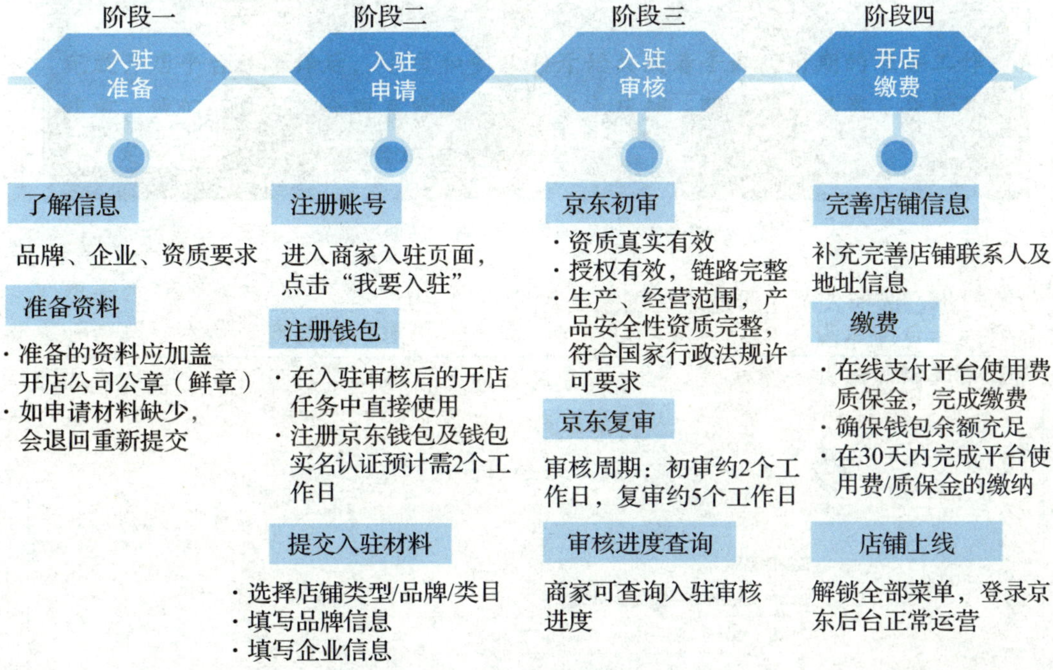

图 1－3－7　卖家入驻京东平台的流程

二、跨境电商平台的申请与开通

1. 速卖通

（1）入驻要求。

1）拥有企业营业执照。目前只有企业身份可以入驻速卖通，一个企业最多可开通

6个速卖通店铺（个体工商户也可入驻）。

2）拥有企业支付宝账号（有企业营业执照才可办理企业支付宝）。

3）拥有企业商标（R/TM标，个别类目需要纯英文商标）。

4）拥有或代理一个品牌经营（根据品牌资质，可选择经营品牌官方店、专卖店或专营店）。

5）缴纳技术服务年费（不同类目技术服务年费不同，经营到自然年年底，优质店铺将有机会获得年费返还奖励）。

知识解析

（2）入驻流程。

第一步，登录速卖通官方网站（http://sell.aliexpress.com），单击“注册”按钮（见图1-3-8），即可开始注册。

图1-3-8　速卖通网站中的“注册”按钮

第二步，选择公司注册地所在国家（见图1-3-9）。

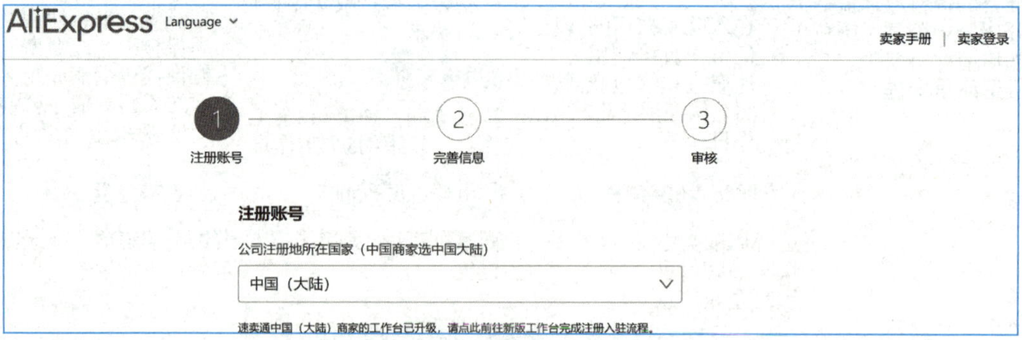

图1-3-9　注册地所在国家

第三步，注册账号，开通自运营店铺，填写卖家登录信息（见图1-3-10），并进一步完善企业信息，提交相应入驻资料（见图1-3-11）。

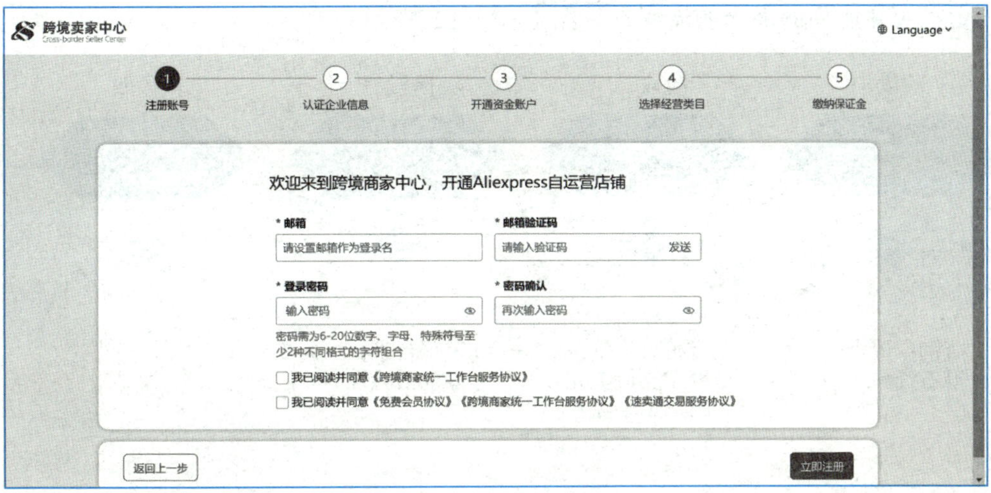

图 1－3－10　注册账号

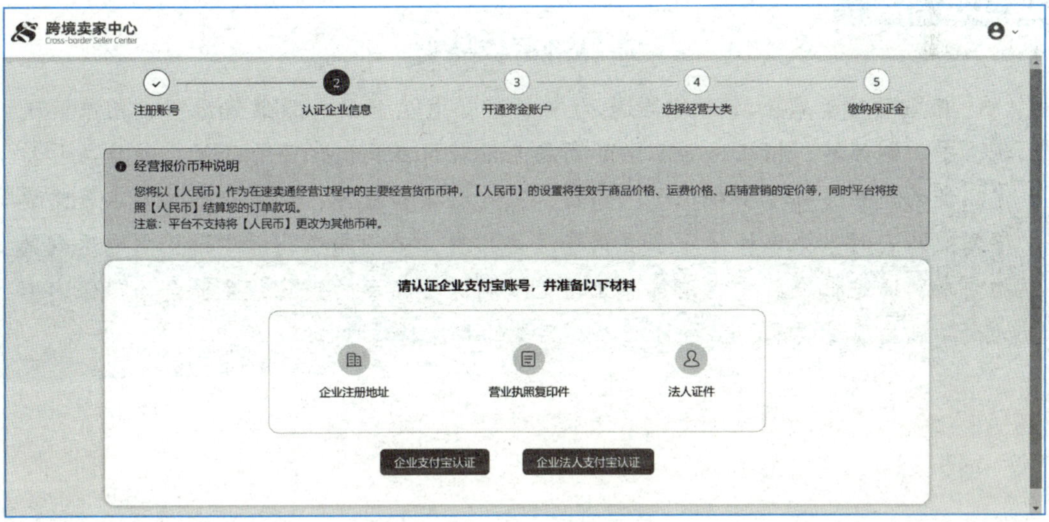

图 1－3－11　认证企业信息

2. 亚马逊

2015 年，亚马逊全球开店业务进入中国。目前，亚马逊美国、加拿大、墨西哥、英国、法国、德国、意大利、西班牙、荷兰、瑞典、日本、新加坡、澳大利亚、印度、阿联酋、沙特和波兰等 17 个海外站点已面向中国卖家开放。

（1）入驻资料。

在注册亚马逊账号时，卖家需要向亚马逊平台提供以下资料：电子邮箱地址、联系方式、支付美元支付的双币信用卡（维萨卡、万事达卡等）、账单地址、公司营业执照、法定代表人身份证等。

（2）入驻流程。

卖家入驻亚马逊平台的流程，见图 1-3-12。

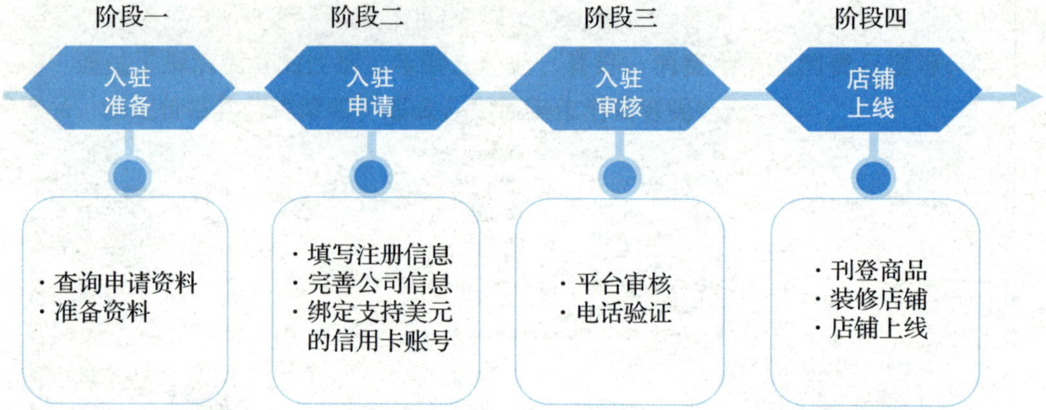

图 1-3-12　卖家入驻亚马逊平台的流程

知识拓展

亚马逊可售品类

亚马逊对卖家开放的品类达 20 多种，如电子产品、服装和配饰、图书、美妆、手工制品等，销售这些品类的商品无须获得亚马逊的事先审批。销售某些特定品类的商品，如植物和种子、药物、医疗器械和配件、动物和动物制品等需要得到亚马逊的事先审批。卖家要销售这些品类，必须向亚马逊申请，需要达到某些要求，通过批准后才能销售。亚马逊限制这些品类的销售，主要是为确保卖家的商品满足质量要求、上线标准以及品类的其他特殊要求。

学习笔记

各电商平台的入驻资质要求

平台名称	淘宝网	天猫商城	京东商城	速卖通	亚马逊
入驻资质					
入驻流程					

实训任务

1. 任务示例

写出注册淘宝个人店铺的步骤，完成表 1－3－3。

表 1－3－3　注册淘宝个人店铺的步骤

店铺定位	步骤
益智玩具	先注册淘宝账户，并开通支付宝认证，然后申请开通店铺，最后设置店铺基本信息。

2. 任务操作

在淘宝网完成开通淘宝个人店铺的任务。

第一步，使用手机号码注册淘宝账户，在如下空白处粘贴账户截图。

使用手机号码注册淘宝账户（粘贴截图）

第二步，登录支付宝进行认证，在如下空白处粘贴认证结果截图。

登录支付宝进行认证（粘贴截图）

第三步，申请开通个人店铺，在如下空白处粘贴个人店铺截图。

申请开通个人店铺（粘贴截图）

第四步，店铺基本设置，填写店铺基本信息，完成表 1－3－4。

表 1－3－4　店铺基本设置

店铺名称	店铺标志	店铺简介

评价与总结

1. 课堂表现评价

结合各小组课堂表现情况，完成课堂表现评价表（见表 1-3-5）。

表 1-3-5　课堂表现评价表

小组名称	小组全勤	回答或解决问题	小组讨论	小组汇报	合计
小组一					
小组二					
小组三					
小组四					
小组五					
小组六					

2. 任务成果评价

结合自身任务完成情况，完成任务成果评价表（见表 1-3-6）。

表 1-3-6　任务成果评价表

评价内容	未达标	达标
了解国内电商平台的基本开店资质要求		
会注册淘宝个人账号		
会登录支付宝账号进行身份认证操作		
会注册淘宝个人店铺的操作		
会完成店铺的基本信息设置		
了解跨境电商平台的一般入驻流程		

3. 总结

回顾课程内容，用思维导图形式总结

任务延伸与拓展

你是否推荐小白将来进入跨境电商行业？如果小白想做跨境电商交易，还需满足哪些条件？

工作任务四

电子商务法律法规

任务目标

知识目标： 1. 能够说出电子商务法的立法过程。
2. 能够说出电子商务法出台的意义及对电商行业的影响。

技能目标： 能够使用电子商务法规进行简单的案例分析。

素养目标： 遵守电子商务法律法规，做到学法、知法、守法、用法，合规依法经营。

任务背景

在店铺经营初期，小白和乡亲们发现开店平台有很多的店铺规则，在与买家的交易过程中难免会遇到一些交易纠纷。小白决定和大家一起好好学习电子商务法律法规，以保护交易双方的各项合法权益，能在健康有序的网络电商环境下正常开展店铺的交易活动。

任务分析

学习电子商务法律法规，了解交易双方的基本经营规范，通过典型案例的分析，明确在交易过程中哪些行为是违法行为，以利于店铺有序开展交易活动。

知识解析

一、《电子商务法》的立法过程

《中华人民共和国电子商务法》（以下简称《电子商务法》）是政府调整企业和个人以数据电文为交易手段，通过信息网络所产生的，因交易形式所引起的各种商事交易关系，以及与这种商事交易关系密切相关的社会关系、政府管理关系的法律规范的总称。

《电子商务法》立法过程如图 1－4－1 所示。2018 年 8 月 31 日，第十三届全国人民代表大会常务委员会第五次会议表决通过《电子商务法》，自 2019 年 1 月 1 日起正式施行。

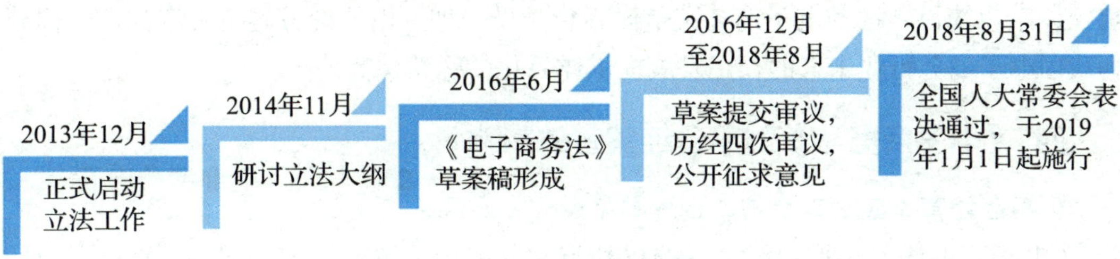

图 1-4-1 《电子商务法》立法过程

二、《电子商务法》出台的意义

《电子商务法》的出台终结了电子商务行业“野蛮生长”的时代，标志着电商行为在法律层面给予相应的规范和保障下，由原来的无序监管逐步向合法、合规的方向发展。法律条文的规范管理范围广、规模大，明确了国家要促进和鼓励电子商务行业的有序发展，在社会层面树立起保护线上交易中消费者权益、公平竞争、促进优胜劣汰、鼓励合规经营的理念，从此电子商务行业的发展有法可依。

《中华人民共和国电子商务法》

三、《电子商务法》对电商行业的影响

1. 填补了电子商务行业的法律空白

随着互联网技术的发展，网上购物很快成为一种新颖的线上交易模式，得到了消费者的青睐，且迅猛发展。随着电子商务快速发展，网上交易过程中出现价格欺诈、虚假广告、支付安全、商家逃税等种种问题，这严重影响了电子商务的正常有序发展。《电子商务法》出台的最大的意义就是弥补了我国在电子商务交易领域中的法律空缺，从监管层面保障电子商务交易有法可依地正常开展。

2. 肯定了电子商务行业市场经济的地位和作用

《电子商务法》明确了电子商务融入传统的经济模式之中，网络交易与传统线下交易共同发展，保持统一的政策措施，不相互打压，优势互补，良性竞争，在市场经济体系中，凭借各自的特点，发挥着各自应有的经济作用。

3. 提供了电子商务行业制度保障和支持

《电子商务法》的颁布对电子商务经营者进行了新的严格定义，规范了电商行业的从业行为，电商从业人员也必须要诚信经营和守法经营。同时，“微商”“个人海外代购”等过往界定模糊的经营行为也纳入了电商经营领域。规范电商竞争行为，保证平台正常交易，对违规行为进行了界定，明确了惩罚措施，违规必受处罚，从而指导行业健康发展，营造良性循环的良好行业环境。

4. 促进了电子商务行业的长远发展

《电子商务法》的颁布，不仅肯定了电子商务经营者的创新经营模式，规范了其经营行为，同时要求政府相关职能部门相互协作，推动电子商务行业相关支持部门的

组织体系化建设，推动电子商务诚信体系化建设，理顺电子商务网络市场的监管体制，为我国电子商务行业未来的长足发展提供体系化的运营保障。

四、《电子商务法》对平台经营者的影响

1. 平台经营者应制定合法、合理的平台交易规则

《电子商务法》对平台经营者的权利与义务进行了清晰界定。《电子商务法》对电商平台经营者随意更改服务协议、交易规则等做出了限制。例如，电子商务平台经营者不得对平台内经营者在平台内的交易、价格以及其他经营者的交易等进行不合理限制或者附加不合理条件，也不得向平台内经营者收取不合理费用；电子商务平台经营者修改平台服务协议和交易规则时，应公开征求意见，并在实施前七日予以公示；电商平台不得为了自身的利益，使用某些规则或手段，干预卖家的交易行为，损害店铺卖家的利益；电子商务平台经营者应当保留消费者给予店铺的评价记录，并建立健全信用评价制度，为消费者提供不受干扰评价的途径。

【案例呈现】李某是一家电商平台的客服人员，他通过搜索加入了一些删除电商网站差评的 QQ 群。通过这些 QQ 群，李某联系到电商卖家，并和他们约定以每条 30 元的价格帮助删除差评。随后，李某以工作人员的身份登录所供职电商平台的操作系统，根据卖家提供的订单号搜索相关差评，违规擅自将交易进程改为“已退货”，并删除买家的差评数据，从卖家处非法获利。

【法律依据】李某的行为违反了《中华人民共和国电子商务法》第三十九条的规定。该条规定：电子商务平台经营者应当建立健全信用评价制度，公示信用评价规则，为消费者提供对平台内销售的商品或者提供的服务进行评价的途径。电子商务平台经营者不得删除消费者对其平台内销售的商品或者提供的服务的评价。

2. 平台经营者应维护安全、健康的平台交易环境

《电子商务法》规定电商平台应当为消费者营造安全、健康的交易环境。平台经营者明知或应知平台内经营者销售的商品或者提供的服务不符合保障消费者人身、财产安全，或者有其他侵害消费者合法权益的行为发生时，未采取必要措施的，需与该店铺经营者承担连带责任。电商平台经营者对店铺资质资格也要尽到审核义务，对消费者尽到安全保障义务。否则，若因此对消费者造成损害的，平台也需要承担相应的责任。

《电子商务法》对知识产权侵权行为的处理做出了明确的规范。知识产权权利人认为店铺经营者侵害其知识产权的，有权通知平台经营者采取删除、屏蔽、断开链接、终止交易和服务等必要措施。平台经营者接到通知后，应当及时采取必要措施，防止损害扩大，并将该通知转送平台内经营者。店铺经营者认为自己不存在侵权行为的，有权向平台经营者提交声明，平台经营者需将该声明转送知识产权权利人。权利人在收到该声明后未在十五日内向有关主管部门投诉或者向人民法院起诉的，平台经营者应及时终止所采取的措施。所以，平台经营者也应当树立、传播知识产权意识，

必要时采取相应措施避免平台的经营者侵犯知识产权行为的发生，否则将受到相应处罚。

【案例呈现】2021 年 8 月，某区市场监管局接群众举报，反映某公司在抖音上销售假冒的某品牌运动装。执法人员依法进行现场检查时，发现当事人正通过抖音平台进行直播，并在直播中销售相关服装。

经权利人鉴定，当事人在直播中销售的服装侵犯了某品牌相关文字及图形商标的专用权，系假冒商品。经查，当事人自 2021 年 6 月通过抖音直播销售某品牌服装，其在进货时未查验供货商的经营资质，也没有留存任何进货发票或相关凭证，并在明知所进服装来自非正规渠道、存在假冒嫌疑的情况下，仍在直播平台中对外销售。

【法律依据】该公司的行为违反了《中华人民共和国商标法》第五十七条第三项的规定，构成了销售侵犯注册商标专用权商品的行为。同时，按照《中华人民共和国电子商务法》第三十八条的规定，电子商务平台经营者知道或者应当知道平台内经营者销售的商品或者提供的服务不符合保障人身、财产安全的要求，或者有其他侵害消费者合法权益行为，未采取必要措施的，依法与该平台内经营者承担连带责任。

五、《电子商务法》对店铺经营者的影响

1. 店铺经营者应明确自身的责任和义务

《电子商务法》是店铺经营者必须遵守的法律。无论店铺经营者的身份是自然人、法人还是非法人组织，都应当依法办理工商登记。不需要办理主体登记的，也要对相关情形的说明予以公示。这意味着，自然人也被纳入行政监管，个人开“网店”“微店”从而游离在市场监管体系之外的行为已被禁止。线上店铺经营者应同一般市场经营者一样，办理、公示营业执照信息。

《电子商务法》也再次明确，电子商务经营者同样负有纳税义务，并依法享受税收优惠。即使是不需要办理市场主体登记的电子商务经营者，在首次纳税义务发生后，也应当按照规定申请办理税务登记，并如实申报纳税。电子商务经营者应如实开具纸质发票或者电子发票，遵守一般市场的交易准则，保障消费者利益。

此外，《电子商务法》还针对行业特点提出了店铺经营者特有的责任和义务，比如电子商务经营者搭售商品或者服务，应以显著方式提请消费者注意，不得将搭售的商品或者服务作为默认同意的选项。电子商务经营者应当按照承诺或者与消费者约定的方式、时限向消费者交付商品或者服务，并承担商品运输中的风险和责任。如果是包邮的商品，在消费者验货签收前，货物风险由商家承担。

【案例呈现】2019 年 1 月至 2021 年 6 月，杭州某公司在天猫经营“某某服饰旗舰店”，销售服装取得含税收入 5 601 882.59 元，其中入账并申报纳税收入（不含税）16 608.81 元，其余收入未按规定申报纳税。随即该店铺被查处，因偷税被处罚款 45 683.76 元。

【法律依据】该公司的行为违反了《电子商务法》第十一条的规定。该条规定：电

子商务经营者应当依法履行纳税义务，并依法享受税收优惠。依照前条规定不需要办理市场主体登记的电子商务经营者在首次纳税义务发生后，应当依照税收征收管理法律、行政法规的规定申请办理税务登记，并如实申报纳税。

2. 店铺经营者应树立诚信经营的意识

作为电子商务平台上的店铺经营者要想有序、健康地开展经营活动，得到消费者的认可，应当树立诚信经营的意识，不经营假冒伪劣产品，不欺诈消费者，不虚假宣传，不设立霸王条款，不利用不合理的行为或手段侵害消费者的合法权益。

店铺经营者应具备崇高的职业道德，严格遵守电子商务法律法规，规范网络经营行为，自觉接受全社会和职能监管部门的监督和管理，积极参与维护安全、健康、高效的电子商务交易环境，为我国电子商务行业长远发展做出自己的贡献。

【案例呈现】2021 年 8 月，秀山县市场监管局接线索移交，称某汽车用品公司在浙江某文化传媒有限公司开办的“安全区”平台上参与刷单。经查，网店店铺“华睿车品专营店”与网店店铺“安愉汽配”均由当事人负责经营，主要销售汽车零配件。为提高这两个网店的商业信誉和人气排名，2020 年 7 月至 12 月，当事人在“安全区”平台上发布需刷单商品的链接，由平台买手领取刷单任务后，完成浏览商品、下单支付、确认收货、发布评价等系列操作，对于刷单商品，当事人均以发送空包裹代替。该期间，当事人共虚构交易订单 625 笔，虚构交易金额 65 235.34 元，并为此支付刷单佣金 4 375 元。

【法律依据】当事人的上述行为违反了《电子商务法》第十七条的规定。该条规定：电子商务经营者应当全面、真实、准确、及时地披露商品或者服务信息，保障消费者的知情权和选择权。电子商务经营者不得以虚构交易、编造用户评价等方式进行虚假或者引人误解的商业宣传，欺骗、误导消费者。同时违反了《中华人民共和国反不正当竞争法》第八条第一款的规定，构成了利用虚构交易的方式进行虚假的商业宣传，欺骗、误导消费者的违法行为。

六、《电子商务法》对跨境电商行为的影响

1. 电子商务经营者更加规范化

我国境内的电子商务经营者（个人或电商企业）帮助消费者从境外采购商品等跨境电子商务活动，同样适用电子商务法，即消费者通过境内电子商务经营者从境外购买商品等电子商务活动的，可以按照我国涉外民事法律关系适用法律、法规，也可适用电子商务法关于消费者保护的相关规定。这也符合当代消费者通过“代购”或者自行在海淘网站从境外购买商品的实际情况。

2. 保护跨境电商消费者的权益

电子商务法明确要求电子商务经营主体应当履行消费者权益保护义务，依法承担产品和服务质量责任，跨境电商主体也在电子商务法约束范围内。

在跨境电商通关过程中，三单（电商企业在跨境电商通过服务平台上提供的报关

单、支付企业提供的支付清单、物流企业提供的物流运单）数据确认无误后才可放行进境。"海淘""代购"身份主体虽被认可，但进境通关副本难度极高，涉及检验检疫、许可证、进口配额，报关数量有限，这对于小型电商而言，无疑增加了成本和负担。为了规避海关的监管，很多海淘客选择从灰色渠道入关进境，或者个人代购，这也导致很多委托灰色海淘客或个人代购购买的商品，一旦发生质量问题，消费者难以倒追境外商品主体责任。

直邮商品和保税区商品，一旦商品出现问题需要退换货或追责的，则需要区别对待。消费者从境外电子商务平台直邮购买的商品出现问题，很难要求退换货或追责；如果通过网易、天猫等平台购买境外直邮商品，网易、天猫作为电子商务平台经营者，理应保护消费者的合法权益，承担产品和服务质量责任。这一点从天猫国际规则也可见，天猫国际平台要求商家必须向消费者提供当地指定退货地点及正规退货渠道，即商品销往中国大陆的商家需提供中国大陆的指定退货地点；商品销往中国香港的商家需提供香港的指定退货地点；商品销往中国台湾的商家需提供台湾的指定退货地点。如此规定，迫使需要入驻天猫国际平台的品牌方势必要在中国境内建立仓库和国内运营中心，最大限度地保障了消费者从天猫国际平台购买的境外直采商品也可以在中国境内进行退换货。

知识解析

3. 跨境电商数据共享

《电子商务法》规定，鼓励电子商务数据开发应用，保障电子商务数据依法自由流动；国家采取措施推动建立公共数据共享机制，促进电子商务经营者依法利用公共数据。这一规定，意味着国家鼓励电子商务数据商业化，鼓励电子商务数据流转、共享，打破各个主管部门之间的数据"孤岛"问题，开放公共数据进入商业领域及各个部门。同时，表明数据间的共享、流转，能在很大程度上推进和实现跨境电商备案、申报、审查等有效监管，提高进境通关速度，更加适应互联网模式下跨境电商的快节奏，也将决定电商发展的梯度进阶形态。

学习笔记

1. 谈一谈你对《中华人民共和国电子商务法》的认识

2.《电子商务法》的出台对电商行业的影响

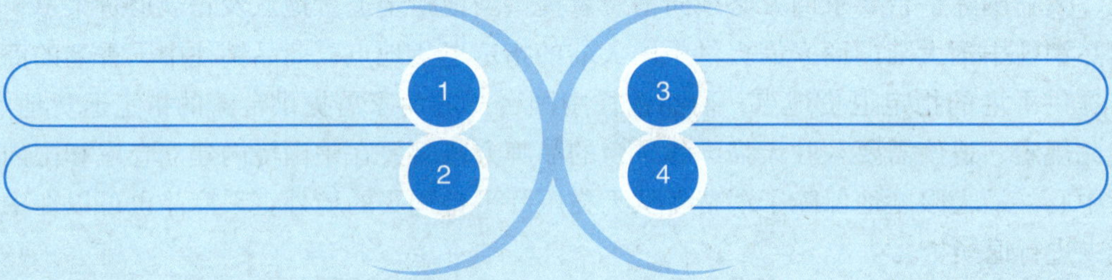

3.《电子商务法》对平台经营者的影响

4.《电子商务法》对店铺经营者的影响

实训任务

1. 任务示例

2021 年 1 月，重庆市市场监督管理局综合执法总队接举报，称某科技公司重庆分公司未履行法定证照审核义务。

经查，当事人未对入驻其电商服务平台的商户进行相关资质材料及信息的审查登记，导致了某炒粉王（上线期间：2019 年 11 月至 2021 年 2 月）在无食品经营许可证的情况下，入驻平台提供餐饮外卖服务直至 2020 年 7 月 28 日；某火锅鸡（上线期间：2020 年 7 月至同年 11 月）经营期间，在平台上公示的主体信息中营业执照主体和食品经营许可证主体不一致。

案例分析见表 1-4-1。

表 1-4-1 案例分析

违法主体	☑平台经营者 / □店铺经营者
违法行为	平台经营者未履行法定证照的审核义务。
法律依据	《电子商务法》第二十七条规定：电子商务平台经营者应当要求申请进入平台销售商品或者提供服务的经营者提交其身份、地址、联系方式、行政许可等真实信息，进行核验、登记，建立登记档案，并定期核验更新。
行为启示	平台经营者要定期严格核验、更新入驻平台内经营者的身份信息。

2. 任务操作

【案例 1】

2021 年 1 月，大足区市场监管局接收案源信息，反映某电子商务公司平台上的网店在直播及网页宣传中存在虚假内容。

经查，当事人于 2020 年 10 月 8 日在其店铺上架销售某款“纯手工菜刀”等 3 款刀具。为突出手工锻打工艺、吸引消费者、提高销量，在未向供货的制造商核实真实生产工艺流程的情况下，当事人在 3 款刀具销售页面使用了“纯手工锻打”和“我们的刀都是师傅一锤一锤反复锻打成型”等内容的广告语。同日，当事人店铺的主播在宣传上述刀具时使用了“33 号链接就是我们的纯手工锻打刀……这是纯手工的，一锤子、一锤子敲打出来的……”等语言，当事人将此次直播录屏后进行多次播放。经制造商核实，上述刀具生产工艺既有手工操作工序，也包含大量机械操作流程，当事人宣传的“纯手工”流程与实际不符，误导了消费者，并可能影响其作出购买决定。

请对案例 1 进行分析，并将分析结果填至表 1－4－2。

表 1－4－2　对案例 1 的分析

违法主体	□平台经营者 / □店铺经营者
违法行为	
法律依据	
行为启示	

【案例 2】

请自主探究分析某个电子商务案例，并完成表 1－4－3。

表 1－4－3　对案例 2 的分析

违法主体	□平台经营者 / □店铺经营者
违法行为	
法律依据	
行为启示	

评价与总结

1. 课堂表现评价

结合各小组课堂表现情况，完成课堂表现评价表（见表 1－4－4）。

表 1－4－4　课堂表现评价表

小组名称	小组全勤	回答或解决问题	小组讨论	小组汇报	合计
小组一					
小组二					
小组三					
小组四					
小组五					
小组六					

2. 任务成果评价

结合自身任务完成情况，完成任务成果评价表（见表 1－4－5）。

表 1－4－5　任务成果评价表

评价内容	不达标	达标
掌握《电子商务法》的背景知识		
了解电子商务法立法的必要性		
能运用电子商务法规条文进行简单案例分析		
明确电子商务法对跨境电商的约束与规范		

3. 总结

回顾课程内容，用思维导图形式总结

任务延伸与拓展

学习《中华人民共和国电子商务法》，制作 PPT 向所在社区或其他专业学生宣讲电子商务法的内容。

模块二

网店装修

岗位快照

网店美工岗位

职位描述

岗位职责

1. 负责店铺店面整体形象设计、网店风格及商品展示设计，首页广告图片的设计与制作。

2. 负责页面的美化、各种活动及专题页面的制作。

3. 负责对新产品进行排版、优化店内宝贝描述、美化产品图片及商品上下架。

4. 负责定期更新促销图片和页面、配合店铺销售活动优化修改产品页面、定期更新店铺首页。

任职要求

1. 熟悉主流电商平台的页面设计规范和基本要求。

2. 精通 Photoshop，具有一定的美术功底及平面设计水平。

3. 具有良好的网页及平面设计能力、丰富的商品图设计制作经验。

4. 熟悉店铺设计的流程方法，具有出色的设计能力和优秀的创新与沟通协作能力。

学习路线

工作任务一

首页设计与制作

任务目标

知识目标：1. 熟悉店铺专属视觉识别（VI）概念和网店装修设计包含的内容，掌握店铺首页的作用。

2. 熟悉网店首页的框架布局，能够说出移动端店铺首页的组成元素和布局原则。

3. 掌握店标的展示位置和店标的设计原则。

4. 掌握横幅广告（Banner）的设计规范、设计要点、布局方式和文案的布局方法。

技能目标：能够设计符合商品特点的网店标识（Logo）和 Banner。

素养目标：1. 树立法律意识，注意 Banner 设计的规范性，Banner 文案避免使用违规词。

2. 通过国潮的设计风格体现文化自信。

3. 培养精益求精的工匠精神。

任务背景

小白已经在淘宝开设了名为“乡里人家”的店铺，接下来小白开始着手准备店铺“装修”了。店铺“装修”前，小白需要结合果蔬农产品的特点和面向的客户群体进行分析，从而设计店铺的 Logo、店招和 Banner。

任务分析

店铺首页作为一个淘宝店铺形象的展示窗口，其“装修”的好坏，会直接影响店铺品牌宣传以及买家的购物体验，最终影响店铺的转化率。首页的装修决定了店铺的整体形象，是引导买家、提高转化的重要手段，同时也是店铺的风格体现之处。首页的每个部分都有着举足轻重的作用，在设计时，应从整体规划出发，先构思好每个部分的内容，这样的店铺才能层次分明、架构明显、搭配合理。

知识解析

知识解析

一、首页框架布局

1. PC 端店铺首页整体布局和定位

店铺首页优秀的视觉冲击力、清晰地信息分层和良好的交互体验是提升转化率的三大要诀。对于大部分店铺来说，它们的顾客，即网店的独立访客（UV），都是通过单品页面进入店铺的，要将顾客留在本店，首页的内容应能够吸引顾客。

（1）店铺首页的概念及作用。

店铺框架的搭建，犹如给顾客提供了一个购物场所。首页布局除了能有效地指引顾客浏览，还具有传递品牌形象、配合营销活动、展示商品、引导分流、减少跳失率等作用。

1）传递品牌形象。

在网络店铺中，整家店铺的设计风格与品牌形象息息相关。在开店之初，卖家就应该为品牌塑造一个形象，然后围绕这个形象去设计店铺，例如是青春、高雅、豪放还是时尚等。

2）配合营销活动。

当顾客没有明确的购买意愿时，需要做一些推荐和促销活动来激发顾客的潜在需求，如新品推荐、促销打折、搭配减价等。如果店铺正在做这些活动，就可以在首页上展示出来，以此来吸引顾客快速下单。

3）展示商品。

当顾客通过一件商品进入店铺后，可能对其他类似商品有消费需求，这时展示在店铺首页里的商品要有足够的吸引力，才能减少跳失率，提升转化率。

4）引导分流。

可以在首页添加搜索功能、导航功能，并展示合理的产品分类，它有利于顾客快速找到自己想要的商品。

5）减少跳失率。

首页要尽可能设计得精美，这样才能留住顾客，并吸引他们点击感兴趣的商品进行下一步访问，从而减少跳失率。

某电池专卖店的网店首页如图 2－1－1 所示。

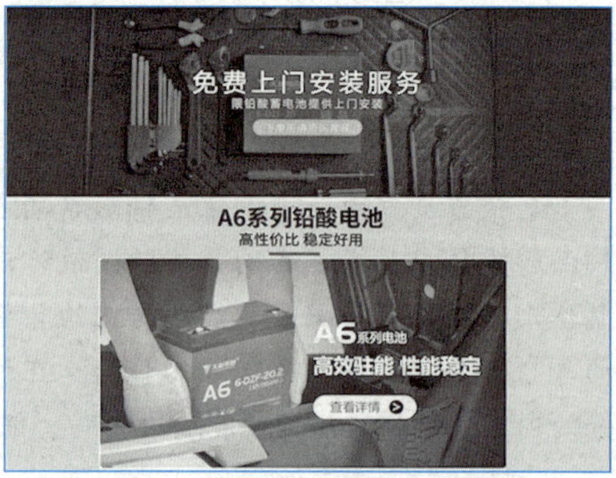

图 2－1－1　某电池专卖店的网店首页

知识拓展

UV、PV和跳失率

UV（Unique Visitor），即独立访客，用于统计1天内访问某站点的用户数。一个IP为一个访客，一天内相同的IP只被计算一次。

PV（Page View）即访问量，是指店铺所有页面的浏览总量，它用来衡量网站用户访问的网页数量，可以累加。

跳失率，指现时消费者通过相应入口进入，只访问了一个页面就离开的访问次数占该页面总访问次数的比例。一般来说，跳失的原因是顾客感觉搜索点击展示的页面与预期不符，无法让顾客满意。

跳失率＝只浏览一个页面就离开的访问次数/该页面的全部访问次数 ×100%

（2）店铺视觉定位。

店铺视觉风格的定位可根据店铺和产品定位选择最适合的风格。一旦确定了风格，就可以通过各种视觉元素塑造个性化的风格定位。一般会从店铺专属VI、色彩、字体三个方面来进行设计。

1）VI。

VI（Visual Identity），即视觉识别，指以标志、标准色彩、标准字体为核心展开的完整的视觉传达识别体系，是将企业理念、文化特质、服务内容、企业规范等抽象元素换为具体符号的概念。

2）色彩。

色彩是一种具有视觉冲击力的传播工具，它能影响人们的心情与感受。因此，理解和把握好色彩的应用，是做到有效视觉传达的关键。同样，色彩也能带给人不同的心理感受，包括冷暖感、轻重感、空间感、动力感、透明感等。在进行设计时，应结合这些因素来表现产品。

a. 店铺主色：主色一般是起决定性作用的色彩，直接显示了店铺的定位。

b. 搭配色彩：一般来说，店铺的色彩会控制在3～5种。色彩数量过少，会显得画面单一，不够吸引人；色彩数量过多，则会让画面显得杂乱，充满廉价感。

c. 色彩标准：营销型网店和平价产品网店更愿意使用多色彩，而品牌型网店和高价位商品的色彩运用明显偏少。

知识拓展

自然界中的颜色可以分为彩色和非彩色两类。非彩色指黑色、白色和各种深浅不一的灰色，其他颜色都属于彩色。色彩有三个要素：色相、饱和度和明度。色相是色彩的相貌，根据波长的不同，产生不同的色彩，如红色、绿色、蓝色等；饱和度指色彩的鲜艳度；明度指色彩的亮度，以及色彩的深浅。

3）字体。

对于视觉传达设计，字体的选择是设计过程中必不可少的一个环节。计算机系统字库中的字体种类众多，如何为自己的设计选择合适的字体，需要设计师进行慎重的考虑。主要是考虑字体的风格是否符合网店和商品的形象定位，字体与网店标志组合时能够协调、统一，同时还要注意字体的系统性和延展性。

字体和人一样，有着不同的外部特征，也会散发内在的气质。同时，字体也是时代和文化的产物，特定时代产生或流行的字体，往往最能体现那一时期的时代特点。作为设计师，只有了解了每种字体的特性，才能对字体的选择做出准确的判断。

a. 字体类型。

字体包括中文和英文两种，从设计的角度，可以把字体分为衬线体（见图 2－1－2、图 2－1－3）、等线体、艺术体和书法体四种类型。

图 2－1－2　英文非衬线字体和衬线字体

图 2－1－3　中文非衬线字体和衬线字体

b. 字体风格。

网店使用的字体要符合网店的商品风格和营销定位。为网店选择标准字体时，还要讲求统一和精简。为了统一整体视觉风格，页面中最好不要出现各式各样的字体，除了一两种标题使用手写和艺术字体外，内页的中英文字体通常各使用一种。一般情况下，网店的字体数量不会超过五种。其中，中文字体两种，分别用于标题和内文描述；数字字体和英文字体各一种，书法字体或艺术字体只在特定活动时使用，字号大小根据实际情况而定。

在实际应用中，对字体有更多的分类维度。图 2－1－4 展示了每种字体适合用在什么风格的网店。

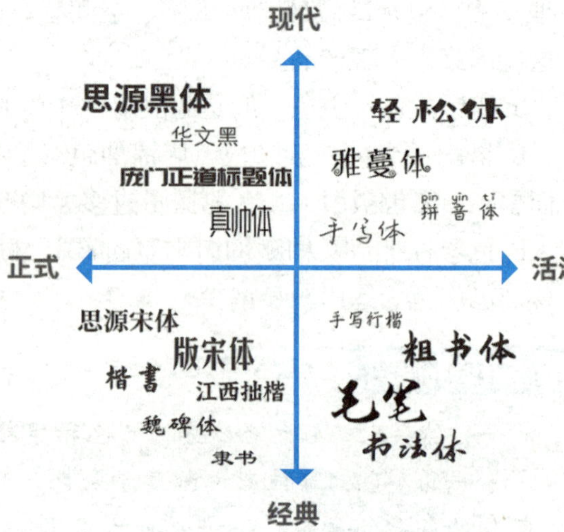

图 2－1－4　字体风格分布

知识拓展

选择字体可以遵循以下原则：

（1）按照字体的外观特征（粗、细）选择。粗字体可以形成强烈的视觉冲击力，更适合标题、男性产品或促销产品使用；细字体更加精致，适合女性产品或高端产品使用。

（2）按照是否有衬线选择。衬线文字的视觉特征是文艺、复古、细致，更富有传统书法的美感；非衬线字体的视觉特征是现代、简洁，易读性更好。

（3）按照常规字还是手写字区分。常规字如黑体、宋体等，其视觉特征是正式、可辨识性高、工整，但没有个性；手写体的视觉特征则是活泼、自由、个性化，缺点是可辨识性低。

（3）店铺首页框架布局。

淘宝店铺的首页分为店铺页头、店铺内页和店铺页尾三个部分，如图 2－1－5 所示。

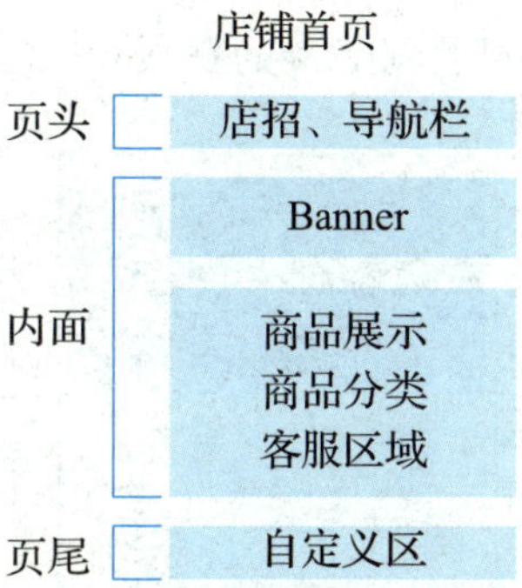

图 2－1－5　淘宝店铺首页框架布局

1）店铺页头。

店铺页头由店铺招牌（以下简称“店招”）和导航栏两个模块组成。店招位于店铺页面的上方，相当于一家店铺的招牌，起到一个传递店铺信息的作用。在设计过程中一般会包含以下三个方面：

a. 品牌信息：通过产品名称、店铺名称、品牌色、品牌 Logo 等进行传递。

b. 产品定位：通过有代表性的产品进行展示，还可以通过模特、穿着效果等展示。

c. 价格信息：价格与产品定位息息相关，高价位产品通过打造有价值的视觉传递去淡化价格信息；低价位产品以促销手段、强调低价来吸引顾客。

2）店铺内页。

店铺内页包括 Banner（轮播图或首页焦点图）、商品展示、商品分类和客服区域。

Banner：首屏最大的海报图或轮播图，根据店铺的活动来确定不同的文案。

注意：店招、导航和 Banner 三个模块共同构成了首页第一屏。

顾客通常会在 7 秒内决定是否有购买商品的意愿。由此衍生出了网店装修的“一屏论”，就是顾客不滚动页面的情况下能看到的浏览面积。所以第一屏的内容和设计非常重要。

商品展示：包括店铺推荐、店铺新品和热销商品等，它们构成首页的第二、三屏。

店铺装修设计中有“黄金三屏”的说法，也就是把店铺中最想让顾客看到的信息和主推商品安排在前三屏。

商品分类：主要是将店铺内不同的商品进行分类，然后在此处进行分类展示。分类导航能起到分流的作用，在设计时要特别注意它的导流功能。除了利用图文混合的形式增加页面的美观度之外，还可以将新品、促销等分类安排在靠前的位置。

客服区域：客服的作用是为顾客答疑解惑，设计时注意旺旺图标尺寸。

3）店铺页尾。

店铺页尾一般使用自定义区域，提供服务信息和导航功能两个方面的内容。服务信息可以是讲品牌故事、售后保障服务、客服联系方式等内容；导航功能则可以包括其他分类方法、返回按钮等链接，可以做到首尾呼应。

知识拓展

首页布局的引导一般有两种，另一种是单向型（见图2-1-6），另一种是曲线型（见图2-1-7）。单向型通过竖向、横向和斜向的引导，将信息一一传达给顾客，使顾客更加明确地了解店铺。曲线型通过错落有致的布局形成S形构图，引导消费者的视线由上至下进行浏览。

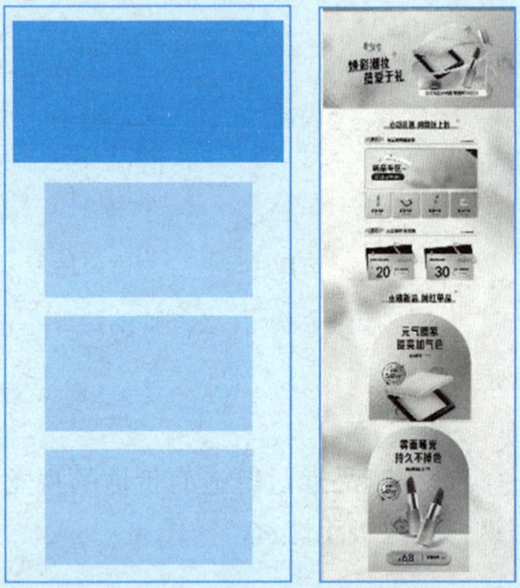

图2-1-6　单向型首页布局

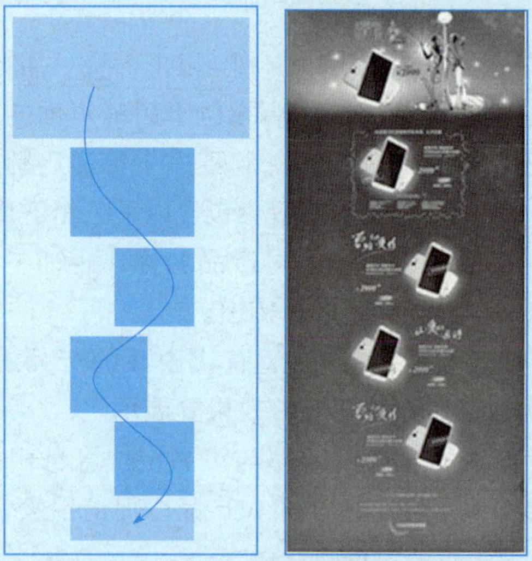

图2-1-7　曲线型首页布局

2. 移动端店铺首页布局

移动端由于手机屏幕尺寸的限制，顾客只能是从上至下浏览。移动端首页分为两部分：一是自定义模块；二是商品陈列模块。

（1）自定义模块。

自定义模块一般是手机店铺的前几屏，包括店铺活动信息、优惠券和爆款推荐等内容。主要的要求是：

1）以产品为主。做好规划，确定展示的产品和选用的图片符合要求。

2）文字简洁。移动端文案要简洁有力，越简单越清晰。

3）爆款推荐。一般来讲，移动端店铺主打爆款商品。

4）优惠券。在移动端使用最多、最有效的引流方式和提高转化率的方法就是发送优惠券。

（2）商品陈列模块。

第一屏展示爆款。在移动端第一屏展示店铺的爆款，实现第一时间吸引消费者的效果，使其进行快速转化或进入承接页面。

第二屏展示新品。移动端只有两种主要的推荐和引流方式，第一屏是以爆款吸引消费者，第二屏是以新品吸引消费者。

第三屏用来陈列促销型商品。一般都是结合节日来进行促销活动，如国庆节、元旦等。

第四屏是陈列特供区。商家需要精选一些产品，作为移动端的特价产品区。

二、店标设计

店标，指店铺 Logo，是识别店铺的标志，是网店最主要的视觉符号。店标一般出现在店招左上角最显著的位置，或者在客户搜索店铺时也会出现。店标主要通过造型简洁和意义明确的视觉符号，将企业的经营理念、企业文化、经营内容、企业规模和产品特性等要素传递给消费者。其设计策略取决于网店的经营战略定位、品牌定位和产品风格定位。设计网店 Logo 的策略步骤如图 2－1－8 所示。

步骤一	明确网店策略	是侧重品牌、侧重销售还是侧重咨询
	明确品类定位	属于哪个大品类，哪个子品类；特点如何
	明确风格定位	品牌/产品的特点、风格和理念
步骤二	元素取舍	中、英名字，图形，吉祥物，广告语
	字体的选择	衬线字还是非衬线字
	色调的选择	饱和度、明度、色相，色彩情感

图 2－1－8　设计网店 Logo 的策略步骤

店铺 Logo 设计

优秀的店标设计可以准确地把店铺的形象与概念转化为视觉印象，而不是简单地表现某个符号或者文字。店标可以代表店铺的风格、品位，还可以起到宣传的作用。

1. 店标展现位置

（1）PC 端店铺的店招一般都有 Logo，见图 2－1－9。

（2）PC 端店铺的搜索页 Logo，见图 2－1－10。

（3）天猫商城首页 Logo。

（4）移动端店铺首页的店招，见图 2－1－11。

（5）移动端店铺搜索页的 Logo，见图 2－1－12。

图 2－1－9　某专卖店店招

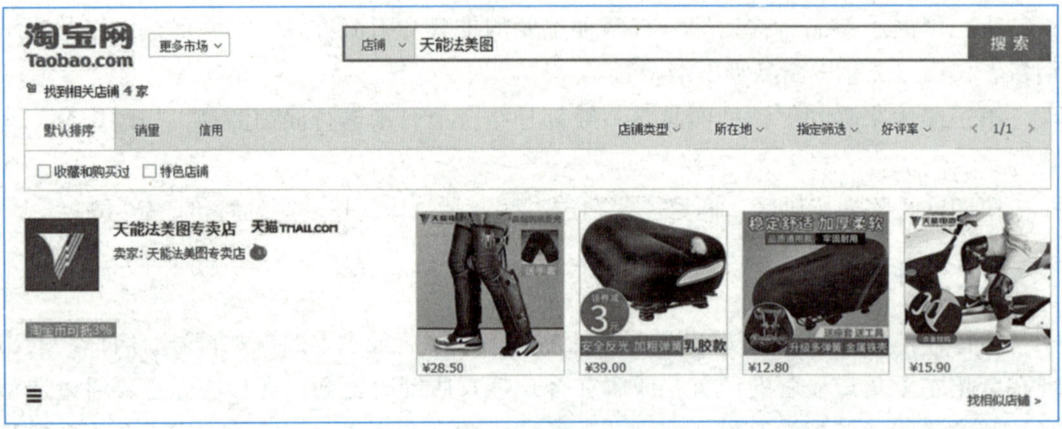

图 2－1－10　某店铺搜索页 Logo 显示

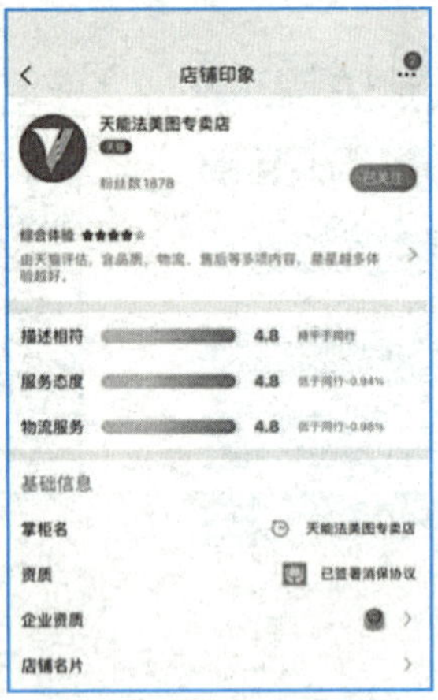

图 2－1－11　移动端某店铺 Logo 显示位置

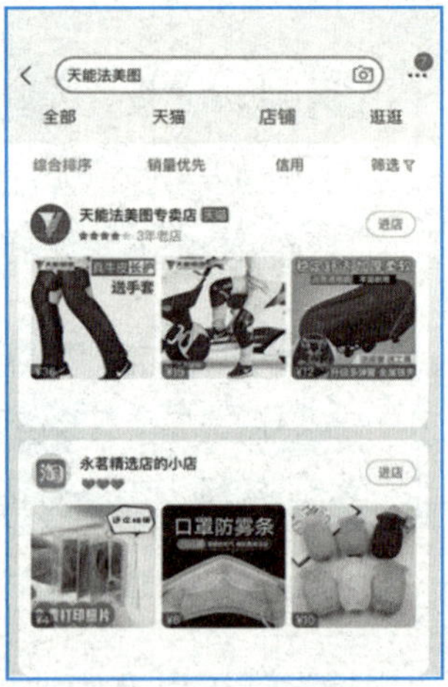

图 2－1－12　移动端搜索显示 Logo

2. 店标展示形式

店标可以选择自然图像、文字、几何图形作为原型，它们各有利弊。自然图像记忆深刻，文字传播容易（尤其适用于网络搜索），几何图形应用范围广泛。店标从视觉上可以分为纯文字 Logo、纯图形 Logo、图文结合 Logo。

（1）纯文字 Logo。

纯文字店标主要是由文字和拼音字母等单独构成，适用于多种传播方式。

（2）纯图形 Logo。

纯图形店标即仅用图形构成标志。这种标志形象生动，色彩明快，且不受语言限制，非常易于识别。但由于图形标志没有名称，因此表意不如文字标志准确。

（3）图文结合 Logo。

图文结合店标即由文字和图案组合而成的标志。这种标志发挥了文字及图案标志的优点，图文并茂，形象生动，又易于识别。

3. 店标设计原则

想要设计出好的店标，需要遵循以下规则：

（1）原创性。店标需要原创，不能侵犯他人版权。

（2）统一性。店标的设计要与店铺整体风格保持一致。

（3）易识别性。一个好的店标应该易于识别，不能太复杂。

（4）合法性。商家要确保设计的店标和商品图的内容符合《电子商务法》和《广告法》的相关规定，尤其注意关于极限词的规定。

1）不得在商品包装和宣传页面上使用绝对化的语言或表示用语，包含但不限于以下词汇：最高级、国家级、最佳、顶级、顶尖、极品、第一、第一品牌、绝无仅有、万能、最低、销量+冠军、抄底、最具、最高、全国首家、极端、首选、空前绝后、绝对、最大、世界领先、唯一、巅峰、顶峰、最新发明、最先进等。

2）不得在商品包装或宣传页面上使用驰名商标、中国名牌字样或图案。

三、店招设计

店招是店铺的招牌，和线下店铺的招牌一样，起到招揽顾客、标识店铺的作用，如图 2-1-13 所示。不管我们进入哪一个单品页面，店招都是始终显示在最上方的，所以店招对顾客的影响是非常大的。

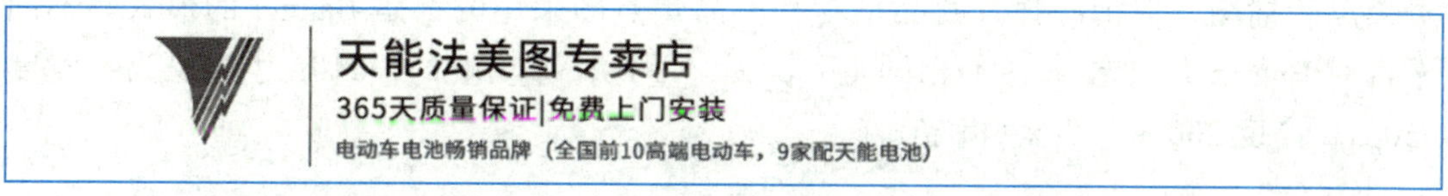

图 2-1-13　某网店店招

店招一般包括店铺名称和店标（Logo），以便更好地宣传店铺，使顾客牢牢记住店铺。除此之外，商家还可以根据店铺设计定位放置如收藏、关注的二维码或店铺代金券等。

1. 店招设计思路

店招的设计思路有三种：（1）以品牌宣传为主，主要展示店铺名称和店标（Logo）；（2）以促销活动为主，会在店招中放一些店铺优惠券或店铺活动等；（3）以产品推广为主，会在店招中放一些店铺商品图片。店招的三种设计思路应用，如图 2-1-14 所示。

店招设计

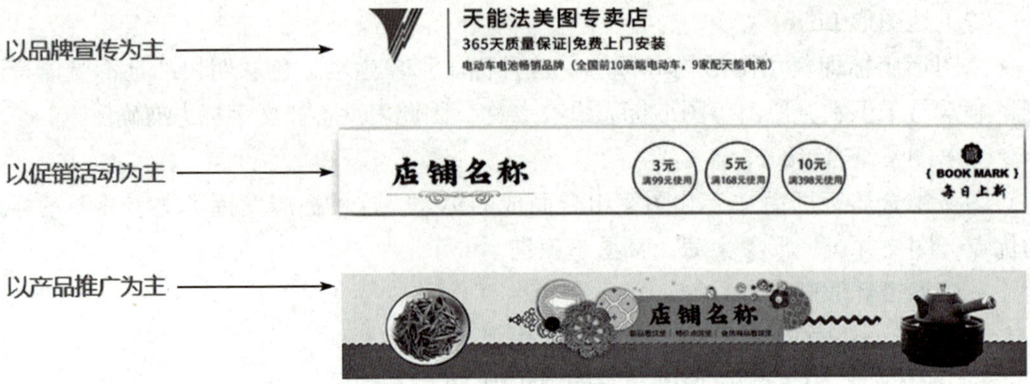

图 2-1-14　店招的三种设计思路

2. 店招设计原则

（1）直观、明确地告诉顾客网店卖的是什么，表现形式最好用实物照片。

（2）直观、明确地告诉顾客网店的卖点，如特点、优势、差异等。

3. 店招设计要点

（1）网店名字。企业、品牌网店可以标榜自己的品牌。

（2）实物照片。直观形象地告诉顾客网店所卖的产品。

（3）产品特点。直接阐述网店的产品特点，第一时间打动顾客，并吸引顾客。

（4）网店（产品）的优势和差异化。告诉顾客网店产品的优势以及和其他网店的不同，形成差异化竞争。

四、Banner 设计

Banner 是指网店页面的横幅广告，是顾客进入首页后看到的第一个画面，也是店铺风格最直观的显示位置，对于营造氛围起着巨大的作用。淘宝、速卖通店铺中的首页焦点轮播图、促销海报、商品推荐和商品焦点图采用的都是 Banner 的形式。不同平台对 Banner 尺寸要求各不相同（见表 2-1-1），移动端的设计尺寸建议为：宽度 750px，高度 200 ~ 950px（淘宝）。

表 2-1-1　不同平台 Banner 尺寸规范

尺寸	平台		
	淘宝	天猫	速卖通
宽度	950px	990px	750px
高度	主流高度均为 600px 左右		

注：也可以用 CSS 代码或在线布局软件实现全屏 1 920px 的效果。

1. Banner 设计要点

Banner 在店铺首页最重要的位置，是对店铺最新商品、促销活动等信息进行展示的区域，位于店铺导航条的下方，其设计的面积比店招和导航条要大，是顾客进入店铺首页中观察到的最醒目的区域。在设计 Banner 时，需要注意以下四点：

Banner 设计

（1）主题明确。

设计 Banner 时需要确定设计主题和内容，是新品上架、店铺公告，还是节日活动策划。如果是新品上架，以新品形象为主；如果是为某个节日策划的活动，就应该符合节日的气氛。Banner 主题分类如图 2－1－15 所示。

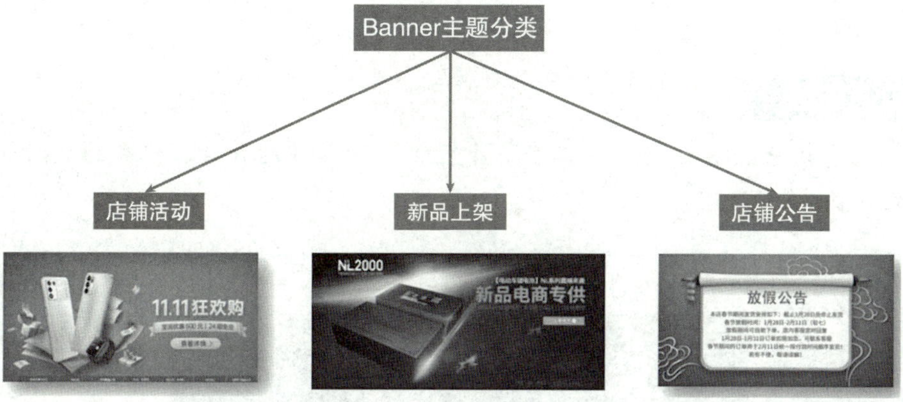

图 2－1－15　Banner 主题分类

（2）风格统一。

Banner 的设计必须符合网店的整体视觉风格，网店装修的所有元素都要服务于页面的整体视觉风格，配色和字体也要遵守视觉识别规范，避免出现不同类型的视觉元素。图 2－1－16 就采用了中国风设计，大面积的红色配上中国元素——祥云，采用的字体也是颇具古风风格。这种设计和所售商品的颜色巧妙融合，从配色上看起来整体统一，且很有过年的喜庆气氛，让人看到就忍不住想在春节走亲访友时买些橘子做礼物聊表心意。

图 2－1－16　具有中国风设计风格的 Banner

（3）定位精准。

设计 Banner 时，需要考虑产品的受众：谁会购买产品？他们的喜好是什么？Banner 要围绕这些问题进行设计。具体就是分析同类消费人群的共有特征，根据这些特征来把握 Banner 设计的整体风格、色彩、字体、文案等设计元素。

（4）图像清晰。

在网店中，商品图像的清晰度直接关系到顾客对商品质量的认可。如果图像不清晰，会给顾客留下这个店铺“做事不认真”的印象。所以，网店中的所有图片都应该保证其清晰度，平面设计要求分辨率在 300 像素 / 英寸以上，网页要求分辨率为 72 像素 / 英寸左右。

知识拓展

优秀的 Banner 设计通常具备三个元素，即合理的背景、优秀的文案和有代表性的商品（见图 2－1－17）。

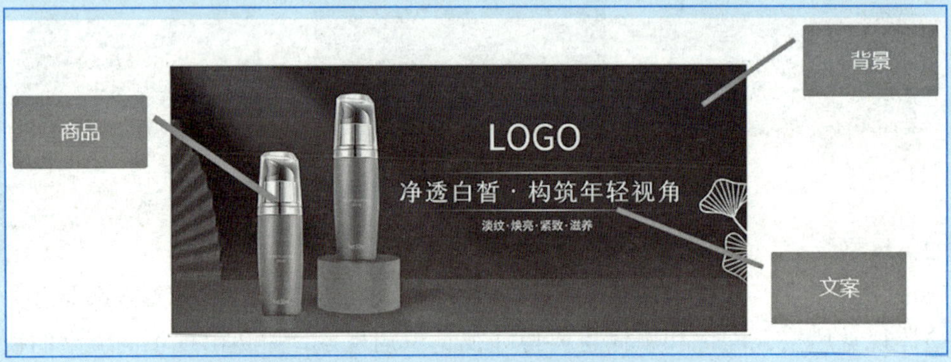

图 2－1－17　Banner 设计三元素

2. Banner 排版布局

Banner 的设计元素主要包括商品图片、模特图片、背景和文案，它会随时根据产品和活动进行更新。下面介绍几种常规的 Banner 排版方式：

（1）两栏式。

两栏式指左文右图或左图右文式，这种布局方式图文平衡，商品展示与文案宣传并重，容易让浏览者产生视觉焦点，是最常见的构图方式，也是最容易掌握的构图方式，很符合人们从左往右阅读的浏览习惯，左文右图 Banner 如图 2－1－18 所示，左图右文 Banner 如图 2－1－19 所示。

（2）三栏式。

三栏式构图更具层次感，服饰、鞋包类需要模特展示的商品适合使用三栏式构图。这种布局方式中间为文字两边放图，主要是为了展示文案信息，如活动信息等，将产品图、模特图或辅助元素放置在文字两侧，如图 2－1－20 所示。

图 2-1-18 左文右图 Banner

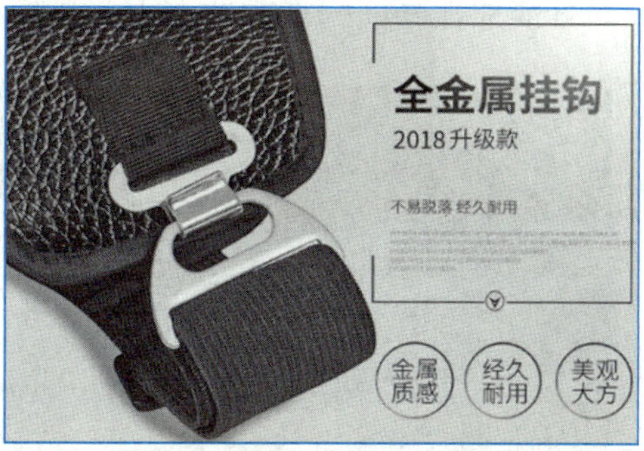

图 2-1-19 左图右文 Banner

图 2-1-20 三栏式 Banner

（3）上下结构。

上下结构的 Banner 一般为上面文字下面图，如图 2-1-21 所示。这种构图方式容易突出主题。

图 2-1-21 上下结构 Banner

（4）组合结构。

组合结构是一种比较特殊的结构，根据不同的需求可以产生不同的组合效果。图 2-1-22 为组合结构的 Banner，文案和商品重合在一条主线上，不但能很好地填充画面，而且能加强画面的视觉冲击力。

图 2－1－22　组合结构 Banner

（5）倾斜结构。

倾斜结构的布局会让画面显得时尚且具有动感，适合用在活泼、动感的设计主题上，例如运动类产品或科技类产品。图 2－1－23 为倾斜结构 Banner。采用此种构图方式时，中心点和重心点会偏离画面当中的元素布置，不与水平线或垂直线平行的时候，画面就会产生不平衡的效果，让人产生一种动感的视觉效果。

图 2－1－23　倾斜结构 Banner

知识拓展

设计构图要讲究平衡。构图上的平稳，指的是视觉上的平衡感，也就是我们常说的平衡构图。平衡构图分为绝对平衡和相对平衡，绝对平衡的最大特点是画面对称，在视觉上表现为左右或者上下是完全对称的，比如居中构图。相对平衡一般体现为形式上不对称，但整体画面的重心是平稳的状态。常见的平衡构图方式如图 2－1－24 所示。

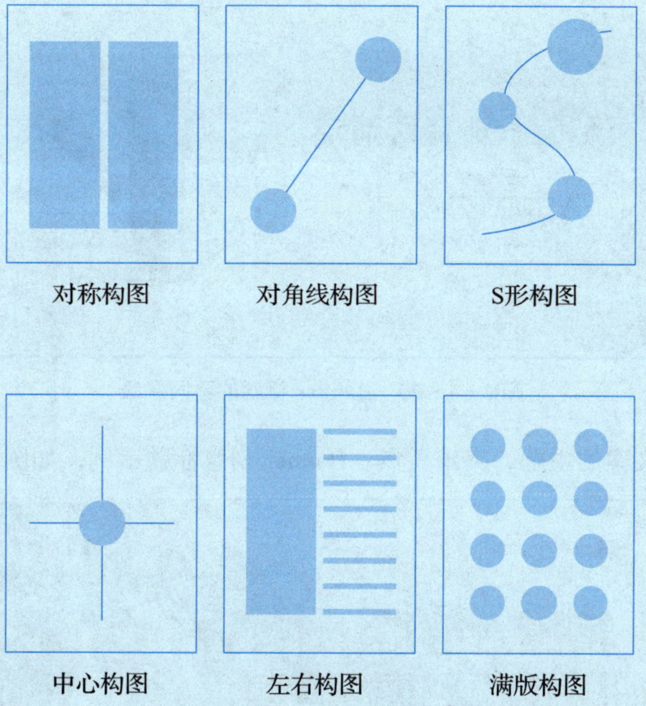

图 2-1-24　常见的平衡构图方式

3. Banner 视觉文案设计

进入网店首先映入眼帘的就是店招、导航和 Banner，Banner 的作用是吸引顾客的眼球，激发顾客的购物欲，引导顾客下单。文案是除了商品之外顾客最容易注意到的元素，好的文案，可以让顾客在第一时间了解店铺的促销信息。

（1）标题。

在一个设计项目中，根据文字的地位可将文字分为不同的层级。比如主标题、副标题、附加内容（正文）等。处于不同文字层级的文字对字体的要求也不同。主标题的字体要突出、醒目，附加内容（正文）则要求清晰易读。例如图 2-1-25，主标题是：温和滋润，深层清洁；副标题是：品牌新品特惠，买两件立减 20 元；附加内容（正文）是：给肌肤做一次深层 SPA。Banner 图只有层级清晰，才能体现画面中的主次关系。

（2）文案创意。

一个优秀的文案需要考虑很多方面，比如文案的受众、文案的目标、文案的主题和文案的视觉表现。写文案前应将目标市场细分，确定文案所瞄准的目标人群，这样才能达到营销目的。除此之外，文案还可以提高品牌知名度，加深买家对店铺或品牌的印象。关于文案的主题主要有两个方面：一方面是产品的特点，通过简单的词汇表达出主题信息，以满足消费者的需求；另一方面是折扣和利益，以促销信息吸引消费者。文案的主题有了，以何种形式呈现呢？这就涉及文案的视觉表现，即以字体、颜

图 2-1-25　Banner 标题的不同层级

色和粗细来表达文案的主题，突出重点。Banner 创意标题示例，如图 2-1-26 所示。

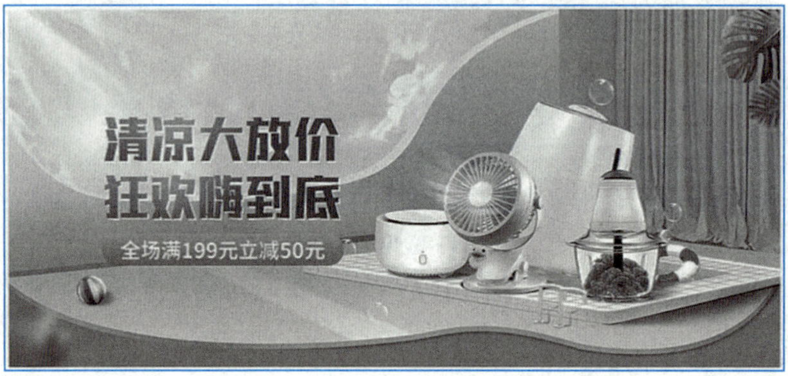

图 2-1-26　Banner 创意标题示例

（3）热点标题。

网店 Banner 占据网店首页的核心位置，为了吸引消费者注意，可以在设计时与社会的热点话题、热门影视剧等相关联。Banner 热点标题示例，如图 2-1-27 所示。

图 2-1-27　Banner 热点标题示例

素养园地

关于网店装修图片素材的版权问题

在进行网店装修时，有一些新手常常不注意所使用的图片素材的版权归属，因随意使用一些素材图而造成纠纷。要知道，网络上的图片，有原创的也有转载的。作为素材开发者，要注意保障自身的法律权益；作为素材使用者，则需要重视这些素材的版权问题。不要认为只是借用了他人的图片作为自己作品的一部分，无关紧要。事实上，这种做法已经侵犯了原作者的权益，将面临法律风险。

《中华人民共和国著作权法》第五十二条规定，有下列侵权行为的，应当根据情况，承担停止侵害、消除影响、赔礼道歉、赔偿损失等民事责任：

（一）未经著作权人许可，发表其作品的；

（二）未经合作作者许可，将与他人合作创作的作品当作自己单独创作的作品发表的；

（三）没有参加创作，为谋取个人名利，在他人作品上署名的；

（四）歪曲、篡改他人作品的；

（五）剽窃他人作品的；

（六）未经著作权人许可，以展览、摄制视听作品的方法使用作品，或者以改编、翻译、注释等方式使用作品的，本法另有规定的除外；

《中华人民共和国著作权法》

（七）使用他人作品，应当支付报酬而未支付的；

（八）未经视听作品、计算机软件、录音录像制品的著作权人、表演者或者录音录像制作者许可，出租其作品或者录音录像制品的原件或者复制件的，本法另有规定的除外；

（九）未经出版者许可，使用其出版的图书、期刊的版式设计的；

（十）未经表演者许可，从现场直播或者公开传送其现场表演，或者录制其表演的；

（十一）其他侵犯著作权以及与著作权有关的权利的行为。

有版权的图片素材是不能随意用于商业用途的。如果是进行商业使用，在专业的图库中购买有版权的素材是必要的，正版商业图片的获取和使用是有着明确规则的。

学习笔记

学习笔记

1. 店铺风格定位

（1）VI 即________，其主要是以标志、标准色彩、标准字体为核心展开的完整的________体系。

（2）网店的标准色彩最好控制在________种。

2. 店铺首页框架布局

（1）淘宝店铺的页面分为________、________和________。

（2）店铺内页可以划分为________、________、________和________四部分。

（3）________、________和________构成首页的第二、三屏。

3. 商品陈列模块

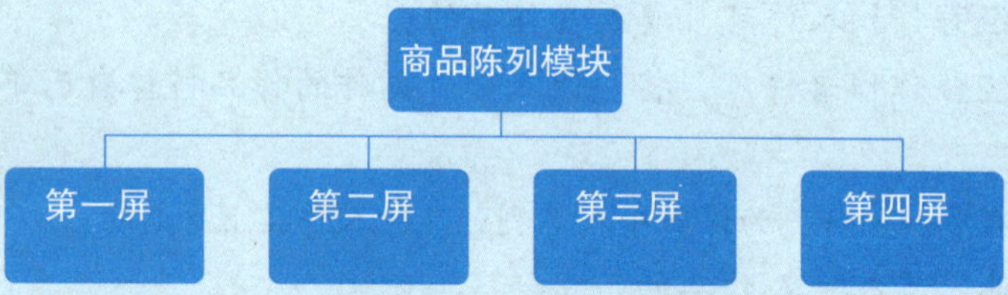

4. 店标

店标，指店铺________，是识别店铺的标志，是网店最主要的________。店标主要通过造型简洁和意义明确的视觉符号，将企业的________、________、经营内容、企业规模和产品特性等要素传递给消费者。请将以下三个 Logo 对应的类别进行连线。

图文结合 Logo　　纯文字 Logo　　纯图形 Logo

5. 店标设计原则

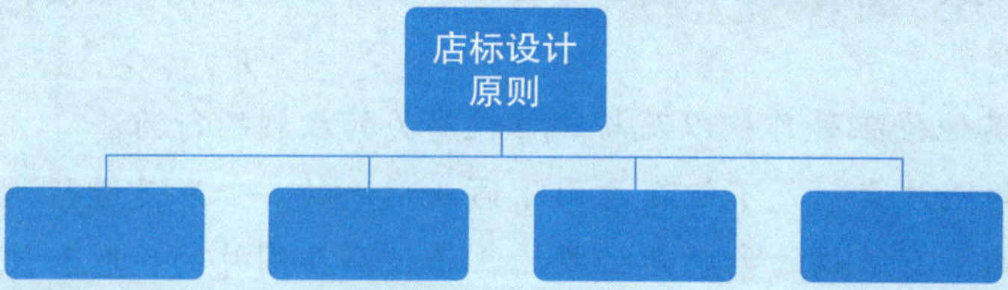

6. Banner 的尺寸

（1）PC 端。

尺寸	平台		
	淘宝	天猫	速卖通
宽度			
高度			

（2）移动端。

移动端的设计尺寸建议为：宽度________，高度________（淘宝）。

7. Banner 的设计要点

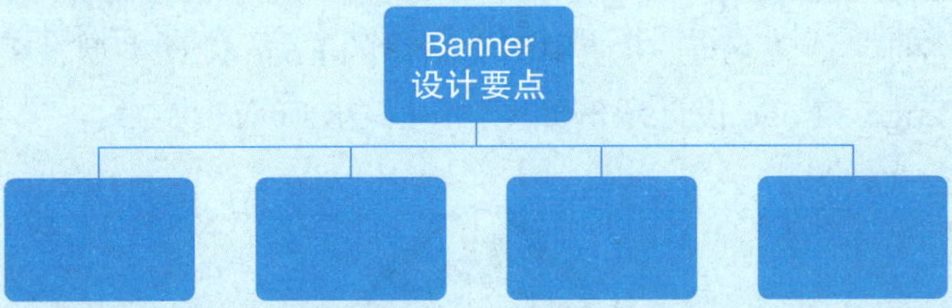

8. Banner 的排版布局

常见的 Banner 排版布局有 5 种，请写出以下各图的布局类型。

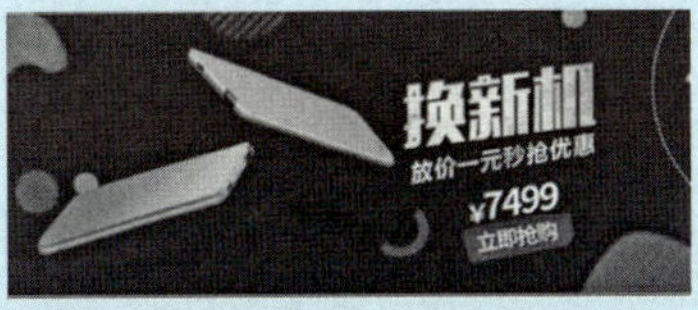	布局类型：
	布局类型：
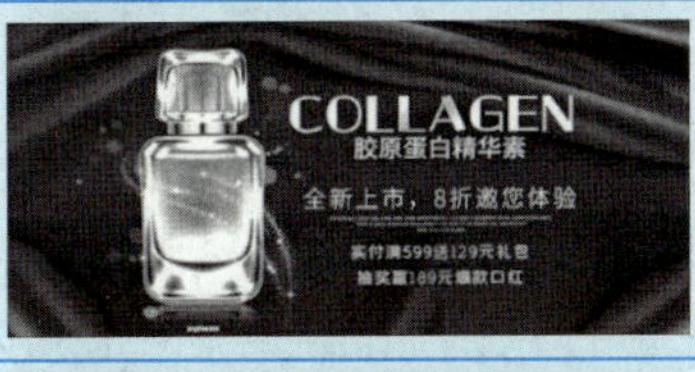	布局类型：
	布局类型：
	布局类型：

9. Banner 视觉文案

Banner 的视觉文案设计包括三个方面：________、________和________。

实训任务

1. 任务示例

（1）店铺 Logo 示例。

根据店铺名称“能工巧匠”，使用图文结合的 Logo 设计类型，采用中国风设计风格设计店铺 Logo。Logo 设计示例如图 2－1－28 所示。

图 2－1－28　Logo 设计示例

（2）店招示例。

根据做好的 Logo，结合店铺在售产品，设计店招，二维码同样采用中国风设计风格。店招设计示例如图 2－1－29 所示。

图 2－1－29　店招设计示例

（3）Banner 示例。

根据前面确定的风格，设计 Banner。Banner 设计示例如图 2－1－30 所示。

图 2－1－30　Banner 设计示例

2. 任务操作

注：图片素材请登录中国人民大学出版社官网（www.crup.com.cn）下载。

（1）子任务 1. 店铺 Logo 设计。

第一步，新建文件，确定 Logo 尺寸；第二步，确定 Logo 类型；第三步，确定 Logo 颜色；第四步，确定 Logo 字体；第五步，完成设计。填写 Logo 设计方案表（见表 2－1－2）。

表 2－1－2 Logo 设计方案表

Logo 设计方案			
确定 Logo 尺寸	宽度：		高度：
确定 Logo 类型	□纯文字 Logo	□纯图形 Logo	□图文结合 Logo
确定 Logo 颜色	主色：		搭配色：
确定 Logo 字体			

（2）子任务 2. 店招设计。

第一步，按照尺寸要求建立文件；第二步，拖入之前设计好的 Logo；第三步，利用直线工具绘制一条竖线；第四步，利用圆角矩形工具绘制图形；第五步，添加文字“点击关注”；第六步，输入店铺名称；第七步，拖入素材“二维码”，完成设计并发布。

（3）子任务 3.Banner 设计。

第一步，选定商品，思考店铺首页视觉设计方案，确保中国风风格，最终确定本款产品的 Banner 配色方案；第二步，确定排版布局；第三步，通过分析商品的卖点，设计出此 Banner 的主标题、副标题及辅助文案，并完成表 2－1－3。

表 2－1－3 文案设计

Banner 设计	具体内容
配色方案	
排版布局	
文案：主标题	
文案：副标题	
文案：辅助文案	

评价与总结

1. 课堂表现评价

结合各小组课堂表现情况，完成课堂表现评价表（见表 2－1－4）。

表 2－1－4 课堂表现评价表

小组名称	小组全勤	回答或解决问题	小组讨论	小组汇报	合计
小组一					
小组二					
小组三					
小组四					
小组五					
小组六					

2. 任务成果评价

结合自身任务完成情况，完成任务成果评价表（见表 2－1－5）。

表 2－1－5 任务成果评价表

评价内容	不达标	达标
Banner 是否制作完成		
Banner 尺寸是否符合平台要求		
Banner 配色与首页整体搭配		
Banner 排版布局合理		
Banner 文案中不包含违规词		

3. 总结

回顾课程内容，用思维导图形式总结

任务延伸与拓展

请你尝试为图书类商品设计 Banner。

注：图片素材请登录中国人民大学出版社官网（www.crup.com.cn）下载。

工作任务二

详情页设计与制作

任务目标

知识目标：1. 熟悉商品主图、详情页的概念和内容及作用。
2. 能够说出商品详情页的框架布局和组成元素。
3. 能够说出商品主图的概念和展示位置。
4. 掌握商品主图的设计原则。

技能目标：能够设计出符合商品特点的商品主图和详情页。

素养目标：1. 树立法律意识，注意主图和详情页设计的规范性，设计文案避免使用违规词，遵守广告法及相关法律法规。
2. 通过设计的国潮风格体现文化自信。

任务背景

小白已经完成了“乡里人家”店铺的 Logo、店招和 Banner 以及店铺首页设计。最近店铺准备上架一批农产品进行售卖，小白准备从商品主图和商品详情页两方面进行精心设计，提高店铺的点击率和转化率。

任务分析

商品详情页是所有营销的落脚点，承担着引导买家下单的职责。当买家点击主图进入详情页后，要使用清晰度高、能展示商品品质的图片多角度展示商品，并通过创意卖点和促销信息在短时间内抓住买家的眼球，激发买家的购买兴趣。因此，要根据店铺和商品的特点，进行详情页页面配色和模块设计，然后再完成海报、产品信息、商品卖点、使用人群、产品多角度展示、物流信息等多个模块的设计与制作。

知识解析

一、商品详情页构成

商品详情页是网店中最容易与买家产生交易和共鸣的地方，是提高转化率的重要入口。一个优质的商品详情页可以激发消费者的购买欲望，赢得消费者对店铺的信任，促使消费者下单。因此，商品详情页的设计是网店运营的重要内容之一，店铺要在实用、美观的基础上，将想传达的信息尽可能直观地展现出来。商品详情页主要包括四大模块。

1. 商品图片

商品图片的展示数量因平台的不同而略有不同。目前淘宝平台提供 5 个商品图片展示位置（第 1 张称为首图，其他 4 张称为辅图）。速卖通平台提供 6 个商品图片展示位置，且卖家后台将所有图片统称为主图。亚马逊平台则采用 1 张主图、8 张辅图的组合。主图详情页展示区，如图 2－2－1 所示。

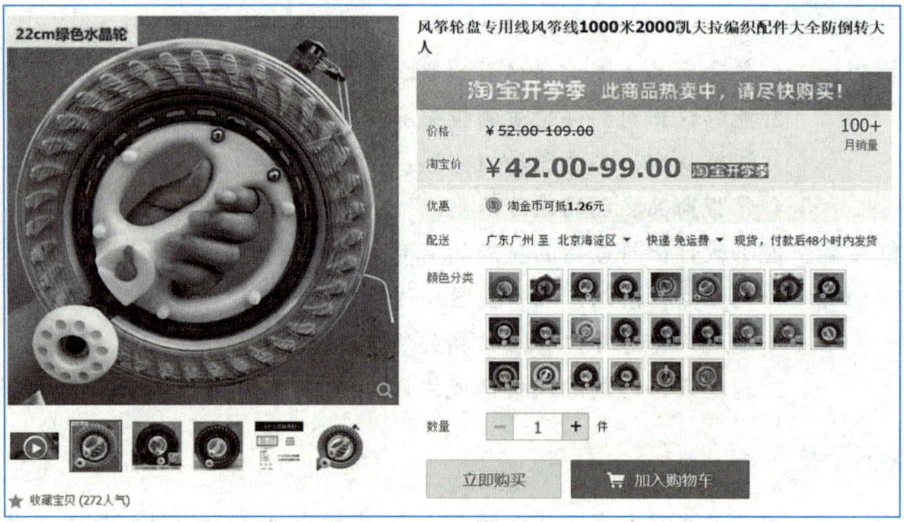

图 2－2－1　主图详情页展示区

2. 商品视频

详情页的商品视频分为主图视频和详情页视频。主图视频可以是产品宣传的一个小视频（见图 2－2－2）；详情页视频可以是产品细节、卖点介绍或者是产品使用方法介绍（见图 2－2－3）。

图 2－2－2　主图视频展示

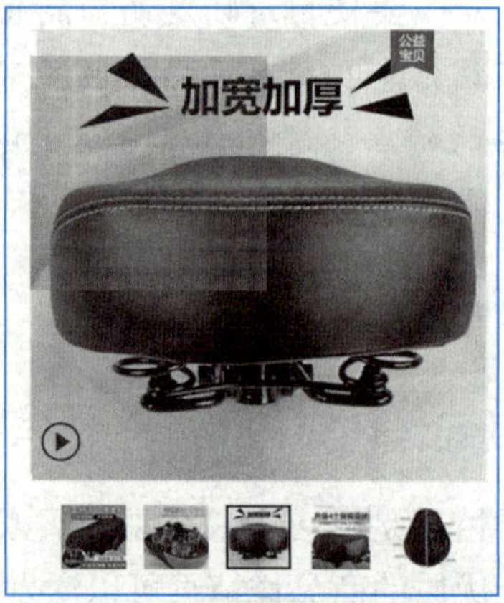

图 2－2－3　详情页视频展示

商品主图视频是在商品详情页第一屏左侧商品图中展示的视频，且会出现在第一个位置当中，因为主图是顾客进入商品详情页所看到的第一眼商品信息，所以主图视频对商品呈现显得尤为重要，而且是通过影音的方式进行动态呈现的，能让顾客在短时间内提升购买欲望。各个平台的视频要求各有不同，以淘宝平台为例：

（1）格式要求：上传的主图视频支持：wmv、avi、mp4 等类型的视频文件，且视频的大小需要在 2G 以内，商家可以通过官方的淘拍软件或者是第三方的专业视频工具进行剪辑、转码，以便符合系统的格式和上传文件大小要求。

（2）视频时长：移动端主图视频的长度需要在 60 秒以内，且一个视频只能绑定一个商品。

（3）视频尺寸：主图视频尺寸比例为 1∶1 或者 16∶9。

3. 商品参数信息

商品参数信息包括商品价格、规格、颜色、尺寸、库存等。商品参数便于买家对商品进行全面了解，是商品详情页中必须包含的重要信息。产品参数介绍页，如图 2－2－4 和图 2－2－5 所示。

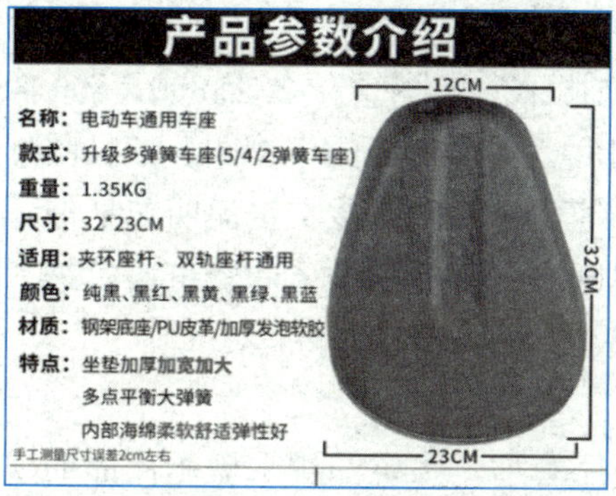

图 2－2－4　国内电商平台产品参数介绍

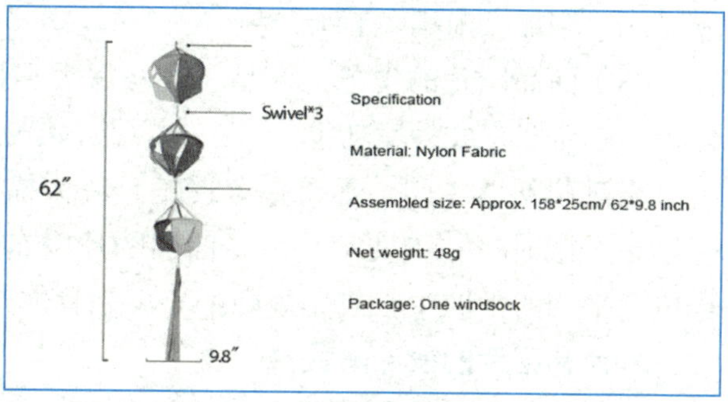

图 2－2－5　跨境电商平台产品参数介绍

4. 商品详情描述

商品详情描述就是在商品详情页中通过图片、文字等形式阐述商品的功能和特性，向消费者介绍商品。

二、商品图片设计

好的主图要遵守广告法、平台规则，同时能够抓住顾客的眼球，并提供直击顾客心灵的信息。

1. 商品图片的概念及作用

商品图片一般会在两个位置展现，一是在搜索结果页，如图 2－2－6 所示；二是在商品详情页，通常出现在商品详情页的左上方，如图 2－2－7 所示。

当买家在电商平台有意愿要购买某件商品时，先要输入该商品的关键词，然后筛选，最后决定在哪家店铺购买。尽管影响买家做出购买行为的因素有很多，但一致的前提是买家必然通过搜索关键词先看到商品图片，被吸引进店后才有可能购买，所以商品图片和标题的好坏是店铺经营成功与否的关键。

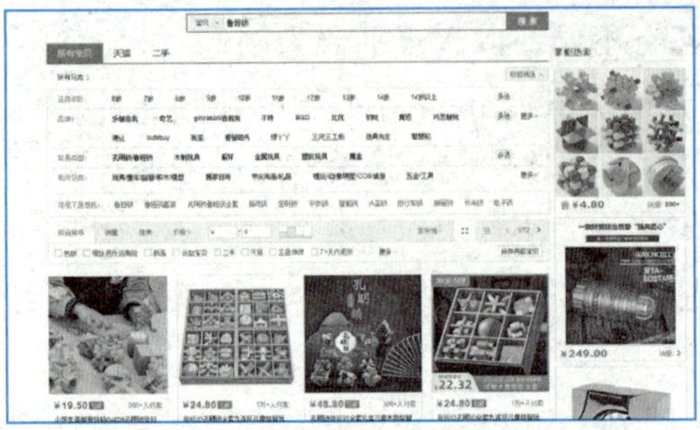

图 2－2－6　搜索页展示主图示例

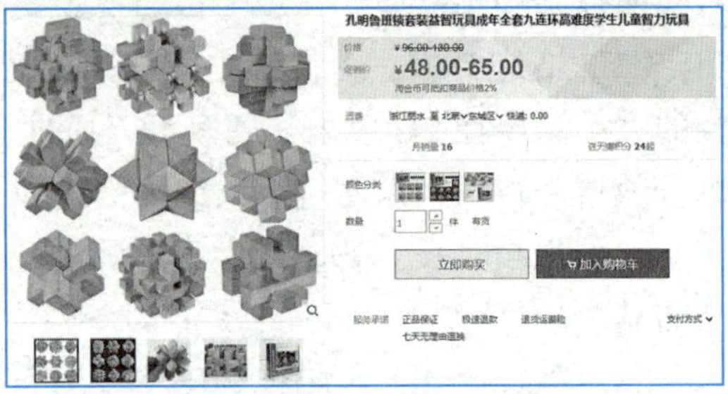

图 2－2－7　商品详情页图片主图展示示例

2. 商品图片的效果、特点与规范

（1）商品图片的效果：展示商品的款式、颜色、品牌等。

（2）商品图片的特点：在电商平台首页脱颖而出，迅速地刺激消费者眼球，突出差异化，增加点击率。

（3）商品图片的规范：商品图片必须为实物拍摄图，图片大小要求 800×800 像素以上（自动拥有放大镜功能），其中主图必须为白底，展示正面的实物图。商品图片不允许出现拼接、水印，不得包含促销、夸大描述等文字说明，该文字说明包括但不限于秒杀、限时折扣等文字。由于商品图片发布规则对应行业标准，商家可通过进入不同电商平台的帮助中心或者规则中心，来具体建议查看对应行业标准。

3. 商品图片的设计形式

（1）展示全貌：如图 2－2－8 所示，商品图片的第一张主图用来展示商品的整体全貌，让买家看到商品的整体情况，一般建议采用白底。

（2）场景设计：如图 2－2－9 所示，商品图片还可以通过模特展示商品并搭配商品使用场景，建立消费者心理上的映射关系，增加商品的吸引力，同时也可根据商品的用途和特点搭建场景化环境。

图 2－2－8　展示全貌主图

图 2－2－9　场景设计主图

（3）拼接设计：如图 2－2－10 所示，商品是组合套件、多种款式或多种颜色，可以对商品进行拼接和组合摆放及设计，让买家直观对比、一目了然。

（4）突出卖点：如图 2－2－11 所示，商品的主图要突出核心卖点，吸引买家的注意力，提高商品点击率和转化率。

图 2－2－10　拼接设计主图

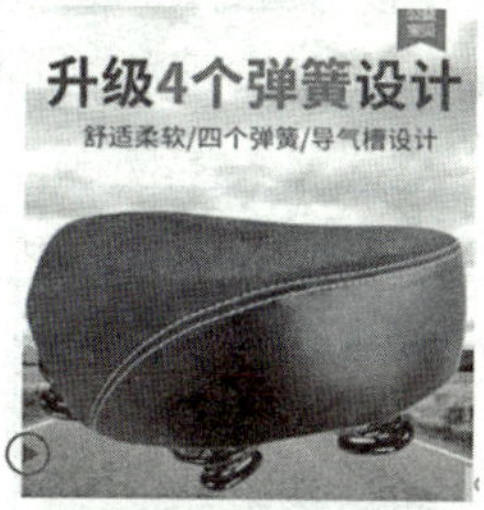

图 2－2－11　突出卖点主图

知识拓展

服装类目商品图片发布规范

（1）商品图片必须为实物图且须达到 5 张，并且每张图片必须大于等于 800×800 像素，其中服装类目商品的主图必须达到 6 张，且竖图的尺寸必须大于等于 800×1 200 像素。

（2）主图不得拼接，不得出现水印，不得包含促销、夸大描述等文字说明，该文字说明包括但不限于秒杀、限时折扣、包邮、× 折、满 × 送 × 等文字；母婴服饰类目商品仅第 2 张主图须满足上述内容。

（3）服装类目商品第 1 张主图和宝贝竖图如果是模特全貌图，只能展示一名模特，不允许出现多名模特（情侣装、亲子装除外）；如果是商品全貌图，要求商品平铺不能折叠（内衣类目商品除外）。

4. 商品图片的框架布局

（1）Logo：可将品牌 Logo 放置于主图的左上角，大小为主图的 1/10。

（2）产品：占据整张图片的 70%。

（3）背景：主图以白色为主。

（4）其他信息：价格及其他合规信息。

5. 商品图片的构图方法

常用的构图方式有：直线式构图、三角形构图、对角线构图、扇形构图等。

（1）直线式构图：如图 2－2－12 所示，一组同类商品摆成一条直线，共同展示商品的不同颜色或者类型，便于买家了解和掌握商品的不同属性，挑选心仪的商品。

（2）三角形构图：如图 2－2－13 所示，一组商品摆成三角形形状，便于展示商品的各个角度，同时三角形构图也是充满美感的一种方法，能够增加主图的吸引力。

主图设计与制作

（3）对角线构图：如图 2－2－14 所示，一件或者一组产品摆成左下到右上，或者左上到右下的形状，形成动感的形状，吸引买家的眼球。

（4）扇形构图：如图 2－2－15 所示，一组产品呈扇形分布，能更好地展示产品的相同和不同之处。一组扇形构成的产品，有相同之处也有不同之处，形成美的形态。

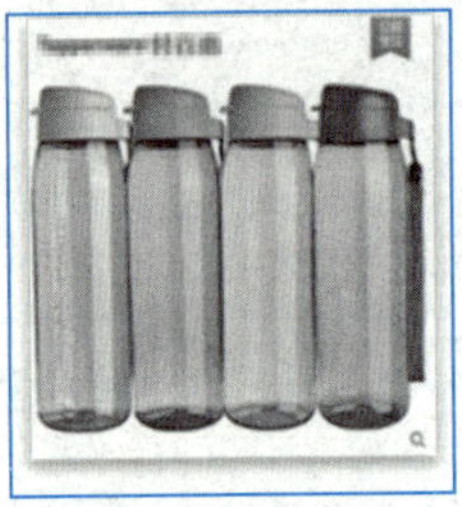

图 2－2－12　直线式构图

图 2－2－13　三角形构图

图 2－2－14　对角线构图

图 2－2－15　扇形构图

6. 商品图片的设计原则

（1）投射效应：所谓投射效应，就是将自己的价值观、情感、性格等折射在外在的人或事物上的一种心理现象。我们在设计主图的时候，可以设计温馨、正向、美丽的使用场景，买家在看到这些场景的时候就会把自己带入场景，可以极大地增加转化率。图片设计场景投射示例，如图 2－2－16 所示。

图 2－2－16　图片设计场景投射示例

（2）风格统一：主图是一组图片，第一张图片是首图，用来展示商品的全貌，同时不同品类的商品平台对主图的第一张图片和其他图片，也有基本的要求，这几张图片应该保持基本的风格统一。主图集还要服从一定的展示逻辑，用来解答买家浏览产品时产生的疑问。风格统一的图片设计示例，如图 2－2－17 所示。

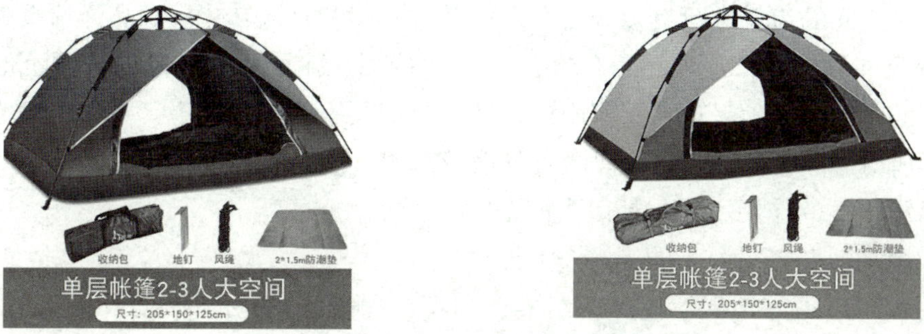

图 2－2－17　风格统一的图片设计示例

（3）简洁：各个平台都拒绝主图过于花哨，明确规定主图首图不允许添加促销标签、文字等。遵循平台的图片设计规则，不但可以降低产品下架的危险，还能更好地展示产品本身的特点，为赢得买家的注意和喜爱奠定基础。简洁原则的图片设计示例，如图 2－2－18 所示。

图 2－2－18　简洁原则的图片设计示例

7. 商品图片的视觉营销要点

（1）卖点清晰、有创意：同样的产品，产品摆放角度、场景设计等的不同都会导致主图的实际点击率有很大差别，所以清晰的卖点和有创意的设计是非常重要的。

（2）商品的大小适中：某些平台规定，商品大小应该占主图的 70% ～ 80%，这个大小符合美学的基本设定，能更好地展示商品。

（3）宜简不宜繁：简洁美是平台倡导的方向之一，同时能更好地展示产品本身的优势。

（4）丰富细节：主图的其他图片（除首图外）应该较好地展示产品各个方面的角度和细节，主动解答买家的疑惑，增加商品的吸引力。展示产品细节的图片示例，如图 2－2－19 所示。

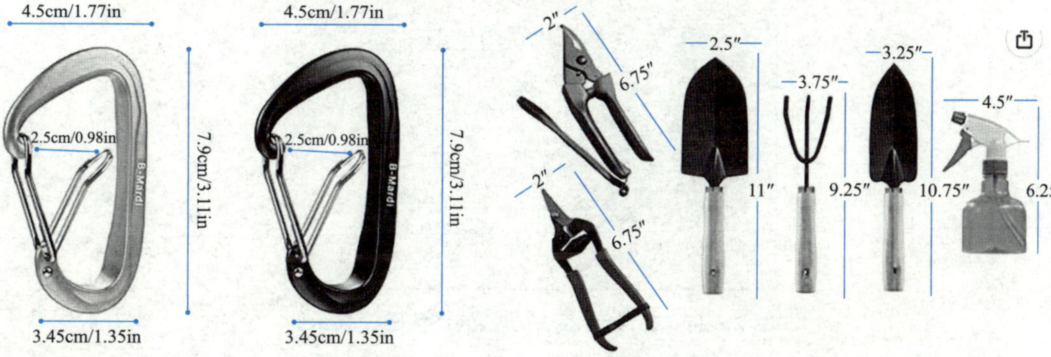

图 2－2－19　展示产品细节的图片示例

三、商品详情描述设计

1. 商品详情描述的基本概念和作用

商品详情描述，是介绍商品的“主战场”。详情页是流量进入的第一入口，担负着流量进来后，是否留得住、是否有转化、是否能引起买家购物欲望的重要任务。同时借助详情页将进入的流量进行有效分流，促成关联营销和二次转化。商品详情页就像是一位耐心细致的促销员，他熟悉目标客户的心理特征，除了要将产品的外观、形状、款式、内在的细节详细地呈现在买家眼前，还要打消买家的种种顾虑。买家在浏览详情页后，能形成对产品价值的认可，以激发其消费欲望，推动买家做出购买决策。

商品详情页的作用主要包括以下四个方面：

（1）增加消费者对商品的了解。

详情页可以更好地展示商品的组成、内容、功能等，让消费者对商品了解得更加全面、立体。展示商品技术的详情图模块示例，如图 2－2－20 所示。

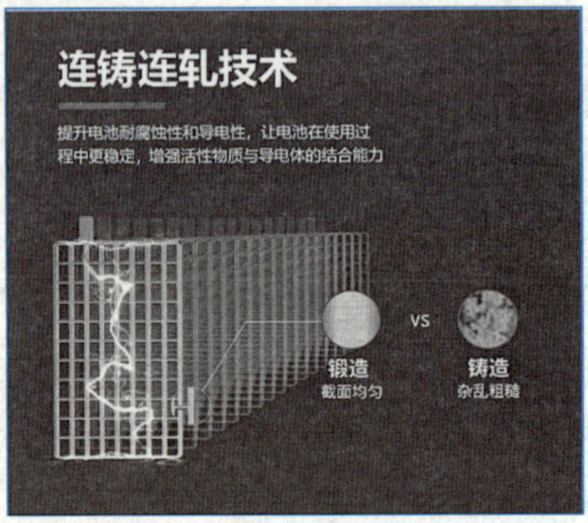

图 2－2－20　展示商品技术的详情图模块示例

（2）方便消费者了解商品的功效。

卖家从自己的角度出发往往容易陷入“知识的诅咒”，觉得自己的产品像日用产品一样普遍，像筷子一样人人都会用。实际上，卖家只有关注到各个年龄和各个层面使用者的特点，将买家的问题在详情页里面进行释疑和解答，才能更好地提高商品详情页转化率。展示商品功效的详情图模块示例，如图 2－2－21 所示。

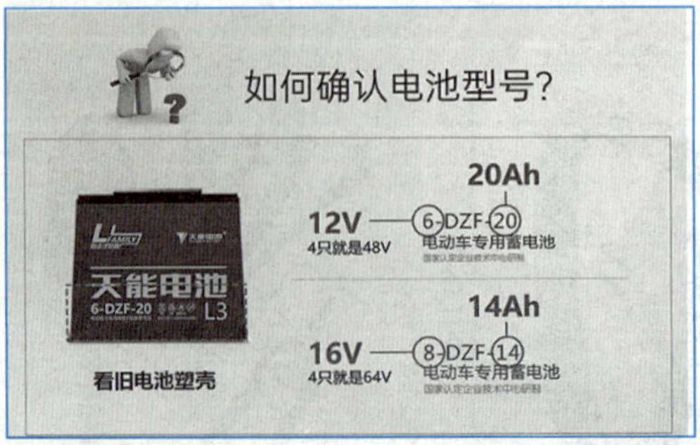

图 2－2－21　展示商品功效的详情图模块示例

（3）取得消费者的信任和好感。

平台对商品图片的限制是多方面的，不便于在商品图片中表达的内容可以放到详情描述里面，通过场景营造，文案、图片等设计进一步赢得买家的好感。场景营造的详情图模块示例，如图 2-2-22 所示。

图 2-2-22　场景营造的详情图模块示例

（4）引导消费者下单购买。

通过详情描述页商家可以制造热销、受欢迎度高等产品氛围，通过一步步的设计逻辑，说服消费者，打消消费者心中的疑虑，成功引导消费者购买。

2. 详情页的设计目标

（1）整体风格设计协调统一。

风格统一、色调和谐、图片大小一致、文字规范会给买家留下良好的印象。优秀的美工设计体现了店铺的运营实力，也暗示了店铺的生产实力和产品实力。整体风格统一的详情页设计示例，如图 2-2-23 及图 2-2-24 所示。

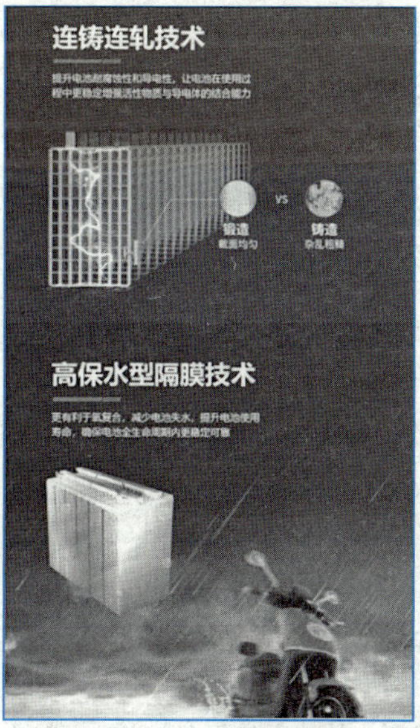

图 2-2-23　高端型详情页设计

图 2-2-24　知识型详情页设计

（2）设计逻辑可以说服客户。

商品详情页是一个通过产品价值论证来说服客户的过程，商家要站在客户的角度来考虑页面设计，例如，买家关注哪些卖点，想了解哪些商品属性，会有哪些顾虑？可见，建立说服逻辑是页面优化的关键。不同的商品品类其侧重点不同，不同的消费群体的关注点也不同，我们在确定了页面逻辑的大框架后，可以根据具体情况来增减内容和调整顺序。

（3）营造视觉场景。

详情页要将产品优势和卖点转化成消费者的利益，并通过场景化的方式呈现出来，通过营造视觉场景，让买家在网购过程能有延伸（或迁移）的听觉、嗅觉、味觉的多方面感受。营造视觉场景示例，如图 2－2－25 所示。

图 2－2－25　营造视觉场景示例

3. 详情页的内容组成

优秀的商品详情页不仅能让买家详细了解产品，激发购买欲望，还能打消买家顾虑，建立信任度，促使其下单。详情页中出现的主要内容集中在以下几个方面：店铺促销产品，关联营销板块，限时限量促销信息，买家对产品的评价，产品描述图、细节图、场景图、对比图等。有些商家还会做品牌文化板块、生产工艺板块、物流介绍板块、包装介绍板块、FAQ 板块、退换货处理板块等。商品描述作为产品卖点的体现，从包含的内容大致可以分为商品卖点信息描述、商品细节图、商品包装展示、店铺 / 商品资格证书、快递与售后、温馨提示等。详情页模块设计包括以下四个方面：

详情页
设计与制作

（1）详情页首焦海报设计（焦点图）。

焦点图一般位于商品描述的最上方，类似于首页中的轮播海报。焦点图中可以展示商品的卖点、促销活动和优惠特价等促销信息，品牌形象以及设计理念。首页焦点海报设计示例，如图 2－2－26 所示。

首焦海报图主要目的是引发顾客的兴趣，应针对目标顾客群进行设计，要准确把握他们的购买方向和使用场景，其中的配色、文案和图形也要精心设计，这是提升产品利润的关键。首焦海报图的目的可以是营造促销气氛，也可以表现新款上线，还可以作为主推款海报推广，每家店铺至少要有一个主推的爆款或者新款的 Banner。店铺活动的主要目的是营造促销的氛围，渲染店铺的特色，包括促销活动的通告或预告、新款上线的通告或预告、主推款式的海报。在产品页面的最上方，商家应通过 1 ～ 2 张促销海报将店铺的优惠活动广而告之，吸引访问页面的潜在顾客，顺便做一次过滤分流。

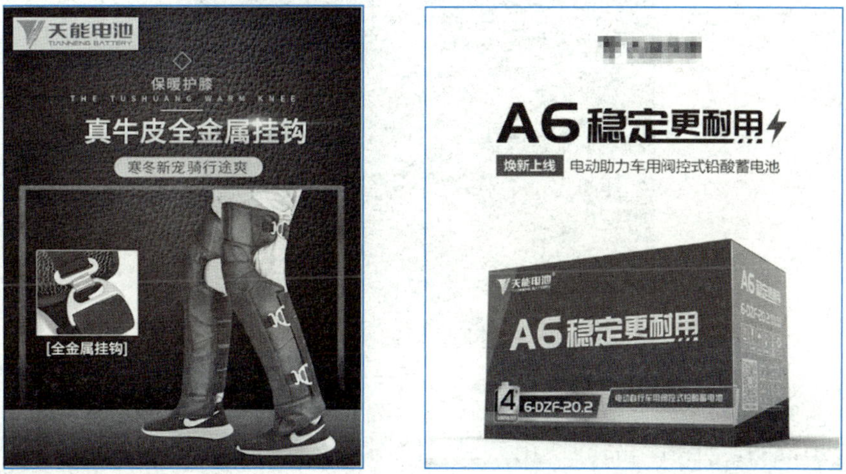

图 2－2－26　首页焦点海报设计示例

（2）基本信息模块设计。

1）SKU 属性。在电商中，SKU 指存货属性。商家可以通过文字、表格或者图片等多种形式说明产品的材质、规格等信息（见图 2－2－27）。SKU 属性能帮助用户自助选择合适的尺码、合适的功能，能使用可视化图标就不使用文字，这样可以减少买家了解产品的时间。

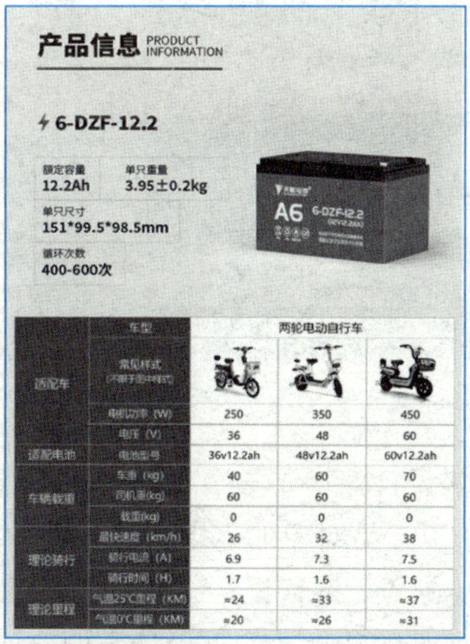

	车型	两轮电动自行车		
适配车	常见样式（不限于图中样式）			
	电机功率（W）	250	350	450
	电压（V）	36	48	60
适配电池	电池型号	36v12.2ah	48v12.2ah	60v12.2ah
车辆载重	车重（kg）	40	60	70
	司机重(kg)	60	60	60
	载重(kg)	0	0	0
理论骑行	最快速度（km/h）	26	32	38
	骑行电流（A）	6.9	7.3	7.5
	骑行时间（H）	1.7	1.6	1.6
理论里程	气温25℃里程（KM）	≈24	≈33	≈37
	气温0℃里程（KM）	≈20	≈26	≈31

图 2－2－27　产品 SKU 属性设计示例

知识解析

2）产品介绍。介绍产品的主要功能、作用等，使产品与顾客心目中需要购买的产品相匹配。产品功能介绍设计示例，如图 2－2－28 所示。

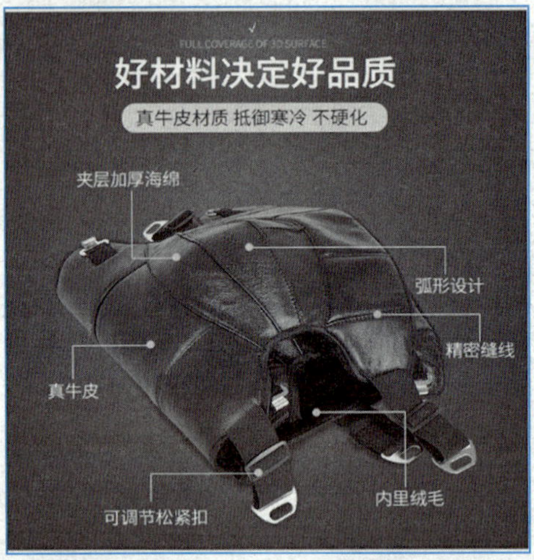

图 2－2－28　产品功能介绍设计示例

3）使用说明。介绍产品的使用方法、使用流程，在使用过程中应注意的事项等，避免顾客因使用不当或不会使用给予差评。产品介绍及使用说明示例，如图 2－2－29 所示。

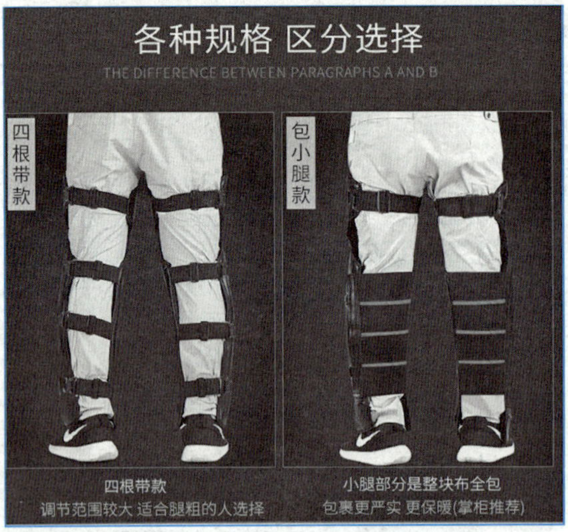

图 2－2－29　产品介绍及使用说明示例

（3）卖点和细节展示模块设计。

1）卖点。商品卖点是基于交易对象的需求点展开的。商品卖点的设计应围绕顾客为什么购买（宣传优点、避免缺点）进行设计，要放大产品的优点，一般是工艺、材质等细节说明，让顾客多了解产品的特性。卖点设计示例，如图 2－2－30 所示。

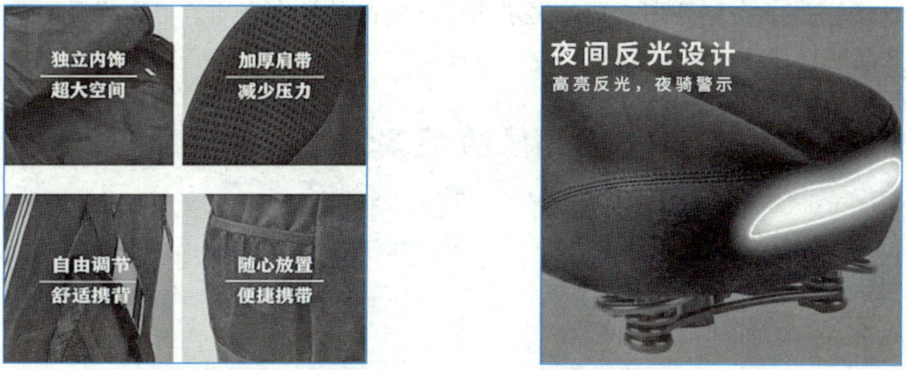

（a）　　　　（b）

图 2－2－30　卖点设计示例

2）细节。放大细节来展示商品的质量、工艺等，突出商品的优势。产品细节设计示例，如图 2－2－31 所示。

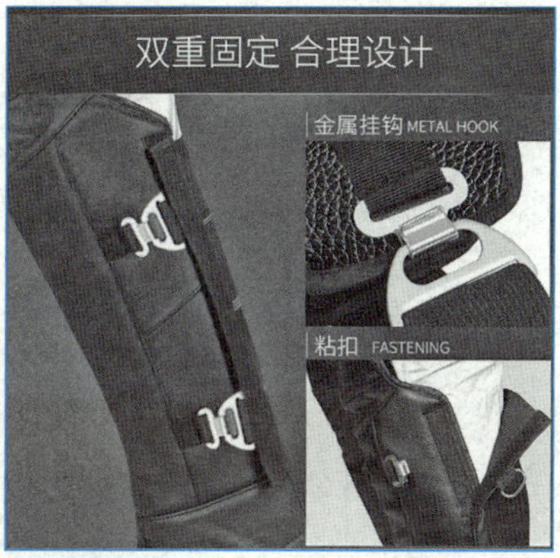

图 2－2－31　产品细节设计示例

（4）其他模块设计。

1）商品包装展示。对包装有特殊要求的商品一般建议展示，如特殊定制商品、家具、家电等，主要展示商品使用的保障材料、包装方法等。产品包装设计示例，如图 2－2－32 所示。

图 2－2－32　产品包装设计示例

2）店铺 / 商品资格证书。通过展示店铺或商品的认证资质，可以提升消费者的信任度。产品质检设计示例，如图 2－2－33 所示。

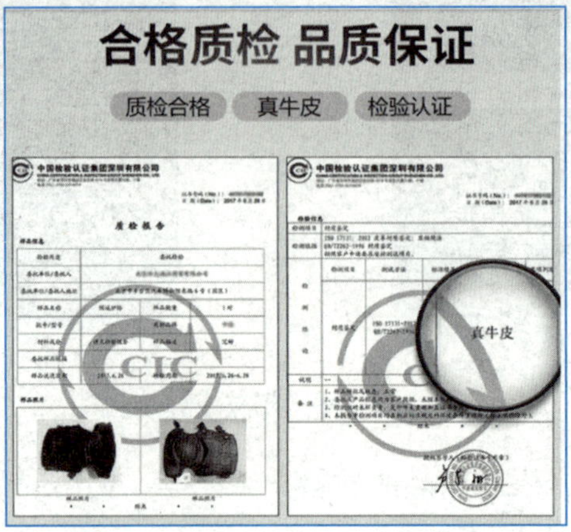

图 2－2－33　产品质检设计示例

（5）快递与售后。

通过预先提示售后可能出现的问题及店铺提供的售后保障服务等，打消买家的顾虑，提升买家信任。产品快递与售后示例，如图 2－2－34 所示。

（6）温馨提示。

温馨提示主要用于解答买家的问题（见图 2－2－35）。

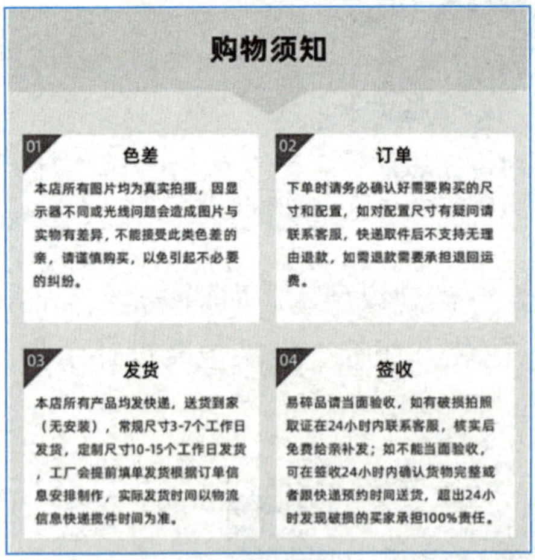

图 2－2－34　快递与售后示例

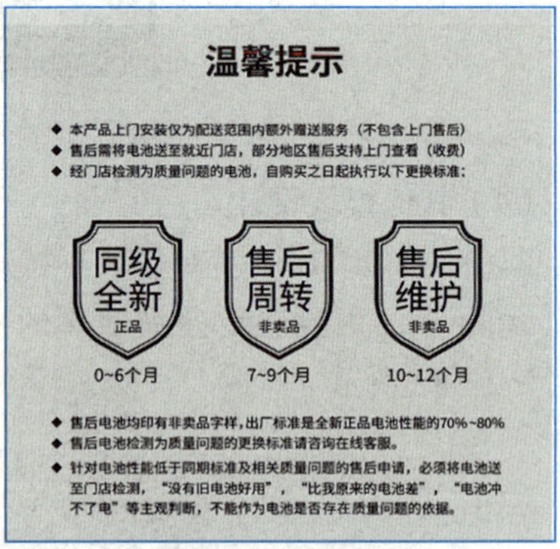

图 2－2－35　温馨提示示例

2. 商品详情页文案

商品详情页中的文案配合图片等元素可以全面地展示商品的功能、特性，以及销售、物流、售后等方面的信息，从而增加消费者对商品的兴趣，激发消费者的潜在需求，引导消费者下单，在商品详情页里具有重要的地位。商品详情页文案内容框架，如表 2－2－1 所示。

表 2－2－1　商品详情页文案内容框架

商品详情页的内容框架	作用
创意海报情景大图	符合文案主题，吸引消费者注意
商品卖点 / 功能 / 利益点	精简介绍商品，突出商品能带给消费者的好处
商品规格参数	展示款式、尺寸、材质、选择项目、配件等信息，便于消费者了解
与同类商品对比	商品有别于竞争对手的核心卖点
商品模特 / 全方位展示	场景化图片富有代入感，能拉近网店与消费者之间的距离
商品细节展示	突出工艺、质感、品相等，以细节赢得消费者喜爱
商品资质证书 / 检验结果报告	打消顾虑，提升消费者购买商品的信心
品牌 / 基地实力展示 / 公司介绍	简单说明制造商及品牌的发展历史，展示卖家实力
商品包装展示 / 售后保障 / 物流	展示包装、交货、物流、维修等服务保证信息介绍，让消费者感到售后有保障

详情页文案类型：

（1）普通型文案：从商品的卖点出发，通过文案将产品的核心属性用文字表达出来。该类文案要求商品简介描述真实，文字风格平实稳重，字体设计多以方正规整为主。普通型商品详情页文案示例，如图 2－2－36 所示。

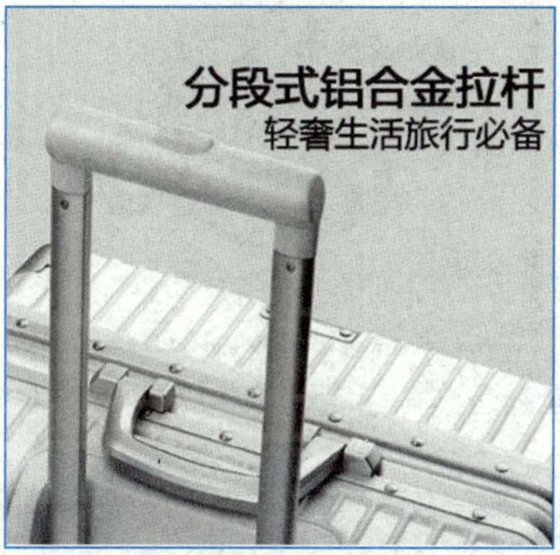

图 2－2－36　普通型商品详情页文案示例

（2）解决痛点型文案：从消费者的利益出发，抓住消费者的痛点，以解决痛点来突显商品价值。这类文案能很快打动目标消费群体，因为卖家卖点和买家需求可以第一时间很好地对接。解决痛点型商品详情页文案示例，如图 2－2－37 所示。

（3）故事型文案：故事即文案，商家可以从讲好故事的角度来增加商品的附加值。故事型文案实际上是为消费者营造了一个情境，或是充满温情，或是活泼风趣，甚至是具有悬念，语言生动，激发买家购买欲望。故事型商品详情页文案示例，如图 2－2－38 所示。

(a) (b)

图 2-2-37　解决痛点型商品详情页文案示例

图 2-2-38　故事型商品详情页文案示例

学习笔记

1. 知识填空

（1）目前淘宝平台提供________个商品图片展示位置，速卖通平台提供________个图片展示位置，且卖家后台将所有图片统称为________。亚马逊平台则采用________张主图、________张辅图的组合。

（2）商品详情页主要包括以下四大模块：________、________、________、________。

（3）主图即商品发布以后，买家在搜索列表结果中看到的第一张图片，决定着买家看到这张图片后能否点击进入详情页，所以商品主图是店铺经营成功与否的关键因素之一。商品图片的展现位置主要有两个，一个是________，另一个是________。

2. 商品图片的设计形式

3. 商品图片的设计原则

4. 商品图片的视觉营销要点

5. 商品详情页的作用

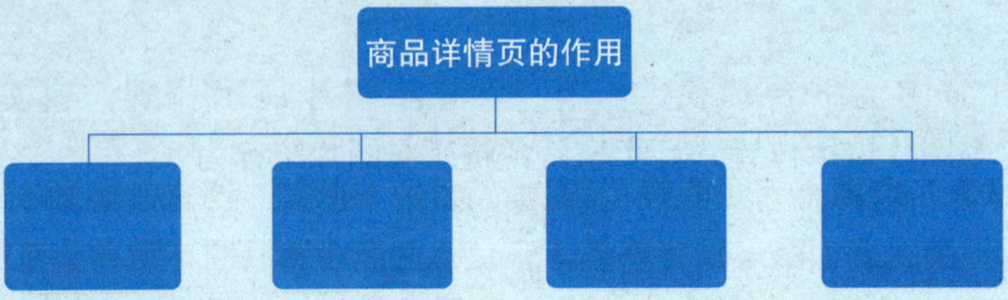

6. 商品详情页文案内容框架

商品详情页方案内容框架	作用

7. 详情页文案类型

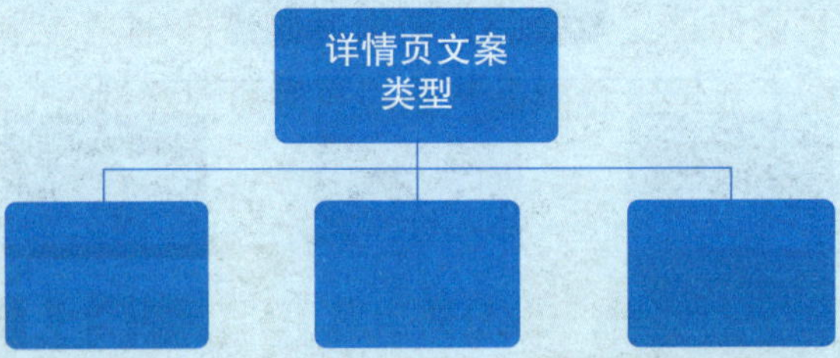

实训任务

1. 任务示例（详情页示例见资源）

商品图片如图 2－2－39 所示。

图 2－2－39 鲁班锁商品图片

2. 任务操作

注：图片素材请登录中国人民大学出版社官网（www.crup.com.cn）下载。

子任务 1：商品主图首图设计

根据提供的产品素材，进行主图设计。

（1）主图图片须达到 5 张且必须为实物拍摄图，并且每张图片必须大于等于 800×800 像素。

（2）第一张主图商家可自行决定底图色等，第二张主图必须为白底，展示正面实物图；第二张主图不许出现图片留白、拼接、水印，不得包含促销、夸大描述等文字说明，该文字说明包括但不限于秒杀、限时折扣、包邮等。

子任务 2：商品详情页设计

根据提供的产品素材，设计商品详情页描述页面，要求分辨率 72 像素，宽度 1 000PX。

第一步，设计详情页首焦海报（焦点图）。

第二步，设计基本信息模块（三选一）。

（1）SKU 属性。

（2）产品介绍。

（3）使用说明。

第三步，设计细节和卖点展示模块（二选一）。

（1）细节。

（2）卖点。

第四步，设计其他模块（三选一）。

（1）商品包装展示。

（2）店铺 / 商品资格证书。

（3）快递与售后。

评价与总结

1. 课堂表现评价

结合各小组课堂表现情况，完成课堂表现评价表（见表 2－2－2）。

表 2－2－2 课堂表现评价表

小组名称	小组全勤	回答或解决问题	小组讨论	小组汇报	合计
小组一					
小组二					
小组三					
小组四					
小组五					
小组六					

2. 任务成果评价

结合自身任务完成情况，完成任务成果评价（见表 2－2－3）。

表 2－2－3 任务成果评价表

评价内容	未完成	完成
完成主图首图设计		
完成详情框架设计		
完成首焦海报设计		
完成基本信息模块设计		
完成细节和卖点展示模块设计		
完成其他模块设计		

3. 总结

回顾课程内容，用思维导图形式总结

任务延伸与拓展

请结合素材，完成图书品类店铺的商品图片和详情页的设计与制作。

注：图片素材请登录中国人民大学出版社官网（www.crup.com.cn）下载。

工作任务三

自定义页设计与制作

任务目标

知识目标： 1. 了解自定义页的概念和内容，能够说出自定义页的作用。
2. 熟悉引流入口页分类，能够说出免费流量、付费流量及自主访问流量来源入口。

技能目标： 1. 能够根据品牌宣传需要，设计并制作自定义品牌文化页面。
2. 能够根据店铺营销方案，设计并制作营销活动页。

素养目标： 1. 树立法律意识，注意自定义页设计规范性，设计文案避免使用违规词，遵守广告法及相关法律法规。
2. 通过国潮风格的设计体现文化自信。

任务背景

完成店铺首页及商品详情页的设计与制作后，小白着手设计店铺的自定义页面，包括介绍品牌故事、企业文化和营销活动的页面页。

任务分析

目前网店店铺无论是PC端还是移动端，均支持自定义页面的搭建。营销活动页很大程度上和店铺首页相似，区别是营销活动页在侧重将活动内容展示完整、清楚、明了的同时，还要侧重向下级页面做引导，做一个清晰的营销活动页布局战略图，再逐步实施。营销活动页是目前官方活动必须装修的页面，该页面可以加强视觉冲击力，制造商品畅销气氛。该页面中的活动抽奖、优惠券、满减等信息应做到科学布局、合理展示。

知识解析

一、自定义页的作用

目前淘宝店铺PC端和移动端，均支持新建自定义页进行装修。通过自定义页推广更有利于展示自定义内容，更方便统计页面数据进行分析，从而提升店铺的转化率，增加更多的粉丝。

自定义页在店铺中起着非常重要的作用，它包含的信息全面，展示商品灵活方便，而且用户体验非常好。自定义页面通常也称专题页，可以分为多种类型，例如事件型、说明型、主题型、产品型、季节型和节日型等。

与首页相比，自定义页的优势在于可以脱离店铺原有的框架结构，让设计师自由呈现设计，自定义页中的营销活动页由活动官方提供框架结构，设计师可以在原有的基础上进行设计。

1. 提升消费者黏性

很多线下店铺采用会员制形式，这主要是能够吸引消费者频繁光顾并购买商品，从而提高店铺的转化率。同样的营销手段在网络店铺中也可以应用。只要在店铺购买商品，就赠送 VIP 会员卡，成为会员后，可以通过在本店消费的金额积累积分，积分的作用有：一方面可以提升会员等级，从而享受更优惠的价格；另一方面积累到一定积分可以用积分兑换一些小礼品或优惠券。因此，消费者购买的次数或金额越多，他的 VIP 等级就越高，享受到的福利就越多。通过这种方式，商家创建了自己的会员结构体系，从而达到提升消费者黏性的目的。

2. 提高店铺转化率

提高店铺转化率的方法主要有两个：第一，对于新品要突出上新的优惠力度，给出足够的优惠价格，吸引消费者的注意力，促使消费者下单购买；第二，设计套餐活动，将多款商品打包销售，可享受优惠价。实现以上两个方法的途径之一就是设计自定义页面，例如，某店铺趁着多款新品上市设计了很有特色的营销活动页，按照营销方案很好地进行了落地实施，吸引了大量消费者成交，有效地提升了店铺转化率。

3. 降低店铺跳失率

每个店铺每天都会有很多的新老消费者来访问，为了促使更多的消费者下单，商家可以多设计一些店铺活动，如打折促销、满减、免费领取优惠券（见图 2－3－1）等，消费者会有一种机会难得、不赶紧下单就会错过的感觉。在自定义页面将这些活动图片设计好，吸引消费者停留，点击进入下一级页面访问浏览，是降低店铺跳失率的有效手段。

图 2－3－1　某店铺优惠券领取页面

知识拓展

跳失率：统计时间内，访客中没有发生点击行为的人数/访客数，该值越低越好。

转化率：对于店外搜索关键词，是指引导下单买家数/该关键词带来的访客数；对于店内搜索关键词，是指引导下单买家数/该关键词搜索结果页的点击人数。

二、自定义页的内容

一般情况下，自定义页根据内容可分为两种。

1. 活动引流页

活动引流页即自定义营销活动页，是卖家参加官方活动必不可少的页面。卖家每次参加如“618”“双十一”“双十二”等大型或类目活动时都需要单独按照官方要求创建相应的营销活动页。当活动开始后用户在主会场点击店铺图片，即直接跳转到营销活动页。新版自定义页升级后，商家可一次性购买服务商研发的店铺装修模块，即可同时在店铺首页和自定义页装修使用。

想要吸引消费者的注意力，一方面主题要新颖，另一方面要有很强的视觉冲击力。根据活动性质的不同，活动引流页呈现的方式也不尽相同。一般来说，如果主题是节假日活动促销，那么活动页应突出价格优惠。如果是其他引流入口页，比如直通车、钻石展位、聚划算、淘宝客等，突出的重点应是产品质量、产品价格或品牌文化。

（1）活动页面设计。

活动页面（见图2－3－2）要向消费者发出这种信息：今天的优惠力度非常大，不买就会错过。同时，为了让消费者更容易参与，可以设计一些免费抽奖活动，奖品就是店铺优惠券。参加这些活动的消费者在互动的同时，得到了优惠购买的机会，可以提升店铺转化率。为了让画面有冲击力，重点突出促销活动，商家可以考虑把优惠后的价格放大或加粗处理，再配合一些促销语，如“免费领取优惠券”“抢到就是赚到”等，增加促销活动氛围。

营销活动页制作步骤

图2－3－2　自定义活动页面

（2）引流入口页设计。

引流可分为免费引流、付费引流和自主访问，具体如表 2－3－1 所示。

表 2－3－1　引流分类

免费引流	活动页、聚划算（见图 2－3－3）、淘宝天天特价、搜索流量入口、类目流量入口、专题流量入口、淘金币等
付费引流	直通车（见图 2－3－4）、钻石展位、淘宝客等
自主访问	直接访问、店铺收藏、宝贝收藏、购物车、我的淘宝等

图 2－3－3　聚划算引流入口

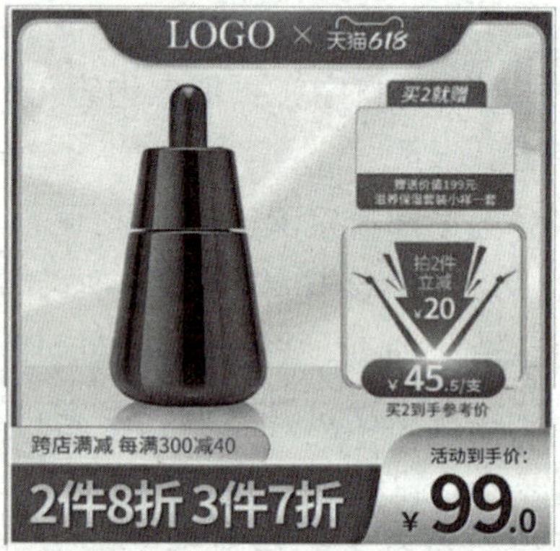

图 2－3－4　直通车引流入口

引流页设计思路：做好设计定位。根据营销设计的投放计划确定推广商品的投放位置，并根据投放位置做好图片设计；优化版式排版。一般 PC 端的消费者的浏览顺序是从左到右、从上到下；移动端是从上至下，而且根据视觉吸引原则，人们更愿意看到图片或图形化的设计，而不愿意读更多的文字。

知识拓展

天猫官方活动里的店铺图片既不是店铺首页图也不是商品图，它主要用于会场展示。根据会场场景不同对图片有不同尺寸的要求，可以是商品图、模特图、商品合集图等代表性图片，商家自行个性化制作。

一般店铺图片要求：800px × 800px；格式：JPG/PNG；大小：小于 3M。

2. 品牌文化页

品牌文化页（见图 2－3－5）常用的四大模块有：品牌愿景、品牌价值、品牌发展和品牌背书。

（1）品牌愿景。

品牌愿景是从消费者角度出发，表达该品牌最终想要达到的目标或方向，是关于一个品牌未来的最重要的描述。品牌愿景的内容包括对品牌清晰的界定，对品牌未来竞争环境的描述、品牌所从事的业务范围、品牌的使命和品牌价值观。强调品牌愿景

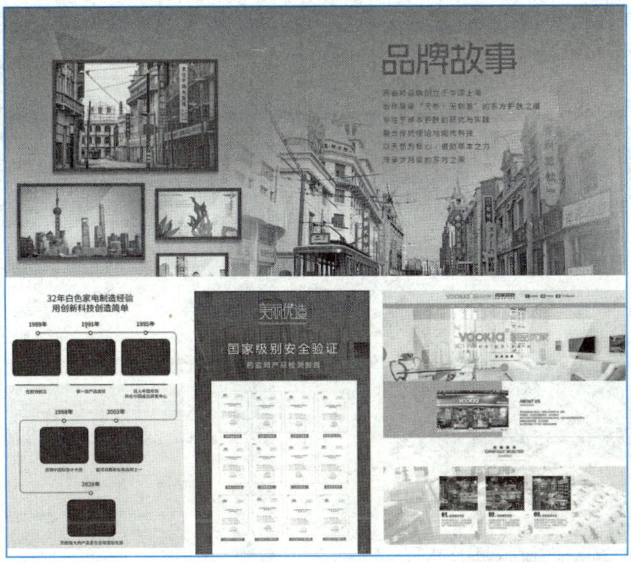

图 2-3-5　品牌文化页面

的目的就是向消费者表达一种承诺：我们在用心做产品，请相信我们的品牌。

（2）品牌价值。

品牌价值是品牌管理要素中最为核心的部分，也是品牌区别于同类竞争品牌的重要标志。迈克尔·波特在其品牌竞争优势中曾提到品牌的资产主要体现在品牌的核心价值上，或者说品牌的核心价值也是品牌的精髓所在。

（3）品牌发展。

品牌发展主要指品牌从出现至今发生的变化。商家在该页面中可以介绍品牌是如何诞生的，经历了哪些重大历史事件，以及与公司相关的荣誉，以证明品牌的正规性，让消费者更加放心地购买。品牌发展页面示例，如图 2-3-6 所示。

品牌文化页制作步骤

（4）品牌背书。

品牌为了增强其在市场上的承诺强度，通常还会借用第三方的信誉，让第三方以一种明示或者暗示的方式来对品牌的消费承诺做出再一次的确认和肯定。这种品牌营销策略，我们称其为“品牌背书”（Brand Endorsement）。品牌背书页面示例，如图 2-3-7 所示。通过品牌背书，达到对消费者先前承诺的再度强化，并与消费者建立一种可持续的、可信任的品牌关联。

知识拓展

关于品牌愿景的研究，最早见于英国伯明翰大学品牌营销教授莱斯利·德·彻纳东尼的《从品牌愿景到品牌评估》（*From Brand Vision to Brand Evaluation*）一书。彻纳东尼把品牌愿景的构成分为三个部分：未来环境；品牌使命；品牌价值观。

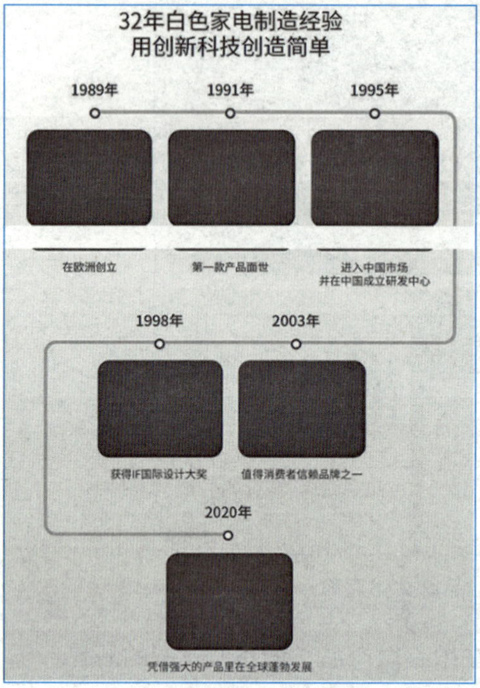

图 2－3－6　品牌发展页面示例

图 2－3－7　品牌背书页面示例

三、自定义页用户体验设计

自定义页面要想达成吸引消费者注意力、提高转化率的目的，就需要在设计时充分考虑页面的整体视觉效果。页面中的商品布局方式合理，才能给消费者带来好的用户体验。

1. 自定义页页面布局

以淘宝 / 天猫为例，自定义页面布局尤为重要，不同主题采用的布局也不同。自定义页布局和店铺首页相似，页面主要由自定义模块组成，可在规定范围内根据相应的主题自由设计制作。例如，淘宝旺铺的页面装修主要由以下五大功能组成：容器列表、装修预览、模块编辑、展现规则设置、预览发布，如图 2－3－8 所示。

个性化页面功能强大，平台会根据商家首页的配置内容、效率、人群等关键因素，结合大数据（包括但不仅限于浏览行为、加购行为、点击行为、品类偏好、商品偏好、价格偏好、营销偏好等），为商家首页配置一套全自动化页面呈现解决方案。个性化页面算法赋能图，如图 2－3－9 所示。

知识拓展

模块是不是都用上，主要取决于产品是否用得到这种模块，创建好后，每个模块热点链接都要点开查看，避免出现失误、无效等情况。

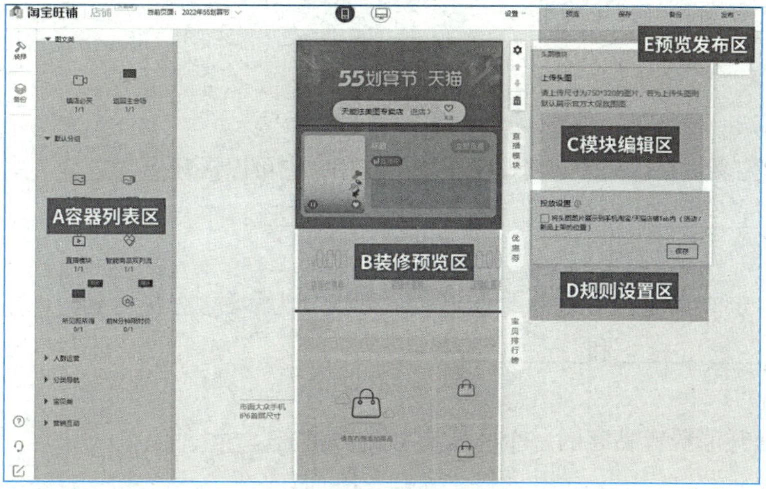

图 2－3－8　淘宝旺铺自定义页页面装修布局

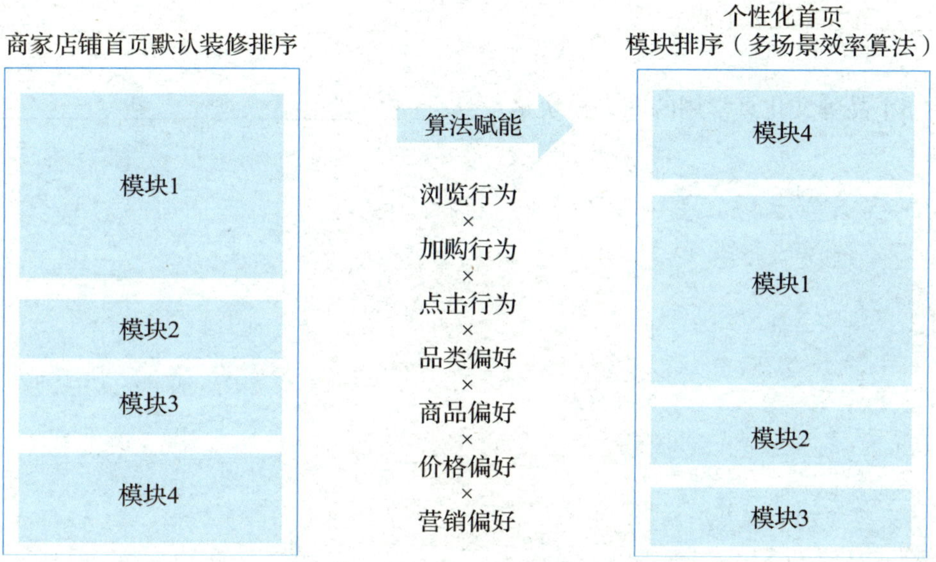

图 2－3－9　个性化页面算法赋能图

2. 自定义页设计注意事项

（1）设置商品链接按钮。

当消费者进入自定义页面进行浏览时，看到感兴趣的内容就会点击。商家一定要设计跳转的按钮，方便消费者跳转到其他页面，这可以有效地降低流失率。设置分类导航或添加“回到首页”按钮都是很好的方法。

（2）店铺视觉 VI。

在设计店铺首页和详情页时，一定要遵循统一的视觉 VI。在自定义页面，整体的设计可以更加凸显视觉冲击力。背景色要尽量与店铺 VI 保持一致或接近，因为颜色是视觉 VI 的重要因素之一。在店铺有特殊活动时，可采用不同的背景色，一旦活动结束就应变回统一的视觉风格。

学习笔记

学习笔记

知识填空

（1）自定义页在店铺中起着非常重要的作用，它可以提升________________，提高________________，降低________________。

（2）自定义页面通常也称________，可以分为多种类型，例如______、______、______、______、______和______等。

（3）提升消费者黏度的一个非常有效的办法是________。

（4）营销活动页装修功能构成，主要由________、______、______、________、________五大功能区组成。

（5）品牌文化页常用的四大模块是：________、_______、________、________。

实训任务

1. 任务示例

已设计好的品牌文化页和营销活动页，如图 2－3－10 和图 2－3－11 所示。

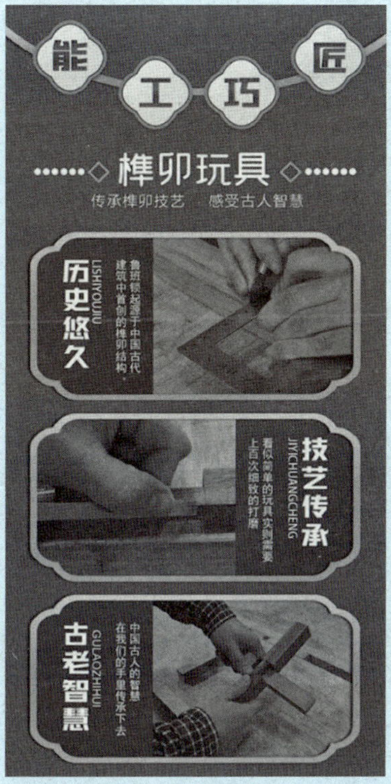

图 2－3－10　品牌文化页设计

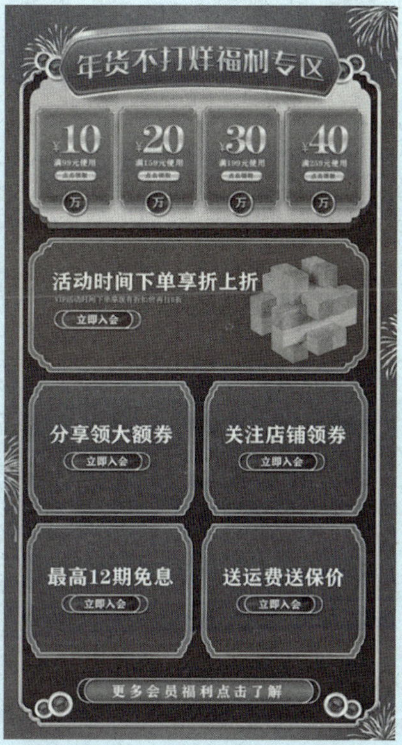

图 2－3－11　营销活动页设计

2. 任务操作

注：图片素材请登录中国人民大学出版社官网（www.crup.com.cn）下载。

（1）子任务 1：品牌文化页设计。

根据店铺所售商品及其品牌，为店铺设计一张品牌文化页，采用中国风设计风格，体现产品及店铺的特色，并填写表 2－3－2。

第一步，确定配色方案（与店铺整体 VI 设计一致）。

第二步，确定文案内容。

第三步，确定排版布局。

第四步，制作品牌文化页。

表 2-3-2 品牌文化页设计方案

品牌文化页设计	具体内容
配色方案	
排版布局	
文案：主标题	
文案：副标题	
文案：辅助文案	

（2）子任务 2：营销活动页设计。

根据店铺所售商品，设计“年货节”营销活动页，采用中国风设计风格，并填写表 2-3-3。

店铺营销方案：

1）活动时间下单可享受折上折 8 折。

2）分享店铺商品即刻领券。

3）关注店铺领无门槛优惠券 10 元。

4）送运费险。

5）送保价险。

第一步，确定配色方案（与店铺整体 VI 设计一致）。

第二步，确定文案内容。

第三步，确定排版布局。

表 2-3-3 营销活动页设计方案

营销活动页设计	具体内容
配色方案	
排版布局	
文案：主标题	
文案：副标题	
文案：辅助文案	

第四步，制作营销活动页。

评价与总结

1. 课堂表现评价

结合各小组课堂表现情况，完成课堂表现评价表（见表 2－3－4）。

表 2－3－4 课堂表现评价表

小组名称	小组全勤	回答或解决问题	小组讨论	小组汇报	合计
小组一					
小组二					
小组三					
小组四					
小组五					
小组六					

2. 任务成果评价

结合自身任务完成情况，完成任务成果评价表（见表 2－3－5）。

表 2－3－5 任务成果评价表

评价内容	未达标	达标
活动主题明确		
活动目的突出		
营销活动的视觉设计统一		
营销活动整体风格是否统一		

3. 总结

回顾课程内容，用思维导图形式总结

任务延伸与拓展

请结合素材，完成图书类店铺品牌文化页及营销活动页的设计与制作。

注：图片素材请登录中国人民大学出版社官网（www.crup.com.cn）下载。

模块三

运营推广

岗位快照

店铺搜索引擎优化岗位

职位描述

岗位职责

1. 分析研究各大电商平台的搜索规则，及时根据最新规则，调整优化店铺。
2. 定期跟踪竞争对手的网店，制订店铺优化方案。
3. 负责研究店铺在各大电商平台的流量来源，定期跟踪、评估推广效果。
4. 挖掘产品卖点，收集海量商品关键词，定期更新关键词词库。
5. 利用平台工具及相关软件，做好商品上下架优化、标题优化等店铺常规优化工作。
6. 研究消费者心理需求，优化商品描述文案。
7. 负责店铺的站内推广优化和搜索排名监控，定期监控流量变化，挖掘隐含的问题，并制订优化方案。

任职要求

1. 熟悉淘宝、天猫、京东等各大电商平台环境、规则等。
2. 熟悉淘宝、天猫、京东等各大电商平台的关键词策略，搜索排名与优化规则。
3. 熟练使用 SEO 工具及各电商平台的数据中心，优化店铺的页面、关键词、类目等。
4. 具有良好的数据分析能力，对店铺数据敏感，能够准确分析店铺数据。
5. 工作认真负责，吃苦耐劳，责任心强，具备良好的职业道德。
6. 具有团队精神，沟通学习能力强，积极主动，能够快速进入工作状态。
7. 语言文字能力强，能够用文字打动买家。
8. 有电商从业经验者优先。

学习路线

任务一：初识搜索引擎优化
任务二：关键词挖掘与分析
任务三：商品标题的撰写与优化
任务四：其他类型优化

工作任务一

初识搜索引擎优化

任务目标

知识目标：1. 能够说出搜索引擎的工作机制、工作原理及工作步骤。

2. 能够说出影响搜索排名的因素。

素养目标：养成从细节做起，关注细节的习惯，培养精益求精的工匠精神。

任务背景

店铺“乡里人家”已经搭建并装修完成，可无论是工作日还是节假日，进店的访客数都不多。小白很想做一些营销推广活动，如直通车、钻石展位等，但经费有限，因此，小白决定在免费流量上下功夫，优化自然搜索以提高流量。于是，小白找到自然搜索排名靠前的竞品，探寻竞品搜索排名靠前的原因。

任务分析

大部分消费者在电商平台购物时，一般会通过在搜索引擎中输入关键词的方法去寻找商品，然而，当我们输入关键词后，通常会得到很多条结果。那么，如何让自家店铺的商品尽可能多地呈现在消费者的搜索结果中，且排名尽可能靠前，让消费者能优先搜索到商品呢？我们需要掌握搜索引擎工作机制、原理，明确影响搜索排名的因素，有的放矢地解决问题。

知识解析

一、搜索引擎排名机制

1. 搜索引擎优化的定义

搜索引擎优化（Search Engine Optimization，SEO）是一种利用搜索引擎的规则，提高网店在有关搜索引擎内的自然排名，免费获取自然流量的方式。流量是店铺运营的根本，只有店铺有了流量，才能够通过营销、客服引导等方式将流量转化为订单。不论在电商平台销售什么品类的商品，搜索引擎优化都是网店免费获取平台自然流量的重要手段。一般在淘宝平台，自然搜索流量占网店 30% ～ 40% 的流量入口。SEO

的本质就是顺应搜索引擎的排名机制，通过优化商品标题、上下架时间、属性、类目、详情页等，使得店铺的商品在搜索页面中排名更靠前，商品获得更多的免费流量，从而提升潜在的成交转化率。

2. 自然搜索的原理

所谓自然搜索流量，就是指卖家不需要支付广告费用，由买家自发搜索而产生的流量，买家点击一次就算一次流量。这类流量精准度高且成本低。网店自然搜索流量的稳定，会对网店的人气和转化产生积极的影响。一家网店能否有长远的发展，自然搜索流量起着关键性的作用。淘宝、天猫平台自然搜索的原理示意图，如图 3－1－1 所示。

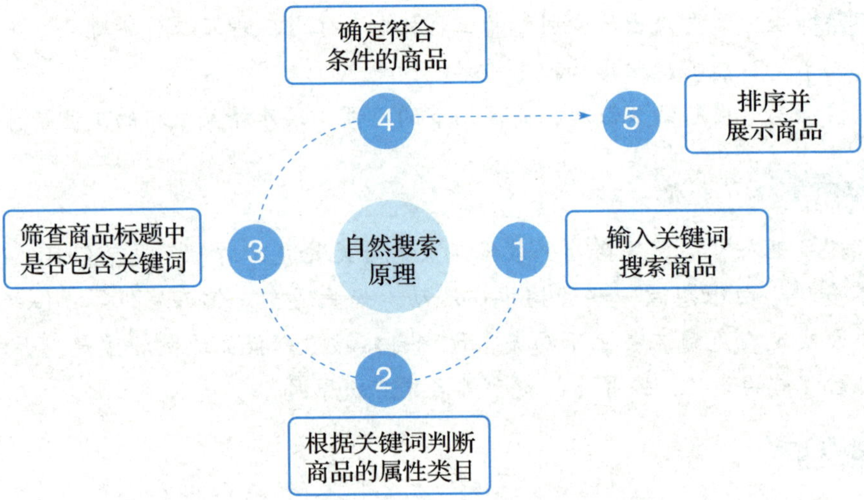

图 3－1－1　淘宝、天猫平台自然搜索的原理示意图

自然搜索的整个流程，起始于买家输入关键词搜索商品，而搜索引擎会根据买家搜索的关键词初步判断商品可能的属性类目，筛查商品标题中是否包含关键词，从而确定符合条件的商品，并进行竞争排名，从而确定最终的商品展现。

二、搜索引擎工作步骤

各大电商平台年年都在革新，作为店铺商家，如果不能及时对革新做出响应，很快就会掉队。在平台调整革新的背后是平台未来商业形态升级的过程，也是商家通过搜索引擎的调整实现个性化、品牌化改造的过程。要想快速响应，我们还要了解搜索引擎是怎样工作的。

1. “猜”关键词

当买家输入关键词搜索商品时，搜索引擎第一步要做的就是“猜”，即“猜”买家究竟想要搜索的是什么商品，再将“猜”出来的结果推荐出来。例如，买家在淘宝平台搜索“苹果”，搜索引擎会“猜”买家可能要买的是水果苹果，或者是苹果牌手机，进而将相应的搜索结果呈现出来，如图 3－1－2 所示。

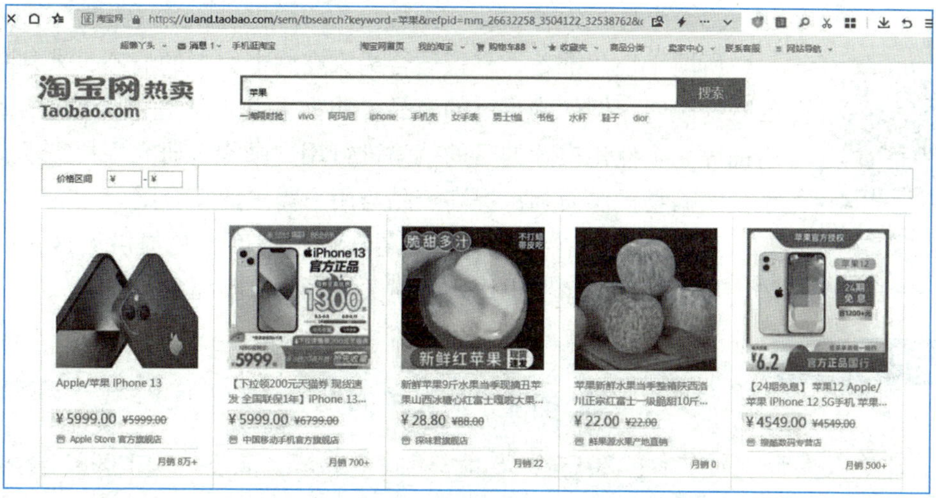

图 3-1-2　淘宝平台搜索“苹果”的结果页面

然而，要真正做好“猜”，还需要将这项工作分解为以下三个阶段：

（1）关键词匹配。

搜索引擎“猜”买家搜索的关键词不能毫无根据，一般是对买家在某一时间段内的搜索行为记录进行概率统计，从而“猜”出买家想要搜索的结果。例如，买家在搜索框中输入“鲁班锁”，搜索引擎会结合买家在一段时间内的搜索行为“猜”出买家可能要买的是玩具鲁班锁，而不是五金锁。

（2）类目匹配。

搜索引擎会对提取出的商品进行类目匹配。例如，买家搜索“鲁班锁”时，搜索引擎会呈现“适用年龄”“品牌”“玩具类型”等分类，以便于买家进一步结合类目筛选商品，如图 3-1-3 所示。

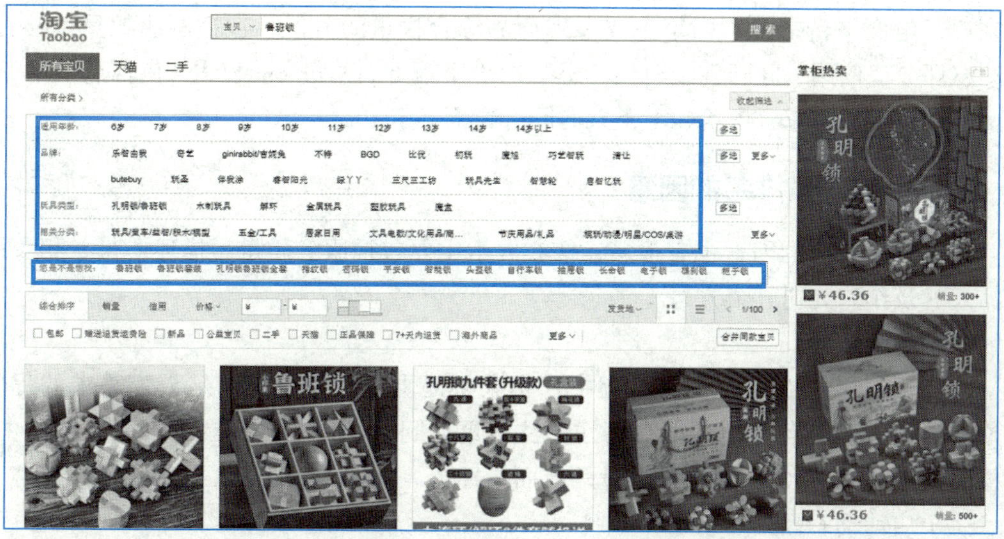

图 3-1-3　淘宝平台搜索“鲁班锁”的结果页面

（3）个性化推荐。

淘宝天猫搜索的常见问题

所谓个性化推荐，是指结合买家在网上留下的痕迹，来判断买家的购物倾向，例如购买过的商品、购物车里的商品、收藏过的商品或店铺等。个性化推荐的目的就是进行用户画像，研究用户需求，为买家搜索购物提供便利，提高产品与用户需求的契合度。

可见，我们看到的商品标题在很大程度上是提供给搜索引擎看的，从而让其“猜”出用户搜索关键词的真实需求。

知识拓展

淘宝网“千人千面”

“千人千面”是淘宝在2013年提出的新排名算法，最终达成1 000个人不同的需求精准匹配1 000个不同页面的目标。其原理是：平台通过买家在淘宝的访问记录（例如，购买商品、加购商品、收藏商品或店铺、商品分享等）给买家、卖家、商品分别贴上相应的“标签”，进行个性化匹配，实现精准化营销。“千人千面”的提出主要是为平台的买家、卖家提供一种精准化营销的规则，打破流量“一边倒”的情况，改善买家的购物体验，从而促进平台流量的健康发展。

2. 排序展现商品

搜索引擎“猜”出买家需要的商品后，还要将符合条件的商品按一定顺序推荐出来，展示在搜索结果页面。例如，买家在淘宝平台搜索“鲁班锁”，搜索引擎最终筛选推荐的商品共100页，每页展示48件商品，共计4 800件。极少有买家会浏览完全部4 800件商品，绝大部分买家只会选择翻看前几页。因此，搜索排名越靠前的商品，获得的展示机会就越多。为了能够给商品进行排序，就需要搜索引擎进行一番计算。一般来说，电商平台的搜索引擎主要考虑商品综合权重的分值，包括网店权重（包括店铺动态评分、信用、旺旺在线时长、退款纠纷率等方面）和商品权重（包括点击率、转化率、销量、加购率、评价、上下架时间等方面）。

三、影响搜索排名的因素

影响搜索排名的因素也有很多，核心因素主要包括服务质量、描述质量、相关性、商品人气及作弊处罚五个方面。

1. 服务质量

服务质量是指在平台交易过程中，卖家所提供的服务能够满足买家需求的程度。用户的购物体验是各大电商平台密切关注的重点问题。目前，平台对于服务质量主要考核店铺DSR评分、店铺服务质量两方面指标。

（1）店铺动态评分、信用。

店铺DSR评分（Detail Seller Rating，DSR）是动态指标，即6个月内，所有店铺的买家针对商品与描述相符、卖家服务态度、物流服务质量三个方面对卖家进行评分的算术平均值。

例如，图 3－1－4 所示为某天猫店铺的 DSR 评分，从图中可以看出，该店铺的描述相符评分与行业持平，而服务态度及物流服务均低于同行业水平，这将影响该店铺的搜索排名。

随着电商行业的飞速发展，各大电商平台也在对店铺 DSR 评分进行升级，京东平台就用风向标取代了 DSR 评分，并根据店铺的风向标排名对店铺进行星级评定，如图 3－1－5 所示。

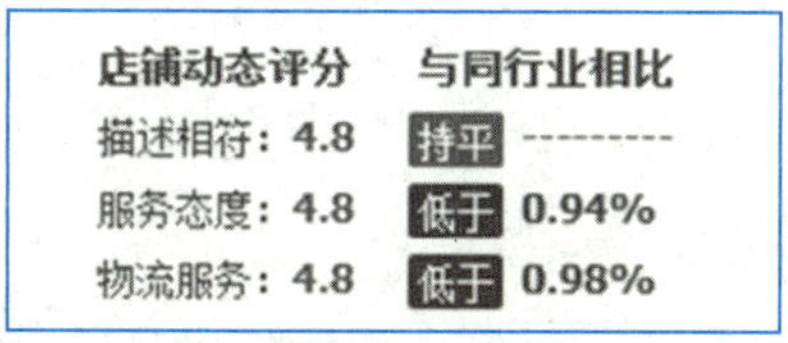

图 3－1－4 某天猫店铺 DSR 评分

图 3－1－5 某京东店铺风向标排名

在电商平台中，店铺的等级一般是由买家评价综合而得。例如，在淘宝平台，每获得买家一个“好评”就能积累 1 分的信用积分，“中评”不得分，“差评”扣 1 分。店铺的信用等级越高就越有利于搜索排名。

（2）店铺服务指标。

目前，电商平台的核心店铺服务指标主要包括品质退款率、纠纷退款率和退货退款自主完成时长。

品质退款是买家因商品质量问题发起的退款，而纠纷退款是买家因买卖双方产生纠纷发起的退款，这类退款往往意味着已由平台介入处理。品质退款率，是指近 30 日内，因商品品质相关的退款原因所发起的退款笔数与支付子订单数的比例。品质退款率越高意味着店铺商品质量越可能存在问题。纠纷退款率，是指近 30 日内，判定为卖家责任的纠纷退款笔数与支付子订单数的比例。纠纷退款率越高意味着店铺的服务能力与水平越可能存在问题。退货退款自主完结时长，是指近 30 日内，（售中＋售后）退货退款申请到退款完结总时长与退货退款完结总笔数的比例。退货退款自主完成时长越长则意味着店铺处理退货退款问题效率越低。

2. 描述质量

商品描述质量是指网店对于商品描述的质量，主要包括商品标题、类目、商品属性、商品详情页等。也就是说，作为卖家，是否真实、准确、完整地描述了商品，让消费者全面、准确地了解商品后，判断是否符合其购买需求，从而有效帮助消费者做出购买决策。如果出现虚假描述，不仅会影响商品排名及网店信誉，还将受到平台处罚。

3. 相关性

相关性是指买家搜索的关键词与网店的商品标题、商品属性、类目之间的匹配程度。当买家搜索的关键词与卖家发布商品时所选的类目、属性及商品标题之间的匹配程度越高，相关性就越大，则将被优先展示。反之，匹配度越低或者完全不相关，可能不被展示，甚至被降权。

4. 商品人气

商品人气是指商品的交易转化能力，体现了商品是否符合买家的需求，一般通过交易量、点击率、转化率、收藏率、加购率等指标来评定，商品人气越高，越有利于搜索排名。

交易量是指买家完成支付的商品数量，一般搜索引擎以最近30天的交易量作为参考。

点击率是指商品被点击的次数与被展示的次数之比。

转化率是指来访客户转化为支付买家的比例，也是体现商品是否得到买家认可的指标之一。

收藏率是指收藏人数与访客数的比值。

加购率是指将商品加入购物车的人数与访客数之比。

值得注意的是，以上指标均会影响商品的人气，但单一指标的上涨不能完全说明人气的提升，甚至可能会造成其他指标的下降。

5. 作弊处罚

作弊处罚是指店铺做出违反平台规则的行为时，电商平台给予相应的处罚。作弊行为一旦被平台发现，不仅会被降权处理从而影响搜索排名，甚至商品可能会被下架。因此，店铺应该熟知电商平台的交易规则，避免出现违规行为。常见的违规行为包括重复铺货、商品标题滥用、商品描述不符、虚假交易、商品类目错放、上架违规商品、SKU（属性类）作弊等。

知识拓展

你还这样认为吗?

误区一：销量越高，排名越靠前

一些店铺通过“刷单”来伪装店铺的高销量，以便获得更好的搜索排名。为此，淘宝、天猫平台逐步完善搜索排名规则，例如，在搜索结果页面，将“成交量”改为“成交数”，以遏制一笔“成交”几百件的现象；要求按照“成交人数”进行统计，并引入了价格、转化率、评分、评价人数等因素，并使价格太低的商品、转化率低的商品、评分低的商品统统降权处理，以此减小对排名的影响。

误区二：价格越低，越容易被搜到

有些卖家认为宝贝价格足够低，就容易被消费者搜索到，然而，事实并非如此。为了避免店铺低价恶性竞争或短期低价提高销量等行为，淘宝天猫引入了“个性化推荐”，会根据买家平时在该平台的浏览习惯、购买偏好、消费水平、宝贝评价等因素进行人群画像，定位消费者，进而在搜索展现时推荐更符合消费者偏好的展现结果。例如，买家以往购买的服装类商品均价在300～500元，那么，买家再次搜索服装类产品，搜索结果显示页也会尽可能多地展示价格区间差不多的产品。可见，此时45元的服装虽然价格足够低，但展示的概率反而小。

因此，要做好店铺还是应该踏踏实实地从基础做起，专心做好店铺的产品与服务。

学习笔记

1. 搜索引擎优化的概念

搜索引擎优化（Search Engine Optimization，SEO）是______________________________

____。

2. 自然搜索的原理

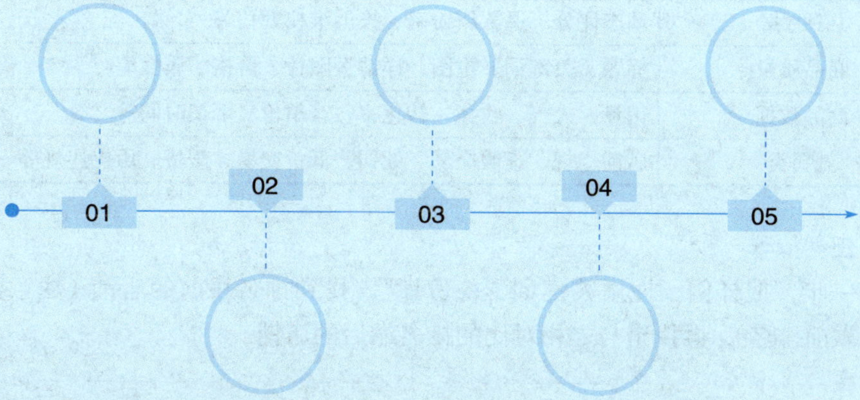

3. 搜索引擎的工作步骤

工作步骤一：__________

工作步骤二：__________

4. 影响搜索排名的因素

实训任务

1. 任务示例

影响搜索排名因素汇总表，如表 3-1-1 所示。

表 3-1-1　影响搜索排名因素汇总表

类目	因素
店铺数据	动态评分、退款纠纷率、投诉维权处罚等
商品质量	标题、关键词、主图、详情页图片、价格、属性等
商品数据	销量、人气、收藏、转化率、客单价、下架时间等
处罚类	店铺违规、虚假交易、处罚、低价交易、假货、历史违规等

2. 任务操作

第一步，搜样例。搜索关键词“鲁班锁”，找到排名靠前的店铺（注意，剔除广告类靠前排名），再找出与之相对比的排名靠后的店铺。

将搜索结果粘贴到此处

第二步，找原因。结合影响因素，梳理两个搜索排名相差较大的店铺商品，分析排名靠前可能存在的原因，并完成表 3-1-2。

表 3-1-2 商品排名对比表

对比项目	商品一（排名靠前）	商品二（排名靠后）
店铺动态评分		
店铺信用等级		
商品销量		
商品收藏		
商品标题		
商品属性		
商品评价		
商品详情页		

第三步，总结。

总结可能会影响商品排名的因素：

评价与总结

1. 课堂表现评价

结合各小组课堂表现情况，完成课堂表现评价表（见表3-1-3）。

表3-1-3 课堂表现评价表

小组名称	小组全勤	回答或解决问题	小组讨论	小组汇报	合计
小组一					
小组二					
小组三					
小组四					
小组五					
小组六					

2. 学习情况评价

结合自身任务完成情况，完成学习情况评价表（见表3-1-4）。

表3-1-4 学习情况评价表

评价内容	不能	能
能说出什么是搜索优化		
能说出网店进行搜索优化的目的		
能说出自然搜索的原理		
能说出搜索引擎的工作步骤		
能说出影响搜索排名的因素		

3. 总结

回顾课程内容，用思维导图形式总结

任务延伸与拓展

请思考，还有哪些因素会影响搜索排名结果？

评价与总结

工作任务二

关键词挖掘与分析

任务目标

知识目标：能够说出关键词的类型、挖掘关键词的方法。

技能目标：能挖掘关键词，并结合平台及产品类目建立关键词词库。

素养目标：树立以客户为中心的营销思维意识及法律意识，避免使用限制性关键词。

任务背景

为了能够为店铺获取更多免费的自然流量，小白决定对店铺商品进行关键词挖掘，为店铺建立一个完整的关键词词库。

任务分析

关键词是商品标题的核心，也是消费者在搜索商品时输入的表达购买需求的词语。消费者通过搜索商品的关键词，寻找相应符合购买需求的商品信息，因此，如果店铺能够选对关键词，就可以快速匹配到精准客户，引入精准流量。关键词的质量直接决定了商品的访问量，要想找到合适的关键词，就需要结合关键词的类型，借助关键词挖掘方法，分析关键词数据表现，从而建立关键词词库。

知识解析

一、关键词的类型

在搜索营销中，我们一般将所推广的关键词分为六类：品牌词、产品词、营销词、属性卖点词、类目词和长尾词，如图 3－2－1 所示。在推广过程中，应当根据推广需求有针对性地选择不同类型的关键词进行组合。

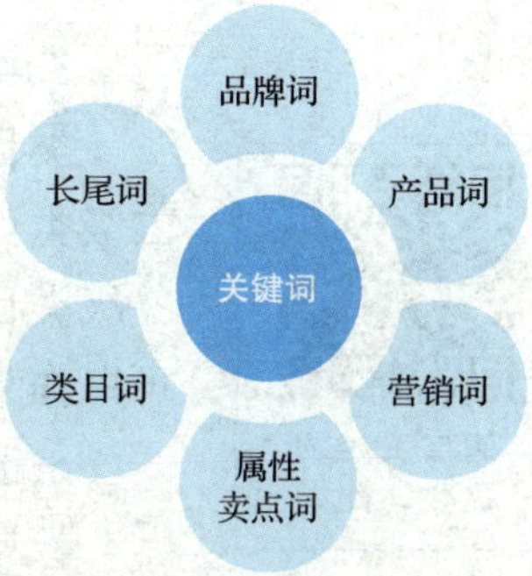

图 3－2－1　关键词类型

1. 品牌词

品牌词指企业的品牌，即商品的品牌名称，如“华为”“小米”“海尔”等品牌名称的词。当消费者搜索商品的品牌名称时，则说明其购买意图相对明确，购买概率较高，因此在商品推广过程中应当尽量添加品牌词，特别是对于品牌效应较大的店铺商品。而品牌知名度相对较弱的店铺也可以借此起到品牌宣传的效果。

2. 产品词

产品词指不包含品牌名称的，与产品相关的、能够精准表达产品的关键词，包括商品名称、商品型号等，如“连衣裙”“针织衫”“拉杆箱”等。产品词一般是行业内的短词、热词、大词，数量较少，但搜索量较大，因此竞争激烈。

3. 营销词

营销词指含有营销属性的关键词，包括突出商品卖点、商品优惠信息、商品活动等方面的关键词，如“特价”“包邮”“新品”等。在选词过程中，还可以结合消费者购买心理及搜索习惯挖掘营销词，吸引消费者的关注，提高商品曝光度。

4. 属性卖点词

属性卖点词指用于描述商品特征、商品参数、商品卖点等的关键词，如商品的颜色、材质、尺寸大小、风格样式、用途等。属性卖点词能够帮助消费者更加清晰地定位商品，也利于平台为消费者匹配合适的商品信息，因此这类词往往是影响消费者购买的重要因素。例如，消费者搜索“秋冬季商务直筒裤”，其中，“商务”“直筒”“秋冬季”都属于裤子的属性，消费者通过属性更为精准地描述需求，同时卖家通过属性全面描述商品特征，更好地匹配买卖需求。

知识拓展

标品与非标品

标品是指按照国家或行业统一标准生产制造，有明确规格和型号的产品。例如，手机有很多型号，每个型号下又可以根据内存、容量等划分为不同子型号。这类产品的属性词多为产品固有属性，例如，单反相机，专业买家会关注曝光、对焦、驱动系统等产品固有属性。

非标品通常指没有国家或行业统一标准可以规范，无法进行格式化分类的产品，没有明确的规格和型号区分。例如，服装类产品有很多风格和款式，淑女、韩版、复古、小清新等，没有严格的衡量标准。

5. 类目词

淘宝关键词优化与组合

类目词指商品所属类目的名称，其中，又可以细化为一级类目、二级类目、三级类目等。以京东平台为例，“跑步机”从属于“运动”一级类目中“健身训练”二级子类目下的三级类目，而这些类目词都可以作为商品标题的关键词。

6. 长尾词

长尾词指与商品相关的非核心关键词，但能为店铺带来流量的组合关键词，一般由 3 个或者多个关键词组成。长尾词通常由品牌词、产品词、属性词、卖点词等组合而成，如“韩版直筒牛仔裤黑色”“2021 新款休闲百搭平底鞋”等。长尾词数量较为庞大，具有延伸性、范围广等特点，搜索量不大，竞争度较弱，但消费者搜索长尾词时，购买需求明确、目标性强，因此长尾词为店铺带来的流量较大、转化率较高。

二、挖掘关键词

1. 关键词的挖掘方法

目前，常用的关键词挖掘方法主要有以下四种：

第一种方法，详细了解店铺推广的产品，根据产品的特点、定位及推广目标等，分析总结出能够使用的关键词。同时，也可以参考同行买家的商品标题关键词，进行关键词拆解，分析并总结。以连衣裙为例，分析产品、挖掘关键词，如表 3－2－1 所示。

表 3－2－1　分析产品、挖掘关键词（连衣裙）

产品	颜色	风格	裙型	材质	细节	消费人群
连衣裙	黄色、红色、蓝色、紫色、黑白、青色、粉色等	休闲、通勤、文艺、甜美、沙滩、淑女、青春等	喇叭裙、抹胸裙、A 字裙、中长裙、H 型裙等	真丝、纯棉、棉麻、腈纶、莫代尔、聚酯纤维等	高腰、V 领、蝴蝶结、系带、套头、拼接、镂空等	学生、家庭主妇、15～35 周岁、爱美女士等

第二种方法，借助电商平台的搜索引擎获取关键词（见图 3－2－2）。在搜索引擎中输入商品关键词，下拉框中会出现许多与关键词相关联的其他词，而这些词是平台搜索系统自动推荐的关键词，可以作为标题的参考。推荐关键词是电商平台结合商品信息，利用数据分析功能，在一定时间内统计关键词的热度、点击率、转化率等数据后生成的与商品相关的关键词。

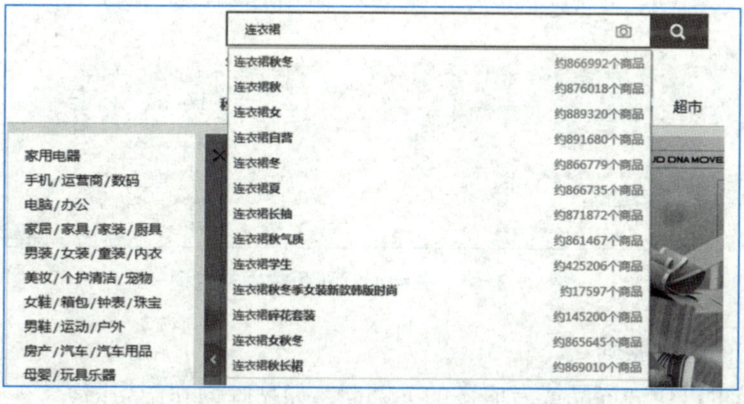

图 3－2－2　电商平台搜索引擎获取关键词

第三种方法，利用平台为网店提供的数据工具获取关键词。例如，阿里系卖家常使用的生意参谋（见图 3－2－3）、直通车、阿里指数、数据纵横等；京东卖家常用的商智等。淘宝直通车提供 TOP20W 关键词词表，免费为卖家提供并定期更新各类目下搜索热门的关键词。在生意参谋中提供的关键词及关键词相关指标数据，如热搜排名、搜索人气、点击人气、支付转化率等便于挖掘到优质的关键词。

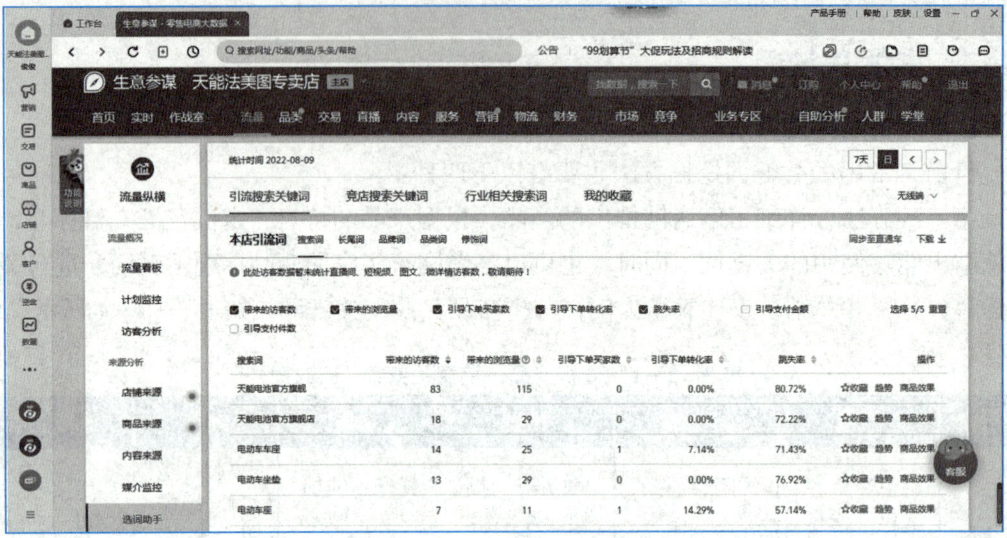

图 3－2－3　生意参谋选词助手

第四种方法，利用第三方关键词挖掘工具获取关键词。例如，百度的关键词规划师（见图 3－2－4）、百度指数、谷歌趋势等。

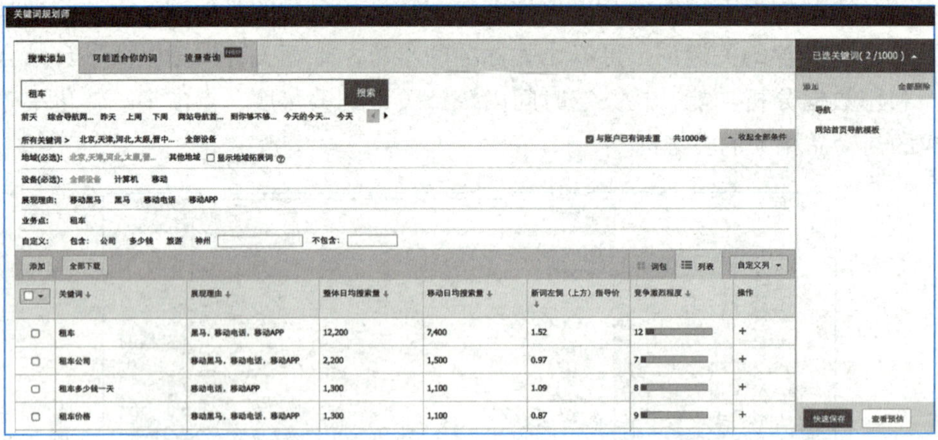

图 3－2－4　关键词规划师挖掘关键词

2. 关键词的选词原则

（1）选择可以代表商品或者服务的关键词，如品牌词和产品词。

（2）从消费者的角度出发，充分思考消费者会搜索什么词来查找商品或服务。

（3）尽可能多地拓展关键词，便于吸引更多潜在消费者。

（4）结合店铺的推广需求，选择合适的关键词。

三、建立关键词词库

为了提高效率，避免关键词重复挖掘及重复筛选等问题，卖家通过各种渠道收集关键词后，可以制作关键词词库，并在词库中直接选词植入标题中。关键词词库的完善程度将直接决定商品标题的优质性，因此卖家应该特别重视关键词词库的制作。

那么，如何从众多候选词中筛选出优质关键词呢？例如，在淘宝平台，一般常用关键词的搜索人气、点击率、支付转化率、竞争指数、商品数等指标进行对比分析。那些搜索人气、点击率、支付转化率都很高，同时竞争指数、商品数较少的关键词毫无疑问当选为优质关键词。

卖家可以利用 Excel 等工具制作关键词词库，如表 3－2－2 所示。同时，为了便于筛选关键词、优化商品标题，在词库中应该保留关键词的相关数据。由于不同电商平台的数据指标、指标表现等都存在差异，卖家需要根据不同平台建立相应的关键词词库。

表 3－2－2 关键词词库

关键词	搜索人气	点击率	转化率	竞争指数
女装	288 388	16.58%	9.78%	251
新款	208 819	16.25%	9.30%	258
品牌女装	181 477	10.89%	4.89%	233
外套	180 245	14.37%	9.15%	226
新款女装	177 570	15.32%	9.26%	250
防晒衫	152 252	21.03%	1196%	338
休闲	146 505	13.66%	8.41%	233
夏装女	142 519	17.26%	10.03%	273
欧洲站	139 217	15.94%	8.08%	263
韩版	129 873	12.35%	7.62%	207
夏装	126 913	16.81%	9.19%	257
女西装套装	126 118	17.20%	10.67%	311
女运动上衣	122 241	15.10%	9.88%	324
运动裤女	119 543	17.33%	12.76%	411
2023 新款女装春装	114 284	17.94%	9.24%	286
连衣裙	113 229	17.28%	9.46%	245
蕾丝衫	112 741	17.86%	9.86%	300
西装	111 861	14.86%	9.24%	228
蕾丝	111 105	18.41%	12.57%	278
短袖女 T 恤	108 219	16.38%	10.43%	309
休闲裤	106 553	15.85%	10.65%	284

续表

关键词	搜索人气	点击率	转化率	竞争指数
打底衫	106 425	15.22%	8.24%	255
包邮	106 205	8.75%	6.20%	158
长款打底衫	105 421	19.62%	12.68%	325
蕾丝打底衫	104 763	21.63%	13.17%	318
正品	105 237	9.26%	7.34%	171
真丝	104 423	17.90%	10.85%	263
女新款	101 134	14.25%	9.33%	275
新款春装	100 198	19.98%	12.70%	285
打底衫女	103 312	18.98%	12.06%	327
2023 新款女裤	99 810	15.37%	11.12%	301
女西装上衣	99 769	16.66%	9.97%	309
中长款女上衣	98 705	16.06%	10.57%	297
纯棉 T 恤女	98 625	15.03%	10.38%	295

关键词词库不是永恒不变的，需要结合关键词的数据表现进行动态更新。定期新增表现优异的关键词，而对于表现不佳的关键词，不要直接剔除，而是在词库中标注出来，以免标题优化时再次使用。

特别注意，在建立关键词词库的过程中，需要及时剔除一些限制关键词及无用词。限制关键词举例，如表 3－2－3 所示。

表 3－2－3　限制关键词举例

类别	限制关键词
极限词	顶级、最佳、国家级、首选、世界领先、唯一、最先进、绝无仅有、万能等
军警类	解放军、军服、军装、军徽、警服、警徽、警棍、警灯、警车等
办证 / 代办类	代办、假证、制作文凭、制作学历、制作资格证书、制作职称证书
非法避税类	代开发票、代售发票、代购发票、求购发票等
代考 / 替考类	替考、代考、代写论文、论文写作、论文定制等
非法药品类	迷香、迷幻药、迷魂药等
非法偷电类	电表倒数器、反转电表、调校表等
赌博 / 占卜类	赌、博彩、赔率、盘口、下注、足彩等
医药类	偏方、秘方、根治、治愈等
色情类	黄色电影、成人电影等
数码产品类	走私、水货、盗版、口岸价、港行等

续表

类别	限制关键词
枪支武器类	枪、武器、管制刀具、仿真枪、爆炸品等
窃听 / 作弊类	窃听、作弊、破解等
股票类	内幕、内幕信息、内幕交易，内部交易等

知识拓展

“蓝海”关键词

“蓝海”是相对于“红海”而言的，主要指竞争不太激烈且充满利润的新兴市场。“蓝海”关键词指的是竞争不激烈且有搜索量的关键词，往往是长尾词。当买家搜索长尾词时，说明买家已经非常清楚自己想要买的是什么，购买需求及搜索目标都比较明确，流量比较精准。通常情况下，这类关键词对应的精准匹配商品的数量也不会太多，因而是同行竞争相对较低的关键词。对于中小卖家而言，“蓝海”关键词可以说是梦寐以求的关键词。

一般情况下，对于实力不够强的店铺，商品在同行业竞争优势不足，那么卖家可以适当考虑多挖掘“蓝海”关键词，毕竟有助于吸引精准流量。但对于规模较大的店铺，“蓝海”关键词则并不受用，因为这类词虽然可以引流，但如果稍有一点不如买家的预期，就很难转化。相反，卖家争取竞争大的热门词，这类词搜索次数多，流量巨大，只要获得小部分流量，就会比“蓝海”关键词收益多。

因此，在实际运营中，要充分洞悉“蓝海”关键词与“红海”热门词之间的利弊。热门词主要用来引流，长尾词引入精准度高的买家，在标题中应合理搭配使用热门词与长尾词。

知识解析

学习笔记

1. 关键词类型

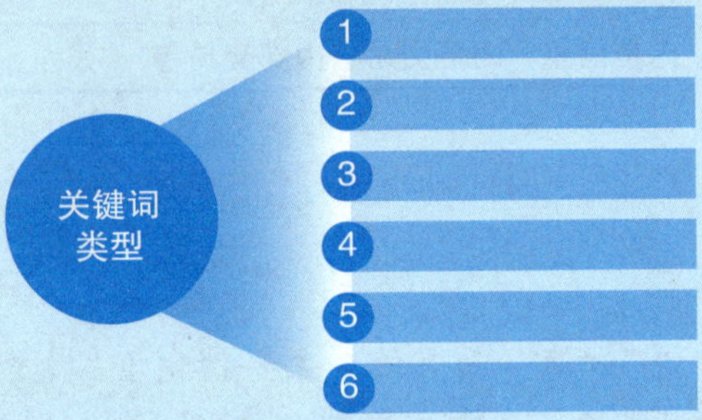

2. 挖掘关键词的方法

3. 关键词选词原则

4. 建立关键词词库

积累关键词是一个长期的过程，需要结合关键词的数据表现进行动态更新。定期新增表现优异的关键词，而对于表现不佳的关键词，应____。

实训任务

1. 任务示例

关键词词库举例，如表 3-2-4 所示。

表 3-2-4 关键词词库举例

关键词	搜索人气	点击率	转化率	竞争指数
纤维果蔬	7 554	17.36%	9.88%	270
果蔬纤维片	6 397	13.36%	10.83%	257
果蔬清洗机	3 591	24.02%	8.15%	321
果蔬面膜	3 465	21.08%	15.96%	350
果蔬消毒清洗机	2 750	0.91%	4.00%	80
果蔬面膜	143	19.58%	17.86%	178
食行生鲜	3 249	17.44%	7.11%	250
生鲜达	48	6.25%	0.00%	96

2. 任务操作

第一步，梳理店铺产品，挖掘关键词。深度梳理店铺各类产品的卖点及用户群，挖掘关键词，并完成表 3-2-5。

表 3-2-5 商品描述关键词拓展表

产品	品种	产地	口感	卖点	利益	其他
苹果						
梨						
桃子						
西红柿						
黄瓜						

第二步，借助搜索引擎，挖掘关键词。在搜索引擎中输入商品关键词，下拉框会出现许多相关词，收集与店铺商品相关联的关键词，并完成表 3-2-6。

表 3-2-6　搜索引擎拓词表

产品	平台		
	淘宝	天猫	京东
苹果			
梨			
桃子			
西红柿			
黄瓜			

第三步，借助工具，挖掘关键词。利用平台为网店提供的数据工具、第三方工具及实训平台获取关键词，并将步骤一、步骤二拓展的关键词组合成词库，完成表 3-2-7。

表 3-2-7　关键词词库

关键词	搜索人气	点击率	转化率	竞争指数

评价与总结

1. 课堂表现评价

结合各小组课堂表现情况，完成课堂表现评价表（见表 3-2-8）。

表 3-2-8　课堂表现评价表

小组名称	小组全勤	回答或解决问题	小组讨论	小组汇报	合计
小组一					
小组二					
小组三					
小组四					
小组五					
小组六					

2. 任务成果评价

结合自身任务完成情况，完成任务成果评价表（见表 3-2-9）。

表 3-2-9　任务成果评价表

评价内容	未达标	达标
能梳理商品卖点、用户群等拓展关键词		
会使用平台的搜索引擎拓展关键词		
会利用实训平台工具拓展关键词		
能够建立关键词词库		
关键词词库中不含违规词及无用词		

3. 总结

回顾课程内容，用思维导图形式总结

任务延伸与拓展

你还有哪些挖掘关键词的方法？能否尝试为图书类商品建立词库？

评价与总结

工作任务三

商品标题的撰写与优化

任务目标

知识目标：1. 能够说出商品标题的撰写流程。
2. 能够说出商品标题的撰写技巧。

技能目标：能够撰写符合要求、吸引消费者的商品标题。

素养目标：1. 养成从细节做起、关注细节的习惯，培养精益求精的工匠精神。
2. 树立以客户为中心的思想，增强法律意识，避免使用违规词。

任务背景

店铺“乡里人家”装修完成后，小白开始设置店铺的商品信息，并上传商品。其中，商品标题要能向消费者介绍商品的特征及卖点，传递商品有效信息，极为重要。小白决定认真学习一下商品标题的撰写与优化。

任务分析

商品的标题相当于商品的“门户”，是吸引潜在消费者点击的直接原因之一。优质的商品标题能有效提升商品的排名，从而提升被消费者搜索到商品的概率，哪条商品标题更吸引眼球，就有可能被优先点击，商品的成交转化率也会相应得到提升。所以，撰写优质的商品标题，显得尤为重要。要想撰写出符合要求且吸引消费者的商品标题，应先明确商品标题包含了哪些内容、标题撰写的步骤以及标题撰写有哪些要求等。

知识解析

一、商品标题

1. 商品标题的概念

商品标题，就是用于描述商品的简短语句（见图 3－3－1），消费者借助标题可以快速找到商品，了解商品的特点等。一个合适的商品标题可以向消费者介绍商品卖点，传递商品有效信息，还可以为商品带来更多的自然搜索流量，进而提高商品的转化。

2. 商品标题的作用

商品标题一般具有以下三方面作用：一是明确告知买家店铺销售的商品是什么；

二是告知搜索引擎店铺销售的商品是什么；三是作为搜索引擎进行商品自然搜索排名的考量因素，一个优质的商品标题可以引入更多的自然搜索流量。

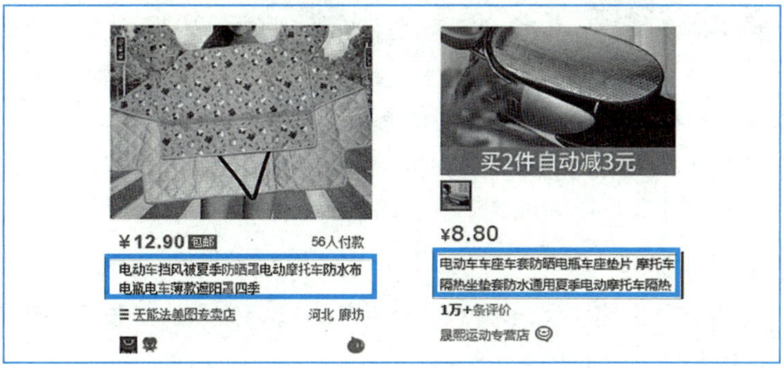

图 3－3－1　商品标题示例

3. 商品标题的基本构成

商品标题由关键词组成。各电商平台对标题的字符数都有特定的要求，如淘宝平台商品标题最多只能由 60 个字符组成，即 30 个汉字（空格占 1 个字符），速卖通平台商品标题最多不超过 128 个字符。当然，某些特殊产品类别也允许设置较长的标题，商家务必认真查看类别说明。一个优质的商品标题会将各类关键词组合得当，便于消费者阅读的同时也便于搜索引擎搜索。商品标题解析，如图 3－3－2 所示。

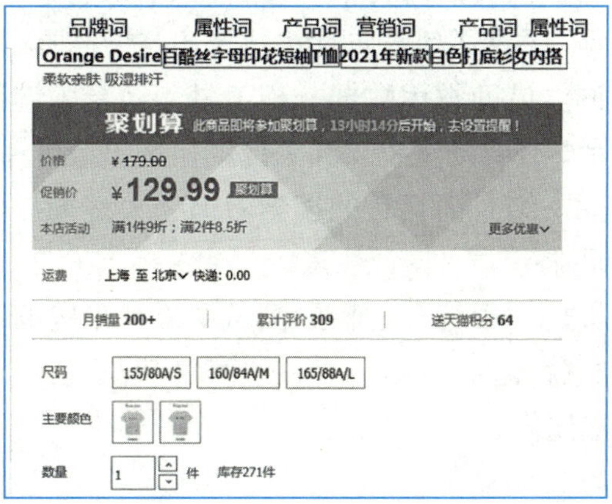

图 3－3－2　商品标题解析

知识拓展

1. 数码类产品标题

例如：HUAWEI/ 华为 / 笔记本 /MateBook14/2022 款 / 全面屏 / 超薄 / 学生 / 商务 / 手提电脑。

在上述标题中，“HUAWEI”“华为”是品牌词，“笔记本”“MateBook14”“手提电脑”是产品词，“2022 款”是营销词，“全面屏”“超薄”“学生”“商务”是属性卖点词。

2. 服饰类产品标题

例如：连衣裙 / 韩版 / 长袖 / 秋冬款 / 大码 / 女装 /2022 新款 / 黑色 / 针织打底裙 / 包邮。

在上述标题中，“连衣裙”“针织打底裙”是产品词，“女装”是类目词，“2022 新款”“包邮”是营销词，“韩版”“长袖”“秋冬款”“大码”“黑色”是属性卖点词。

3. 箱包类产品标题

例如：登山包 / 大容量 / 升级版 / 户外 / 旅行 / 背包 / 可折叠 / 防水 / 轻便 / 双肩包 / 热卖。

在上述标题中，“登山包”“背包”“双肩包”是产品词，“大容量”“户外”“旅行”“可折叠”“防水”“轻便”是属性卖点词，“升级版”“热卖”是营销词。

二、商品标题的撰写

1. 标题撰写步骤

在撰写商品标题时，网店一般遵循以下几个步骤：

第一步，挖掘关键词。剖析商品特性，分析商品类目、卖点、活动等，提炼出具有商品特性的优质关键词，并从关键词词库中挑选出与商品具有高相关性的关键词。

第二步，筛选关键词。借助常用数据分析工具，结合关键词的数据指标，对关键词进行排序与筛选，删除不必要的重复含义关键词，选出最优关键词。

第三步，整理关键词。结合消费者的搜索习惯、关键词与商品的相关性、搜索引擎排序机制等调整关键词排序。

第四步，确定商品标题。根据预选标题测试结果，确定商品标题。同时，根据商品的数据指标，动态调整优化商品标题。一般建议标题不要经常改动，特别是流量不错的商品不建议反复调整优化。

2. 商品标题撰写技巧

（1）使用标题组合公式。

选好关键词后，可以参照以下公式组合标题：

品牌词 + 产品词 + 营销词 + 属性卖点词 + 类目词 + 长尾词

标题中一般应具备以上属性的词，但并不需要完全按照公式进行排列组合，也不必纠结关键词的顺序。另外，如果品牌知名度较大，引流效果较好，加入品牌词可以吸引精准流量。

标题组合公式解析，如表 3－3－1 所示。

（2）商品标题长度尽可能写满。

在撰写标题时，要尽可能将长度写满，这样可以提高商品关键词的覆盖面，提高商品搜索量及展现量。

表 3－3－1 标题组合公式解析

关键词类型	关键词示例
品牌词	华为、小米、海尔、美的等品牌名称的词
产品词	连衣裙、手机、跑鞋、手提包、T 恤、电动车等商品名称的词
营销词	包邮、特价、正品、新品、活动促销等带有营销属性的词
属性卖点词	修身、收腰、直筒、复古、褶皱、宽松等表述商品卖点的词
类目词	手提包属于箱包类目下的词，连衣裙属于女装类目下的词
长尾词	女士修身连衣裙、休闲百搭平底鞋等这类搜索量相对较少，但能展示商品特点的词

（3）重要关键词前置。

核心关键词，可以尽量放在靠前位置展现，便于被识别，也符合消费者阅读习惯。如果商品只有一个核心关键词，应把核心关键词放在开头。如果商品有两个核心关键词，可以将一个放在开头，另一个放在结尾。

（4）关键词覆盖广泛。

受到商品标题字数的限制，尽可能将不同的关键词使用在不同的标题中，使得每个标题都展现个性化特色，同时也可以让关键词的覆盖人群更加广泛。

（5）标题的四大组词原理。

在标题撰写过程中，通常依据四大组词原理，结合商品的属性及消费者的搜索习惯确定核心关键词，然后利用长尾词吸引流量，同时注意关键词的排列顺序。标题的四大组词原理，如图 3－3－3 所示。

图 3－3－3 商品标题的四大组词原理

3. 标题撰写注意事项

（1）保持关键词的相关性。

所有的关键词应该保持高度相关，不相关的词尽量不要用，避免影响流量的精准性，进而影响转化率。同时，标题要与商品主图、详情描述保持相关。例如，消费者搜索“平谷大桃”，那么当消费者看到商品主图有桃子的时候，就会愿意点击进入详情页，看到详情页展现了桃子的卖点时，才会有购买的意愿；反之，如果标题与首图、详情页不相关，就会提升跳失率。

（2）不要直接复制爆款标题。

由于商品的权重不同，同样的关键词在不同的商品中达到的转化率和点击率是不一样的。因此，如果直接复制同行的爆款商品标题，而本店商品的竞争力不如同行爆款，那么商品的搜索权重也会降低，搜索排名自然达不到预期效果。

（3）结合数据分析撰写标题。

建议店铺不要按照主观想法撰写标题，要结合数据分析，尽量选取展现效果好且精准的关键词来组合标题。

（4）切忌使用违规词。

标题违规会影响店铺总分评分，从而影响自然搜索排名。因此，切忌使用其他品牌词和极限词。在标题中使用与商品无关的其他品牌词涉嫌搜索作弊，属于侵权行为。另外，不要堆砌关键词，这样做不仅浪费标题的字符空间，还会降低标题质量，可能会受到搜索降权处罚。

素养园地

避免错用违规词

违规词主要是指违反《电子商务法》《广告法》及平台规则的关键词。其中，《广告法》第九条规定，广告中不得有下列情形：

（一）使用或者变相使用中华人民共和国的国旗、国歌、国徽，军旗、军歌、军徽；

（二）使用或者变相使用国家机关、国家机关工作人员的名义或者形象；

（三）使用“国家级”“最高级”“最佳”等用语；

（四）损害国家的尊严或者利益，泄露国家秘密；

（五）妨碍社会安定，损害社会公共利益；

（六）危害人身、财产安全，泄露个人隐私；

（七）妨碍社会公共秩序或者违背社会良好风尚；

（八）含有淫秽、色情、赌博、迷信、恐怖、暴力的内容；

（九）含有民族、种族、宗教、性别歧视的内容；

（十）妨碍环境、自然资源或者文化遗产保护；

（十一）法律、行政法规规定禁止的其他情形。

《中华人民共和国广告法》

淘宝网根据法律条款，对禁止在标题中使用的关键词做出了明确规定：

（一）不得在标题中使用非该商品制造或生产商的品牌名称；

（二）不得在标题中出现贬低其他商品或品牌的词语；

（三）不得添加与商品无关的名称和功效描述；

（四）不得乱用与本商品无关的热推关键词；

（五）不能在标题中使用极限词，如“最高”“最好”“唯一”等；

（六）不允许在标题中添加对赠品、奖品的描述；

（七）不能在标题中添加未获得的授权及未提供的服务等。

作为网店经营者及网店运营人员，必须熟悉相关法律法规及平台规则，避免使用违规词，规避违法违规行为。

三、商品标题的优化

商品标题优化，即为关键词的组合优化，目的是得到高质量的商品标题，从而提高商品的自然搜索排名，提高商品的点击率，获得更多优质的免费流量。

1. 标题优化的原则

（1）分词原则。

淘宝分词原则，是指为了便于搜索和关键词加权，淘宝将商品的标题切分成若干个关键词。在平台搜索栏中搜全标题，然后将鼠标放在商品标题上，右键点击“审查元素”，即可看到标题被切分成若干个词组，如图 3－3－4 所示。在商品标题中，成交的关键词会有权重，平台会给这类关键词加分。但如果这类关键词继续被分成若干个词，则分数也会相应拆分给每个词，因此在优化标题时，要适度分词。

标题优化的误区

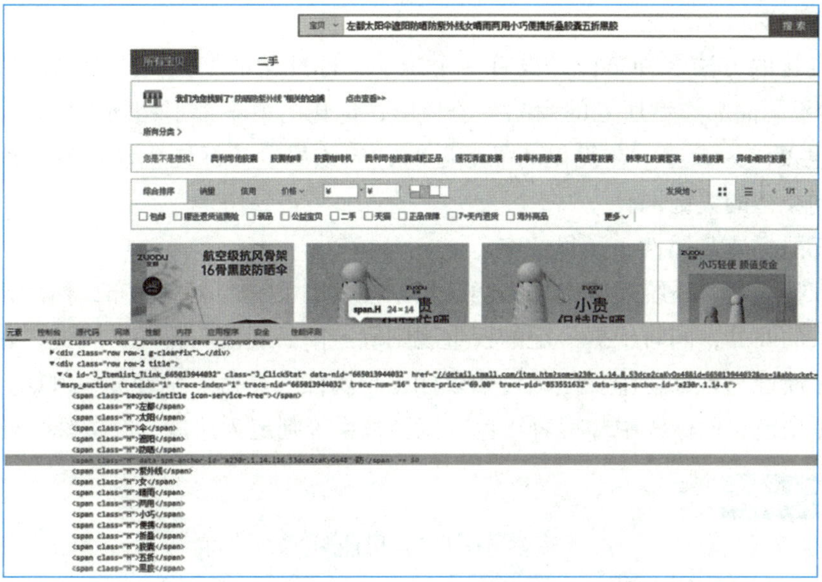

图 3－3－4　标题分词展现

（2）权重原则。

建议卖家选择权重得分较高的词放入商品标题中。在标题优化中判定一个词是否是权重高的词，可以用搜索量等指标来检验。如果一个词在搜索商品标题时没有被读出，那么就判定该词没有权重得分；如果被读出，且搜索量、点击量都不错，一般认定该词为权重较高的关键词。卖家可在标题优化时，根据关键词的搜索排名，更换或者添加排名靠前、搜索热度高的关键词。

（3）相关性原则。

在标题优化过程中，尽可能添加与商品相关度高的关键词。例如，在商品的属性信息与商品的描述信息中反复出现的关键词，说明与商品相关度较高。如果这类词的搜索量、点击量等都表现不错，那么才有可能助力标题提高排序。另一方面，与商品无关或相关性不大的关键词，即便有流量也不应该使用。

2. 标题优化的注意事项

（1）切忌频繁修改标题。

频繁修改商品标题，可能会导致搜索降权，因此，一般建议至少 7 天以上，等新标题的权重形成之后，再酌情考虑优化标题。同时标题修改的幅度也不宜过大，特别是对于流量不错的宝贝，最好不要轻易改动标题，以免导致流量下降。

（2）避免关键词内耗。

通常，对于相同时间内的相关关键词，一个店铺最多有 2 件商品在平台第一页展现，其他页也有类似的约束。因此，对于相同品类、上下架时间接近、权重接近的多件商品，如果拥有相同的关键词，就会产生内耗的可能，从而浪费商品的展现机会。因此，卖家可以替换同类商品的一些关键词以获得更多的优先展现机会。

（3）切勿追求标准化。

标题优化的方法多种多样，没有一个统一、标准化的格式，不要刻意追求“标准化”。因为不同商品类型所处的商品竞争环境，优化的策略都不相同，所以前文提供的标题公式也仅作为参考。在优化商品标题时，应该尽量让标题生动自然，根据需要灵活搭配不同类型的关键词。

（4）切忌标题与属性、类目冲突。

在买家搜索时，系统通常会先去匹配买家搜索的关键词类目分布，然后再去匹配标题高度相关的商品，同时根据一定的权重规则确定商品展现与排序，因此，建议适当将商品的若干属性写入标题中。但是，如果标题与属性或类目发生冲突，例如，商品属性中选择的是白色，而标题中却写着红色，就会被系统判定为违规，会被降权处理。

知识拓展

淘宝的分词逻辑

以淘宝中的一个商品标题“雪纺连衣裙 2023 新款韩版女修身裙子”为例，分词就是将其拆分为“雪纺 / 连衣裙 /2023 新款 / 韩版 / 女 / 修身 / 裙子”这 7 个关键词。淘宝通过分词权重来确定商品的关联度，当买家搜索关键词时，平台会判断产品是否与这个关键词相匹配，从而在搜索结果页面将商品排序后呈现。

系统会识别关键词词性，从中判断出核心词，因此，为了让系统快速准确识别出核心词，卖家通常会在商品标题中对核心词加以强调，例如上面的例子中，标题强调了“连衣裙 / 裙子”的商品名称。

另外，标题在书写上有两种顺序：搜索顺序、买家阅读顺序。由于商品标题是供潜在买家浏览阅读用的，而搜索引擎也一直致力于为消费者提供更佳的搜索购物体验，因此，建议卖家参考买家的浏览阅读顺序来撰写商品标题。

学习笔记

1. 商品标题的定义

商品标题是____。

2. 商品标题的基本构成

各电商平台对标题的字符数都有特定的要求，如淘宝平台商品标题最多只能由______个字符组成，速卖通平台商品标题最多不超过______个字符。

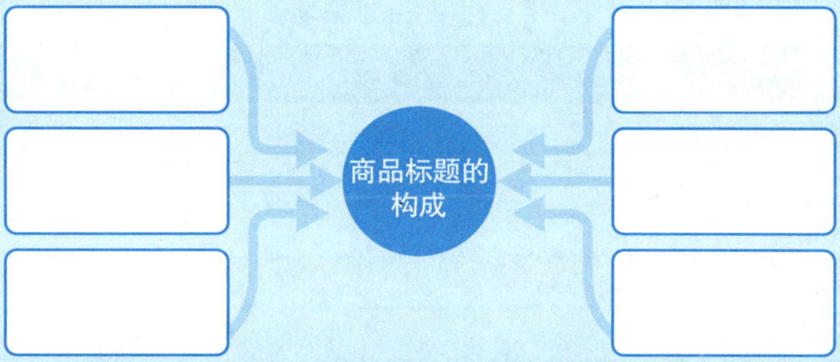

3. 商品标题的撰写流程

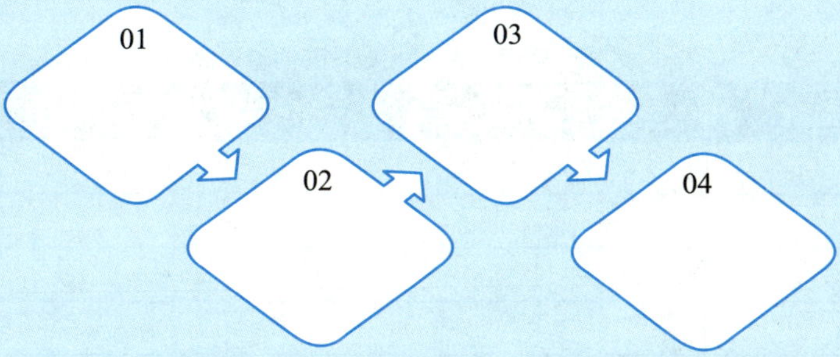

4. 商品标题的撰写技巧

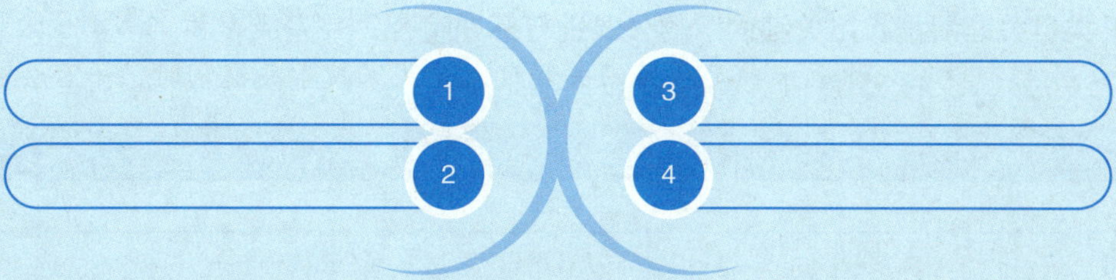

实训任务

1. 任务示例

标题：平谷大桃新鲜现摘当季桃子香甜多汁顺丰包邮正宗久保。

2. 任务操作

第一步，确定主关键词。通过主关键词，准确描述产品，将其与其他商品有效区分开来，并完成表 3-3-2。

表 3-3-2 主关键词表

商品名称	主关键词
苹果	
梨	
桃子	
西红柿	
黄瓜	

第二步，筛选其他合适的关键词。通过分析商品的卖点，收集相关热点词等方式筛选出更多合适的关键词，并完成表 3-3-3。

表 3-3-3 相关关键词表

商品名称	相关关键词
苹果	
梨	
桃子	
西红柿	
黄瓜	

第三步，组合标题。选取关键词，参考“产品关键词＋营销关键词＋属性卖点词＋类目关键词＋长尾关键词”的公式进行标题组合，并完成表 3-3-4。

表 3-3-4 商品标题组合表

商品名称	标题
苹果	
梨	
桃子	
西红柿	
黄瓜	

评价与总结

1. 课堂表现评价

结合各小组课堂表现情况，完成课堂表现评价表（见表 3-3-5）。

表 3-3-5 课堂表现评价表

小组名称	小组全勤	回答或解决问题	小组讨论	小组汇报	合计
小组一					
小组二					
小组三					
小组四					
小组五					
小组六					

2. 任务成果评价

结合自身任务完成情况，完成任务成果评价表（见表 3-3-6）。

表 3-3-6 任务成果评价表

评价内容	不达标	达标
标题撰写数量达标		
标题符合相应平台的字数要求		
标题中不含违规词		
标题中没有堆砌重复使用词汇		
主关键词的选择合理		
主关键词位置合理		
所有关键词与商品高度相关		

3. 总结

回顾课程内容，用思维导图形式总结

任务延伸与拓展

学会了果蔬类商品标题的撰写，请尝试为图书类商品撰写标题。

工作任务四

其他类型优化

任务目标

知识目标：1. 能够说出优质类目特性及填写类目的方法。
2. 能够说出商品属性的维度及优化技巧。
3. 能够说出商品上下架时间原理及优化技巧。

技能目标：能够结合店铺产品合理优化类目、属性及上下架时间。

素养目标：养成从细节做起，关注细节的习惯，培养精益求精的工匠精神。

任务背景

店铺“乡里人家”经过一段时间的运营后，流量还是没有增加，在资金不足以铺开店铺营销活动的情况下，小白决定继续深挖免费流量，展开全面的商品优化。

任务分析

在付费流量成本不断提高的情况下，很多中小卖家逐步失去了和大卖家竞争的优势，因此放眼于争夺站内免费流量，而搜索流量占据了很大的比例。除了商品标题以外，类目、属性、商品上下架等都是影响搜索排名的重要因素。全面且详细的商品优化可以有效提升店铺的流量与排名。

知识解析

一、类目优化

1. 商品类目

商品类目是平台用来对商品的分类。例如，服装大类下可以划分为男装、女装、童装、配饰等二级类目，同时还可以再对二级类目继续划分小类、细类，直至品类、细目等。京东商城类目，如图 3-4-1 所示。根据商品类目，消费者可以有针对性地选购不同类别的商品。

在免费自然流量中，主要包含两个组成部分，即搜索流量和类目流量。所谓类目流量就是指通过平台首页类目入口点击进入店铺的流量，一旦类目优化没有做好，很可能会损失这部分流量。

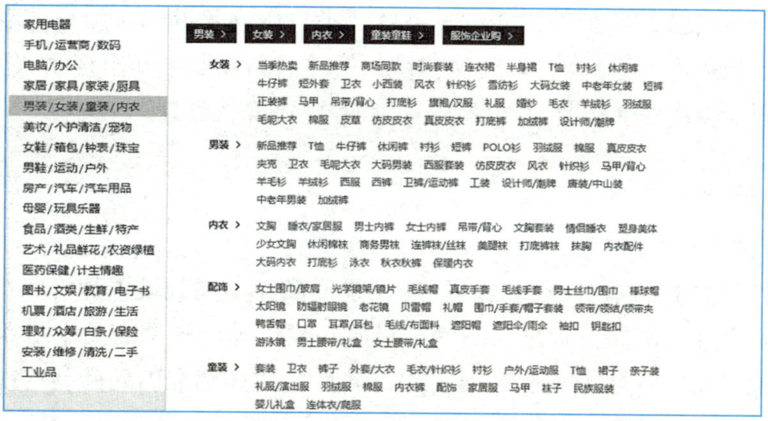

图 3-4-1　京东商城类目

2. 选择类目

各类平台都为商品提供了非常齐全的分类类目，卖家在商品发布时，需要结合商品属性选择合适的类目。然而，由于商品属性的多样性，使得同一商品可以放在不同类目下。例如，“孕妇连衣裙”，可以放在女装类目下的连衣裙子类目下，也可以放在孕妇装类目下的连衣裙子类目下。选择不同的类目会直接影响商品的流量，常用的方法有以下三种：

第一种方法，卖家发布商品时，如果不能确定商品的类目，可以用一个精准的产品词在搜索栏中进行搜索，选择系统推荐的排名第一的类目往往是优选类目。同时，可以通过在页面右侧的商品展示图进一步确认是否符合商品特点。

第二种方法，借助平台数据分析工具选择类目。一般平台都掌握着大量的数据，可以统计出消费者在搜索某关键词时倾向于购买哪个类目下商品，从而将该类目作为最佳类目，以提高访客浏览量。

第三种方法，使用第三方工具。例如，使用“店查查”，可以查看消费者在搜索产品关键词时都会选择哪些类目，以及同行们通常采用哪些类目。

3. 类目优化

卖家发布商品时，类目准确度越高，商品属性越完善，排名就可能越靠前，越容易被买家搜索到，从而获取流量，提高销量。因此，卖家要重视类目优化，不能随意盲目选择。商品的标题、主营占比、收藏数、店铺评分等都将直接影响类目优化，需要格外重视，同时，还要注意以下两个方面：

（1）类目与商品是否相匹配与关联。只有当商品类目与商品相匹配时，买家搜索到的商品才是其需要的，否则，即便被买家搜索到，也不是其想购买的商品。例如，买家想购买“小米”手机，但由于卖家类目错误，搜索到了粗粮“小米”，也不会起到有效的推广作用。相反，商品由于类目不匹配被系统察知后，商品可能要被降权处理。

淘宝搜索违规行为及处罚

（2）类目与商品标题是否相匹配与关联。类目中的关键词必须与商品标题中的关键词相匹配，如果类目选择的是“正装裤”，但在商品标题中却出现了“休闲”“度假风”等关键词，会被平台判断为类目不符，商品将被降权处理。

二、商品属性优化

1. 商品属性

知识解析

商品属性是指商品本身所固有的性质，是商品在不同领域差异性（不同于其他商品的性质）的集合，例如，货号、品牌、材质、颜色等，既是商品本身所固有的，也是区别于其他商品的特性（见图 3－4－2）。属性描述详细准确的商品可以更好地定位目标消费人群，方便买家了解商品细节，赢得买家信任。

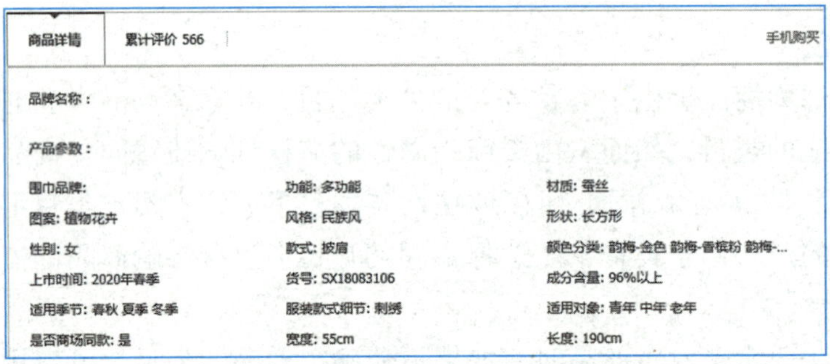

图 3－4－2　商品类目属性

2. 商品属性的维度

（1）关键属性，是能够确认唯一产品的属性，可以是一个或者是多个属性的组合。例如，服装的“品牌”+“货号”能确定唯一的产品；相机的“品牌”+“型号”能确定唯一的产品。

（2）基本属性，是指对商品的基本描述，是商品本身所固有的属性，例如，材质、产地、保质期等。

（3）营销属性，是卖家为了更好地营销推广商品，对商品进行详细且带有包装性质的属性，例如，风格属性，民族风、淑女风、小清新、复古风、度假风等。这些属性一般没有一个特别严格的衡量标准，因此常有多个选项。

3. 填写商品属性时的要点

填写商品属性时应注意以下两点：

（1）属性填写真实准确，能真实描述出商品的特性。商品属性的准确度、与市场的匹配度，都会影响其搜索排名权重，从而影响其流量。

（2）属性填写完整，能全面描述出商品的特性，非必填项属性也建议填写清楚。

通常商品属性漏填或错填都会造成严重的影响。一是会影响系统的搜索，例如，当买家搜索“桑蚕丝苏绣围巾蓝色”时，排名靠前的标题中虽然可能没有出现“苏绣”“蓝色”，但是如果商品属性中出现了“蓝色”和“苏绣”，那么同样会获得靠前的排名，因为搜索引擎会考虑商品属性的权重；二是商品属性也会影响买家对商品的判断，商品属性一般会在详情页的页头部自动生成，买家可以通过属性了解商品，如果属性错填或漏填，就会直接影响买家对商品的判断。

4. 商品属性优化的技巧

（1）结合流量优化属性，即参考同类商品的能够带来更多流量的属性，例如，卖家要优化连衣裙的属性，就可以分析平台上搜索“连衣裙”的买家喜欢哪些风格。通常情况下，被搜索越多的风格，就是在其他条件不变的情况下能够让商家获取更多流量的属性。当然，前提是搜索结果与店铺或商品本身相符。

（2）属性越详细越好，将属性栏全部填写完整，不要留空，这样有利于商品的搜索排名。

（3）属性要与商品标题相匹配，也可在标题中添加属性词。如果属性与标题不符，可能遭到平台降权处理。例如，苏绣围巾的标题中写明“桑蚕丝材质”，那么在描述属性时材质就不能写成“化纤”，不然会误导消费者，也会影响商品的搜索排名。

（4）属性的用词不要重复使用，一定要包含商品的核心词。

（5）通常平台会预留给卖家自定义属性框，用于填写关键词，即较同类商品的优势。

知识拓展

商品属性进“索引”

通常，买家搜索关键词，系统会先去匹配搜索词的类目分布，然后去匹配与标题高度相关的商品，并结合特定的算法排序展示商品。因此，建议适当将商品的部分属性写入标题，作为搜索引擎判断关键词时的一种“索引”。

例如，苏绣产品的标题是“披肩丝巾女春秋苏绣真丝桑蚕丝梅花手工绣民族风刺绣浅粉色围巾”，将标题进行分词处理后，即为“披肩 / 丝巾 / 女 / 春秋 / 苏绣 / 真丝 / 桑蚕丝 / 梅花 / 手工绣 / 民族风 / 刺绣 / 浅粉色 / 围巾”，其中，“民族风”“浅粉色”等词为该产品的属性，包含在标题中会增加搜索的针对性。但是，需要注意的是，属性与标题不能冲突，如果标题中写明“浅粉色”，而属性中选择“蓝色”，系统就会认为这个产品的属性设置违规，会被降权处理。

注：由于商品标题字数有限，通常在标题中不会出现类似“/”等符号，这里我们借助符号来分词，便于观察讲解。

三、商品上下架时间优化

1. 商品上下架时间原理

商品的上下架周期，简而言之就是从发布商品的时间到商品下架的时间。例如，如果商品的上下架周期为 7 天，卖家在 3 月 15 日上午 10 点上架商品，那么商品的下架时间为 3 月 22 日上午 10 点。但是，这里的下架只是虚拟下架，并不是将商品下架后返回仓库，商品其实仍然在出售中。

商品上下架时间是影响商品排名的重要因素之一，越接近下架时间，商品排名越靠前，这就是商品上下架时间原理。对于中小卖家，受成本和店铺等级的影响，很多推广活动无法参加，而合理的上下架就成为获取流量的有效手段。

2. 商品上下架时间设置

商品上下架时间规则旨在尽可能地给予所有商品公平展示的机会，但由于平台上的卖家数量庞大，或者下架时间设置不合理，导致同一时间段可能有大量商品同时下架，无法获得较好的展示机会，因此就需要分析优化商品上下架时间。商品上下架时间维度一般分为：每周的时间维度，每天的时间维度，店铺自身的流量高峰和低谷。

如何确定商品的最佳上架时间呢？一般建议卖家可以通过两步去解决：第一步，测试商品的销售高峰期，确定在一周内的哪一天上架；第二步，测试商品销售高峰期的时间段，确定商品在这一天具体哪个时间段上架。另外，根据店铺数据可以总结店铺的访问规律，找到店铺的最佳上下架时间段，再配合一定的促销活动，就能有效提升店铺活跃度，促进店铺销量大幅度增长。通过商品上下架时间卡位，正确规划安排店铺商品的上下架时间，实现流量最大化。

3. 商品上下架时间优化

（1）选择最短的上下架周期。

周期越短，排名靠前的展现机会就越多，效率越高。例如，在其他条件不变的情况下，如果上下架周期为 7 天，那么一个月有 4 次排名靠前的展现机会；而上下架周期为 14 天，一个月内就只有 2 次排名靠前的展现机会。因此，一般店铺会把上下架周期设置为平台默认的最短周期。

（2）优化最佳上架时间段。

根据数据分析，淘宝网周一、周五的流量最大，而主要的交易高峰时间段一般出现在 9:00—12:00、13:00—16:00、19:00—21:00，卖家可以选择这些时间段分别上架商品。但是，不同的消费群体会有不同的消费时间和消费习惯，例如，学生群体一般在放学后的休息时间的浏览及购买量较大。因此，还要具体分析店铺消费群体的消费习惯，优化上架时间。

（3）分析竞争对手的上下架时间。

分析竞争对手的上下架时间是一个有效规避竞争的策略。如果卖家一窝蜂地选择在高峰时段上架商品，那么每家店铺平均获得的流量就会大打折扣。特别是当与竞争对手的商品存在差距，就应该主动将上架时间与竞争对手错开，以免受到影响。相反，如果本店的商品已经是行业内的爆款，那么就要将其安排在流量最大的高峰时段上下架。另外，根据数据统计，整点上下架商品的店铺较多，可能会降低商品的展示机会，因此建议尽量避开整点上下架。

（4）分批上架商品。

建议卖家把流量平均分布在 7 天，将商品分布在 7 天的不同时间段内分批次上架，确保每天都有商品上下架，这样一周内都能保持稳定的搜索排名。如果卖家将店铺的全部商品在同一天内上架，就意味着在其他条件不变的情况下，店铺只有一周后的这一天才有排名靠前的机会。

（5）细化商品分类。

按照淘宝现行规则，当买家搜索关键词时，最多可以展现两个同一卖家的商品。那么，为了让同类商品获得更多的展现机会，就应该细化商品分类。例如，可将商品分为爆款、热销款、一般款、滞销款等错开安排上下架时间。但一般原则是，以主要的引流商品为主，然后再合理分配其他商品的上下架时间。

（6）监控上下架效果。

商品上下架时间设置完成后，还需持续监控流量的变动情况，以便有针对性地做出阶段性调整，从而实现流量的最大化。但是，商品上下架时间不建议反复改动，否则会影响上下架时间的权重，从而影响排名。

知识拓展

橱窗推荐

橱窗推荐在哪里显示呢？打开“我的淘宝”，找到销售中的商品，每页商品下面都有“橱窗推荐”的字样，选中商品后就可以选择橱窗推荐。

橱窗推荐是提升店铺商品搜索排名的一种方式，是非常有效的商品推荐手段，其数量根据店铺的实际情况而定。橱窗推荐的商品会集中在商品列表页面的橱窗推荐中显示，每个卖家可以根据信用级别与销售情况获得不同数量的橱窗推荐位。就好比实体店的橱窗，可以摆放一些商品，用来吸引顾客进店。当淘宝买家想要买东西时，可以到淘宝网首页去搜索或在淘宝网上点击“我要买”，就会出现橱窗推荐位所推荐的宝贝，这样也就能让卖家店铺的商品有更多的被人浏览的机会，在提高点击率的同时也可以增加购买率。

商品的上下架时间最好能够与橱窗推荐搭配使用。由于橱窗推荐的商品会优于其他商品展现，将接近下架的商品设置为橱窗推荐，可以得到更多的展示机会。一般橱窗推荐的商品均为主要引流商品、销量高的商品和即将下架的商品，这类商品通常本身就具有一定的流量，再结合橱窗推荐，可以实现流量的最大化。

学习笔记

1. 类目优化

（1）商品类目是 ____。

（2）选择类目的方法：

（3）类目优化：

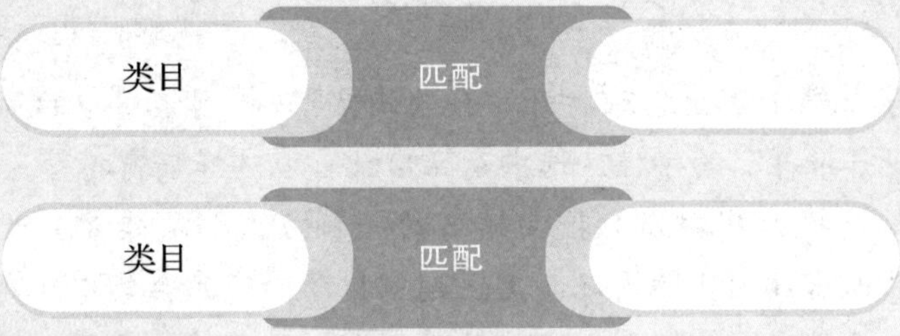

2. 商品属性优化

（1）商品属性是 ____。

（2）商品属性的维度：

（3）优质商品属性的特质：

（4）商品属性优化的技巧

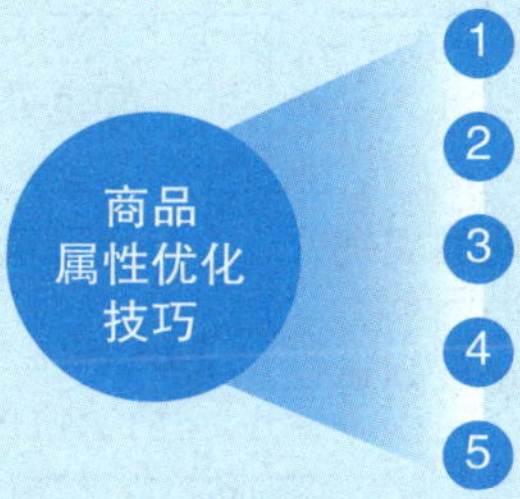

3. 商品上下架时间优化

（1）商品上下架时间原理：越接近________时间，商品排名越靠前。

（2）商品上下架时间维度：

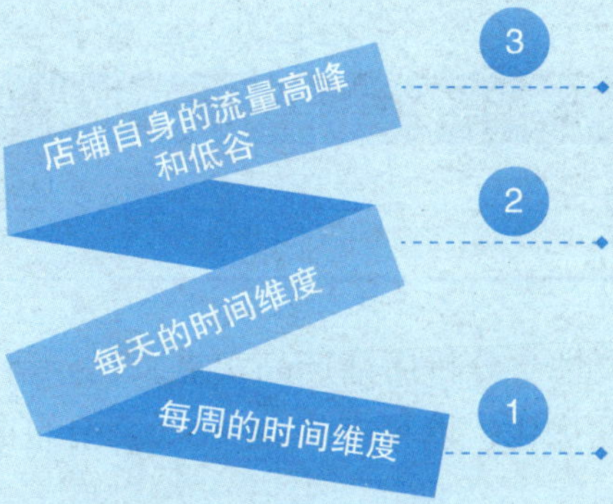

（3）商品上下架时间优化技巧：

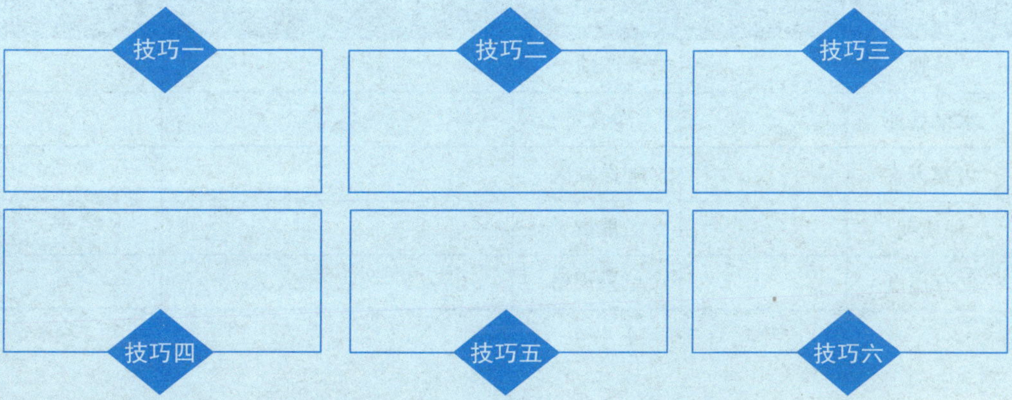

实训任务

1. 任务示例

鲁班锁优化分析，如表 3－4－1 所示。

表 3－4－1 商品（鲁班锁）优化分析

品牌	能工巧匠	适用性别	男、女通用	类目	玩具 / 益智玩具
商品名称	孔明锁、鲁班锁	产地	中国	下架时间	每周六 19:00
商品编号	1276914272		颜色分类	白色、米白色、卡其色、杏色等	
使用人群	5 岁以上的孩子	商品类别	智力玩具	商品毛重	0.8kg
消费人群	家长	规格型号	LBS-541、LBS-551、LBS-561	包装	套盒

2. 任务操作

第一步，优化类目。结合农产品店铺产品特色，充分调研淘宝、京东等平台的竞品店铺情况，优化类目，并完成表 3－4－2。

表 3－4－2 类目表

电商平台	一级目录	二级目录	三级目录
淘宝			
京东			

第二步，优化商品属性。分析店铺产品卖点，充分调研竞品的属性填写情况，完成店铺所有产品的属性优化，填写表 3－4－3（表中的自定义区可结合自身产品的特色添加属性及内容）。

表 3－4－3 商品属性表

属性	内容	属性	内容	自定义区	
品牌		产地			
水果品种		净含量			
售卖方式		配送频次			
保质期		重量			
储存温度		单果规格			

第三步，优化商品上下架时间。调研一般果蔬类商品的上下架时间，分析目标消费人群及消费习惯，制定出适合中小卖家店铺商品的上架时间，并完成表 3-4-4。

表 3-4-4 商品上下架时间分析表

消费人群	消费行为分析	产品	上架时间	竞品上下架时间	其他要素
		苹果			
		梨			
		桃子			
		西红柿			
		黄瓜			

评价与总结

1. 课堂表现评价

结合各小组课堂表现情况，完成课堂表现评价表（见表 3－4－5）。

表 3－4－5　课堂表现评价表

小组名称	小组全勤	回答或解决问题	小组讨论	小组汇报	合计
小组一					
小组二					
小组三					
小组四					
小组五					
小组六					

2. 任务成果评价

结合自身任务完成情况，完成任务成果评价表（见表 3－4－6）。

表 3－4－6　任务成果评价表

评价内容	不达标	达标
完成类目选择，同时类目与商品相匹配		
类目与商品标题相匹配		
属性表格填写完整，无空项		
商品属性填写真实准确		
能够分析潜在用户搜索行为及竞品上下架时间，合理安排商品上下架时间		
已选择最短的上下架周期		
已细化店铺商品分类并分批次上架		

3. 总结

回顾课程内容，用思维导图形式总结

任务延伸与拓展

你还能找出哪些推广方式能有效提升宝贝搜索排名？

模块四

网店客服

岗位快照

网店客服岗位

职位描述

岗位职责

1. 熟悉淘宝、天猫、京东等各类平台操作及平台各类规则。

2. 熟悉客服工作流程，通过在线聊天工具与客户沟通，热情、及时、专业地回复客户信息，解答客户疑问，挖掘、引导客户需求，促成客户订单。

3. 熟悉产品，了解产品的特征、功能、注意事项等相关信息，准确解答客户提出的关于产品方面的疑问。

4. 协助处理每天的店铺渠道订单，在客户下单后及时确认订单并完成发货。

5. 妥善处理退换货、退款，解决顾客的投诉及不满，跟进并处理中评与差评。

6. 负责订单售后跟踪回访，维护客户关系。

7. 配合店铺相关营销活动的策划及操作，配合运营处理订单修改、顾客订单查询等工作。

任职要求

1. 熟练运用 Word，Excel 等办公软件，打字速度 60 字 / 分钟以上。

2. 具有良好的沟通能力，能够与客户进行有效的沟通。

3. 具有良好的服务意识，有“客户为先”的服务精神，性格温和，脾气好，有耐心，不与客户发生争执。

4. 具有良好的应变能力，能够灵活处理售前、售后问题。

5. 具有较强的推广和维护协调客户的能力。

6. 具有团队精神，工作认真细致，积极主动，责任心强，能够快速进入工作状态。

7. 有电商从业经验者优先。

学习路线

任务一	任务二	任务三	任务四
客服岗前准备	客服售前服务	客服售中和售后服务	客户关系管理

工作任务一

客服岗前准备

任务目标

知识目标：1. 能够说出客服岗位工作流程及基本素养。

2. 能够明确电商平台规则，整理出产品相关知识。

技能目标：能够围绕迎接问好场景挖掘相关问题，编辑回复话术。

素养目标：1. 树立法律意识，规避违法及违规行为。

2. 树立服务意识，养成面对问题积极处理的乐观态度。

任务背景

店铺“乡里人家”的成交量日渐提升，客服每天收到买家的信息量也急剧上升。为了能够快速响应买家提问，提高满意度，小白招聘了专职客服人员，并对其进行了上岗前培训。

任务分析

网店客服，类似于实体店的导购服务人员，不同的是网店服务是将实体店提供的面对面交流服务转移到了电子商务网络环境，借助网络平台与客户建立沟通，为客户解决疑惑、销售商品、促成交易、提供售后服务等。两者本质一样，都是为满足消费者需求提供的一系列服务。客服是网店唯一能与消费者直接沟通的岗位，对电商企业有着至关重要的作用，如服务客户、帮助店铺塑造形象、宣传商品品牌、提高交易成交率、提高客户回头率等。客服人员在上岗前都要明确客服工作流程与职责，熟悉平台、产品及沟通工具，学习客服基本话术等。

知识解析

一、客服工作流程与职责

对于客服岗位，小规模的店铺往往一人身兼数职，不再进行细分，但大中型店铺订单较多，客户咨询量较大，如果不进行系统化分工，很容易发生丢单、误单。因此，这类店铺通常会将客服工作划分为售前客服、售中客服及售后客服。客服基本工作流程为：售前准备、接待客户、推荐产品、解决异议、订单成交、欢送客户、打单发货、物流跟踪、提醒收货、售后问题处理、回访客户等，如图 4-1-1 所示。

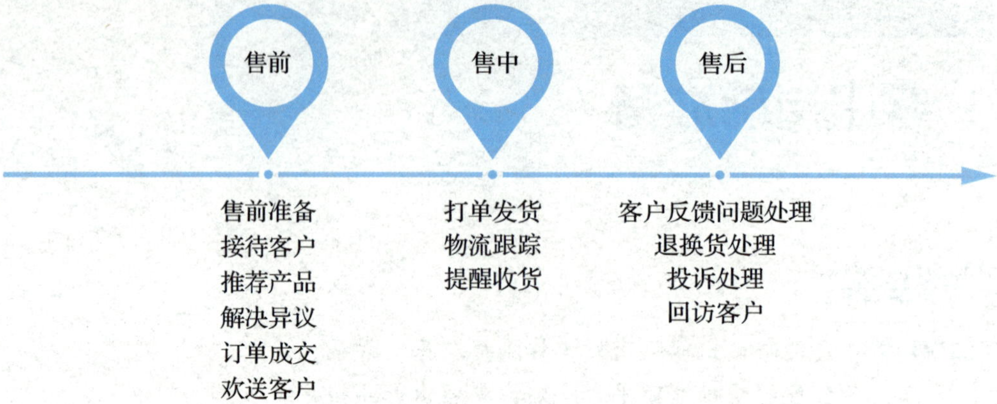

图 4-1-1　客服基本工作流程

1. 售前

（1）售前准备。

售前准备阶段的工作内容主要包括了解平台交易规则，店铺活动及运营规则，学会沟通技巧，掌握客服话术，熟练使用客服沟通工具，熟悉商品信息，掌握商品及商品周边的相关知识。

（2）接待客户。

随时准备接待客户，待客户发出服务请求，客服人员应该及时回应，并以热情、周到的态度为客户提供服务，通过语言、表情等尽量调动气氛，给予客户宾至如归的服务体验。

（3）推荐产品。

在与客户的沟通交流中，客服人员应该主动挖掘客户的真实需求，并向客户推荐合适的商品、介绍商品的卖点等，激发客户的购买欲望。

（4）解决异议。

当遇到产品、发货、操作、服务等客户问题时，客服人员应该保持热情、耐心的态度，并运用专业的销售技巧解决异议。

（5）订单成交。

在客户下单后，客服人员应该仔细核实订单，并与客户确认订单。对于尚未付款的客户，进行适当催付。

（6）欢送客户。

客服人员应该向准备离店的客户表达感谢及下次购物的邀约，让客户愉悦离店。

2. 售中

（1）打单发货。

仔细核实订单信息，处理多个订单的合并，选择合适的快递，特别要注意客户的备注信息，避免发错货或者少发货；订单确认无误后，应尽快打包商品，检查商品与包装，避免出现瑕疵或者包装问题；同时细心核对客户信息与快递信息。

（2）物流跟踪。

商品包装后，及时通知物流公司揽件，并对订单进行发货处理。发货后，需要实时跟踪商品的物流状态，若发生物流事故，应及时处理，并主动与客户沟通，请求客户的谅解。

（3）提醒收货。

查看客户是否确认收货，若客户迟迟没有确认，可以适时提醒客户，但不要生硬地要求客户。

3. 售后

（1）客户反馈问题处理。

客户在遇到商品使用问题时，一般会到店铺反馈，如直接向客服反馈或在评论中进行描述。无论遇到上述哪种情况，客服都必须认真对待，先安抚客户的情绪，并结合实际情况妥善处理。

（2）退换货处理。

面对客户提出的退换货请求，客服需先了解退换货的真实原因。若是存在商品质量等店铺自身方面的问题，应及时处理客户的请求，并将退换货流程及注意事项详细告知客户，保障客户的利益。若是客户方面的问题，可适当引导客户，追回不必要的退换货。

（3）投诉处理。

若客户给予店铺中、差评或投诉举报店铺，客服需冷静面对，积极分析原因，对于自身问题，应向客户诚恳道歉并帮助客户妥善解决；对于无理取闹的客户，可请人工客服协助处理，保护自己的正当权益。

（4）回访客户。

回访客户可以使客户加深对店铺的印象，提升客户的黏性。客服可以通过旺旺、短信等方式进行回访，了解客户的购买需求及商品使用体验，同时宣传店铺的最新活动，激发客户购买欲望，吸引客户二次购买。

二、客服知识准备

1. 交易规则

为了维护电子商务经营秩序，保障平台用户的合法权益，各电商平台会对平台交易行为、买卖双方行为做出严格的规定。客服人员应熟知平台的交易规则，并严格遵守交易规则，必要时，引导消费者查看平台的交易规则。另外，客服人员还应熟知店铺运营规则及相关活动，有效引导咨询下单，实现促单转化。在店铺开展活动期间，能够随时应对消费者对于活动规则、活动时间、活动对象等方面的疑问，及时给予客户合适的建议，提高订单的转化率。淘宝平台规则首页，如图 4－1－2 所示。当然，作为客服人员

图 4－1－2 淘宝平台规则首页

还应该掌握最新的电子商务法律法规，如《电子商务法》《消费者权益保护法》等，并严格遵守法律法规，避免因为言语失误违法违规，给店铺造成损失。

知识拓展

不可不知的平台“禁忌”

禁忌一：不提供发票	
问：你家可以开发票吗？ 客服：亲，不好意思，本店不提供发票哈！ 客服：亲，本店支持开发票的哈，如果您有需要，请在留言中注明抬头。谢谢！	启示：平台要求，只要买家完成支付，商家都必须无偿向索要发票的买家提供发票，不可索要额外费用（若发票要求单独寄送，则无须承担运费），也不可违规开票，否则被买家投诉后将被扣分。
禁忌二：不许使用信用卡支付或者不支持分期付款	
问：你家支持信用卡支付或分期付款吗？ 客服：亲，不好意思，本店不支持哟！ 客服：亲，本店支持信用卡支付，也支持分期付款。	启示：平台默认是支持信用卡支付的，同时，若需分期付款，可以向买家发送分期付款的介绍，避免出现纠纷。另外客服也需要熟悉分期支付的业务内容。若违规处理，被买家投诉后将被扣分。
禁忌三：邮费不符	
问：宝贝参加全场包邮活动吧？ 客服：亲，不好意思，这款特价商品不参加包邮哟！ 客服：是的呢，亲，特价商品也包邮，请您放心选购。	启示：店铺出现邮费不符被投诉，将被平台处以扣分处理。如，宝贝标题或主图等出现“包邮”等字样，但又设置了邮费；首页出现“全场包邮”，但个别商品设置邮费等情况。

2. 商品知识

客服人员在与客户沟通的过程中，大部分都是围绕店铺的产品及活动来展开的。在回复客户问题时，如果对产品不熟悉，回复内容与商品描述不相符，那无疑会严重打击客户的购买热情。因此，客服人员要做好产品知识培训，掌握店铺相对应的产品知识。

（1）商品本身。

客服人员应当根据商品的品类全面了解商品的卖点，掌握介绍产品的方法。例如，食品类商品，客服人员应当详细了解其产地、生产日期、保质期、营养成分、存放条件、食用方法等方面的知识；服装类商品，客服人员应对服装的款式、材质成分、尺寸、洗涤方法等参数信息进行详细了解。

（2）商品周边。

如果客服人员能够了解商品的周边知识，如同品类的其他商品、同品类不同商品的适用范围等，那么在回复客户提问时，就可以更加有针对性地引导客户，提升专业度，提高客户对店铺的信心。

（3）品牌价值。

对于品牌商品，品牌本身就是消费者选购过程中的标准之一，通过提升品牌价值的宣传，可以为消费者提供更为可靠、放心的选购保障。

3. 物流知识

物流信息是消费者较为关心的问题，需要客服人员详细了解：不同的物流运作方式，例如邮寄（分为平邮、快邮、EMS、国际邮包）、快递（分为航空快递和汽车运输快递）、货运；物流信息的查询，包括不同快递的运送速度、计价方式及快递的查询方式等；物流问题的处理，包括地址变更、保价、丢件、退回、索赔处理等。

4. 客服沟通工具及话术知识

（1）沟通工具。

不同的电商平台使用不同的在线客服沟通工具，如“千牛”（见图 4－1－3）是淘宝、天猫买卖双方交流用的沟通工具。沟通工具作为客服与客户交流的平台，不仅可以用来聊天、接单，还可以承担交易管理、评价管理、商品管理等功能。另外，在处理买卖双方纠纷时，工具中的聊天记录是平台官方认可的证据之一。因此，客服人员必须熟练掌握并灵活使用平台默认沟通工具。

图 4－1－3 “千牛”平台下载页

设置个性签名

下载安装
千牛工作台

（2）话术知识。

为了提高客服的响应效率，商家一般会对不同场景、不同类别的问题进行归类，设置自动回复及快捷回复，并建立话术库。

针对不同的场景，话术一般分为迎接问好、基础回复、跟单催付、活动规则、品质保障、使用方法、温馨提示、礼貌送别等方面。在迎接问好场景中，作为与客户的第一次沟通，店铺客服必须快速响应、以礼相待，给客户留下良好的第一印象。话术的设计格式一般采用：“称呼”+“问候”+“自报家门”+“品牌宣导（营销活动）”。店铺话术示例，如图 4－1－4 所示。

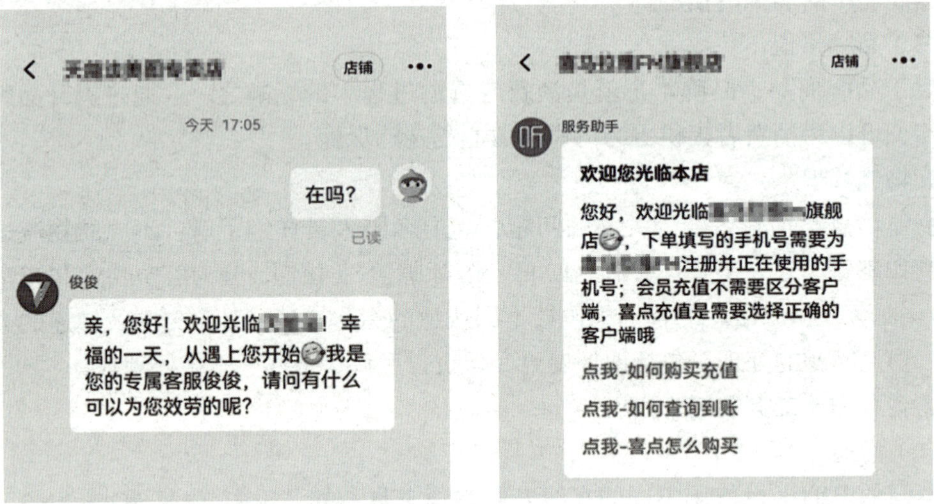

图 4－1－4　店铺话术示例

在纠纷处理场景中，主要可能涉及退换货、差评处理、投诉建议等方面。设计话术遵循“先致谢，后道歉”的原则，一般采用：“称呼”+“问候”+“致谢”+“致歉”+“解决方案”+“欢送（表情）”的话术格式。客服要尽量先安抚客户的情绪，耐心做出解释，再提供相应可行的解决方案，让客户满意。

商品销售策略一般分为主推款话术、预售款话术、礼品赠送话术等。客服在销售过程中，需要结合不同商品销售策略设计话术，有效开展关联销售，促成订单，提高客单价。

三、客服的基本素养

1. 服务态度

（1）真诚以待。

真诚地面对每一位客户，始终保持良好的服务态度是网店客服人员必须具备的基本素养。在与客户的沟通中，不论遇到多么棘手的问题，客服人员都要保持始终如一，保持热情友善的态度，让客户感受到宾至如归。

（2）耐心回应。

客服人员要快速回应客户提出的各种疑问，解决客户提出的各种诉求，想要做好这一点，就要有十足的耐心，时刻谨记“顾客至上”的原则，尊重客户，不与客户发生正面冲突。不管客户提出的要求是否合理，客服人员都应该耐心对待，礼貌回复。

2. 服务用语

（1）礼貌用语。作为客服人员，一定要尽可能多地使用能够体现出客户地位的礼貌用语，让客户感受到被尊重，例如，“请”“麻烦您”“乐意效劳”“请稍等”“感谢您”等用语。

（2）正确称呼。在与客户沟通时，通常不刻意区分性别，客服人员一般可以直接称呼“亲”“您”；如果遇到需要体现性别的场景，可以根据客户的性别称呼“先生”或“女士”。

（3）善用表情。多利用表情与语气助词，例如，“哦”“呢”“呀”，将商家的热情传递给客户，可以有效活跃沟通氛围，让整个对话充满活力，给客户不一样的感受。毕竟线上沟通看不到买卖双方的真实反应，多借助表情可以改善沟通语境。

请对比以下两组回复话术，谈一谈加上表情和语气词后带给客户的感受有何不同。

：亲，价格已经最优惠，没法再低了。

：亲，宝贝的价格已经最优惠了，实在没法再低了呢～请您见谅哦～

：一件不包邮，两件才包邮。

：亲，凑够两件可以包邮哈～

知识拓展

话术类型及话术举例，如表 4-1-1 所示。

表 4-1-1　话术类型及话术举例

话术类型	话术举例
欢迎用语	您好，欢迎光临 ×× 店铺，我是客服 ××，很高兴为您服务，请问有什么可以帮您呢？
咨询用语	亲，您的眼光真不错，我个人也非常喜欢您挑选的这款宝贝，现在还有活动呢，非常优惠哦！
砍价用语	亲，您好，宝贝的价格已经最优惠了，或者您可以再选一件，参加店铺满 3 件 9 折的活动哦，谢谢您的理解！
包邮用语	亲，抱歉哦，运费是快递公司收取的呢，不接受议价，不过现在全场满 199 元包邮的哦，亲看看有没有喜欢的可以一起带上呀！
物流用语	亲，您好，我们默认的是 ×× 快递，如有特殊要求，麻烦您在备注中标明，感谢您对我们的信任。

续表

话术类型	话术举例
催付用语	亲，活动期间快递小哥已经手忙脚乱了，若您很喜欢，为确保心爱的宝贝尽早启程，顺利抵达，请尽早付款哟！
发货用语	亲，您的宝贝已出库，请您注意物流信息，祝您生活愉快！
确认订单用语	亲，麻烦您确认一下订单信息是否准确，如果信息无误，这边马上安排给您发货哦。
确认收货用语	亲，宝贝如果没有问题，麻烦亲及时确认收货哦，如果宝贝有问题，麻烦亲联系客服为您服务。

3. 服务规范

（1）快速响应。面对首次到访的客户，响应时间不能超过 15 秒。同时，客服人员应至少熟练掌握一种输入法，文字录入速度应达到 60 字 / 分钟，不能出现错别字。每次回答客户问题的等待时间不能超过 30 秒，对于需要较长文字回复的应分多次回答。

（2）读懂客户心理。不同客户的购物心理是不同的，客服人员需要针对客户的咨询，挖掘出有用信息，准确分析客户的真实心理需求，并搭配一定的营销技巧与策略，及时提供令客户满意的答复，引导客户需求。

（3）建立信任。想要让一位客户成为老顾客，最好的选择是跟他做朋友。客服人员要学会换位思考，与客户产生共鸣，逐步赢得客户的信任；同时，在某些特殊的日子，如客户生日或促销前夕，给予祝福及优惠，延续情感，强化信任。

（4）灵活应变。客服人员的应变能力相当重要，在对话过程中，除了要热情、真实地回答以外，有时碰到客户刁难、恶意骚扰，也应能够灵活应对，恰当处理。

学习笔记

1. 客服工作流程与职责

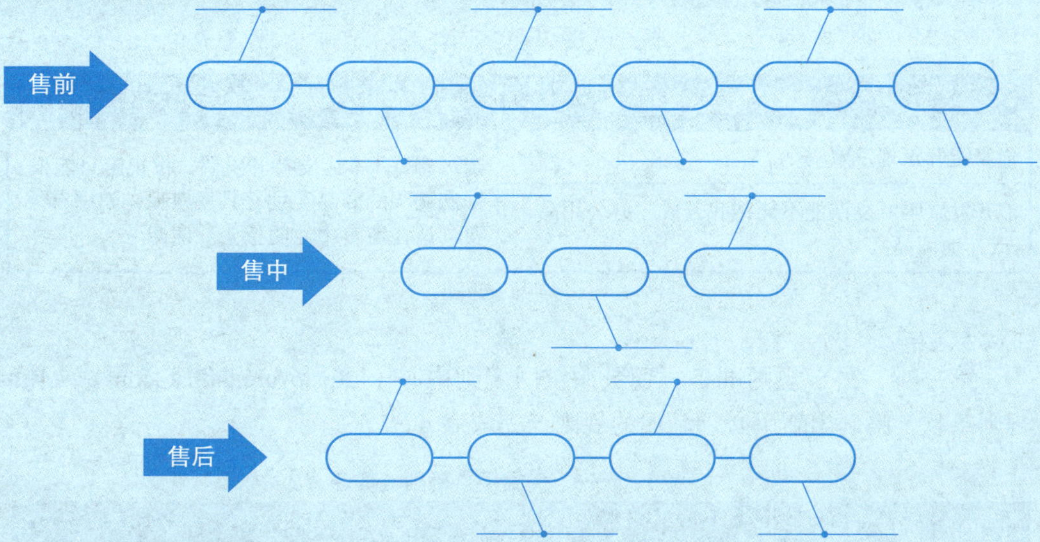

2. 客服知识准备

3. 客服基本素养

面对首次到访的客户，响应时间不能超过________秒。文字录入速度至少达到________字/分钟，不能出现错别字。每次回答客户问题的等待时间不能超过________秒，对于需要较长文字回复的应分________回答。

实训任务

1. 任务示例

索要发票场景话术，如表 4－1－2 所示。

表 4－1－2　索要发票场景话术

客户问题	客服回复话术
你家能开正规发票吗？	亲，您好！本店支持开发票，按规定只能根据您购买的商品类别开具发票呢，如您有需要，请在留言中注明抬头。谢谢！
能开发票吗？发票能不能帮我开成“办公用品（或其他商品）”？	

2. 任务操作

第一步，平台规则准备。登录淘宝网规则中心（https://rule.taobao.com），阅读规则条款，整理出新手必须掌握的规则，完成表 4－1－3。

表 4－1－3　淘宝平台规则梳理表

模块	内容
开店	
发布商品	
商品交易	
营销活动	

第二步，商品知识准备。结合竞品在电商平台中商品详情页的内容，整理出所售产品的详细资料，完成表 4－1－4，巩固产品专业知识。

表 4－1－4　商品知识梳理表

产品名称	卖点	产地	保质期	存放条件	包装	重量

第三步，话术准备。模拟买家初次进店，客服迎接问好场景下沟通的过程；列举迎接问好场景下客户的高频问题；结合问题编辑客服回复话术，完成表 4－1－5。

表 4-1-5　话术编辑表

迎接问好场景	
客户问题	客服回复话术

通过分析回复话术，总结迎接问好场景中客服回复话术的要素，并提炼话术模板，完成表 4-1-6。

表 4-1-6　话术总结表

话术要素	
话术模板	

评价与总结

1. 课堂表现评价

结合各小组课堂表现情况，完成课堂表现评价表（见表 4-1-7）。

表 4-1-7　课堂表现评价表

小组名称	小组全勤	回答或解决问题	小组讨论	小组汇报	合计
小组一					
小组二					
小组三					
小组四					
小组五					
小组六					

2. 任务成果评价

结合各小组课堂表现情况，完成任务成果评价表（见表 4-1-8）。

表 4-1-8　任务成果评价表

评价内容	未达标	达标
完成迎接问好场景回复话术		
完成迎接问好场景回复话术要素总结		
回复话术的称呼准确		
回复话术中使用表情及语气助词		
回复话术中使用礼貌用语		
梳理出新手必备的平台规则		
整理出所售商品的详细资料		

3. 总结

回顾课程内容，用思维导图形式总结

任务延伸与拓展

聊天工具中都有哪些表情？你能说出每个表情的含义吗？

工作任务二

客服售前服务

任务目标

知识目标：1. 掌握产品推荐策略。
2. 掌握关联营销类型及关联营销策略。
3. 了解催付订单的原因及解决策略。

技能目标：能够围绕销售商品、促成订单场景挖掘相关问题，编辑回复话术。

素养目标：树立服务意识，养成积极处理问题的乐观态度。

任务背景

通过后台数据分析及客服聊天记录，小白发现影响订单转化的一部分原因来自客服售前服务，主要问题为：在沟通过程中存在言语不当，未能积极向买家推荐商品及活动，未付款订单处理不当等。为了改善客服售前服务质量，提高订单转化率，小白决定针对以上问题，从销售产品、促成订单等方面规范话术。

任务分析

客服的售前服务是一种带有引导性的服务，从买家进店一直到订单成交或未成交买家离店的整个过程都属于售前服务的范畴。客服售前服务的主要工作包括应答并接待客户、挖掘客户需求、销售产品、解决客户异议并促成订单、引导买家付款等，任何一个环节的失误都可能造成订单流失，因此，网店客服人员需要明确每一个环节的工作内容，提前做好话术准备。

知识解析

一、接待客户

1. 迎接问好

迎接问好是网店客服接待客户工作的第一步，决定了客户对店铺的第一印象。首先，要做到快速应答，一般保证首次的响应时间在 6 秒左右，不超过 15 秒；其次，问好内容得当，应答字数每次不宜超过 4 行。

2. 挖掘需求

挖掘买家需求，是指有目的地与买家沟通，关怀买家，并在这个过程中挖掘买家的真实需求，从而便于有针对性地推荐产品，促成下单。客服人员要善于辨别买家的言语信息，从中挖掘出其真实需求，不能只顾自己推销产品而不顾客户需求。对于需求不太明确的买家或是第一次进店咨询的买家，客服应当耐心询问，引导买家说出内心的想法，认真倾听，从中获取有效信息，深入挖掘真实需求，注意“三分问、七分听”。挖掘需求分为询问需求、分析需求、判断需求三个方面。商家一般需要通过重复步骤才能完成挖掘需求的目标。

知识拓展

买家行为对客服的影响，如表 4-2-1 所示。

表 4-2-1　买家行为对客服的影响

买家心理	买家行为	对客服的影响
求实心理	买家的购买需求非常清晰，同时非常看重商品的实用性	这类买家对客服的专业性要求较高
求廉心理	买家对价格较为敏感，追求物美价廉，注重实惠与廉价	这类买家容易受促销活动、特价产品等降价信息的吸引，建议客服及时发送优惠信息
求速心理	买家追求快速、高效、便利的购物体验，注重购买效率	这类买家的成交率较高，建议客服沟通直截了当，切忌话多
疑虑心理	买家对产品质量、功能等持怀疑态度，怕吃亏受骗	这类买家犹豫时间较长，会反复询问、确认，客服需耐心解答
求美心理	买家追求产品及包装的美感，关注产品的款式、色彩、时尚度等	这类买家以女性居多，她们关注时尚、潮流，希望自己的选择得到肯定和关注，建议客服迎合买家心理，多推荐时尚度高的产品

二、销售产品

1. 推荐产品

推荐产品是售前客服最主要的工作之一，大多数买家进店咨询都带有一定的购买需求，那么客服可以通过产品推荐帮助买家进一步明确需求、排除障碍、快速锁定目标商品，提高购买效率。客服在推荐商品时，可以使用以下三种策略：

（1）主动引导、积极说服。

在买家咨询商品时，客服要快速响应，但不能一直等待买家提问，买家问什么客服答什么，而是要主动引导买家表达需求，立足于买家需求有针对性地推荐产品。在买家表现出犹豫心理时，客服要耐心询问，站在买家的角度，揣摩买家的真实想法，逐一排除买家的顾虑，积极说服。在每一次回答买家提问后，尽可能与买家确认，便于更好地判断买家的想法。例如，买家咨询一件蓝色衬衣，但犹豫不定，此时，客服就需要通过反复询问，分析买家犹豫的原因，如颜色、款式、材质、价格等，最终判断出买家真正在意的商品属性，从而有针对性地展开推荐。

（2）因人而异推荐商品。

商品本身的差异及买家个体差异决定了客服需要结合买家需求，有针对性地推荐产品。例如，同样是推荐女士饰品，如果买家购买自用，则更关注饰品的外观、材质、搭配等；如果买家是作为礼品送人，那么饰品的品牌、包装就显得更为重要，客服在推荐时就需要根据买家的需求有所侧重。客服人员可以通过剖析买家的购物习惯、购买用途、心理价位等个体特征逐步缩小选购范围，最终锁定目标产品。特别注意，客服不能为了顺应买家的喜好，去推荐不适合买家的产品，一旦买家收货后不满意，就会造成退货，甚至遭到投诉。

（3）及时告知优惠信息。

客服应该及时将店铺或商品的优惠信息（见图 4－2－1）告知买家，例如，在买家进店首次咨询后或是在买家咨询完商品后，以此来吸引买家，特别是对于价格敏感的买家。另外，无论产品有多好、多适合，客服都要将最终的选择权交还给买家，不要反复赘述、逼问。

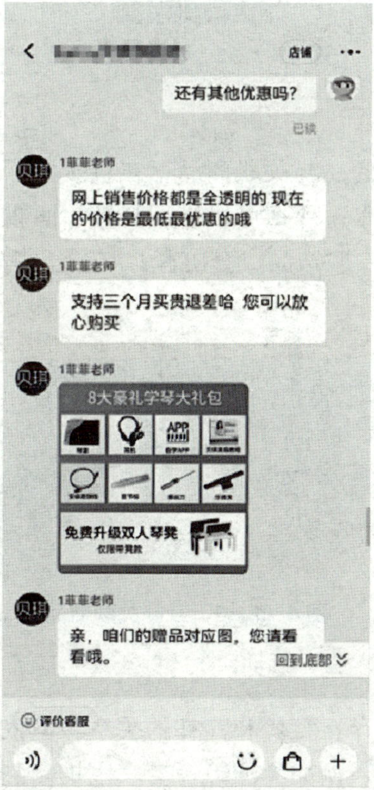

图 4－2－1　告知店铺优惠信息

2. 关联营销

关联营销是一种常规的销售策略，即在互利互赢的基础上，挖掘商品、品类、品牌等所要销售商品的关联性，通过交叉营销，实现深层次、多方位的业务引导。客服进行关联营销时，一定要先明确主推商品与关联商品之间的关系。

（1）关联营销类型。

1）替代关联。

替代关联是指主推商品与关联商品可以完全替代，例如主推商品是夏季A字下摆西装连衣裙，那么，店铺里其他同风格的连衣裙就可以作为替代关联商品（见图4-2-2）。商品缺货、断货是替代关联的典型场景，因此，当出现库存不足时，客服不仅要如实告知买家商品已售罄，还要针对买家需求进行替代关联营销。

图 4-2-2　替代关联商品

2）互补关联。

互补关联主要强调主推商品与关联商品存在直接的相关性，可以实现功能上的互补。例如，主推商品是化妆水，那么可以搭配乳液、面霜等同场景商品作为互补关联产品（见图4-2-3）。互补关联产品成套出售，有利于提高客单价。

图 4-2-3　互补关联商品

3）潜在关联。

潜在关联的商品虽然不存在替代和互补的关系，但依然存在潜在的联系。潜在关联营销主要针对多类目店铺。例如，泳镜为卖家主推商品，防晒霜，毛巾等为潜在关联商品（见图4-2-4）。虽然它们与泳镜没有直接关系，但是会在同一场景下使用。

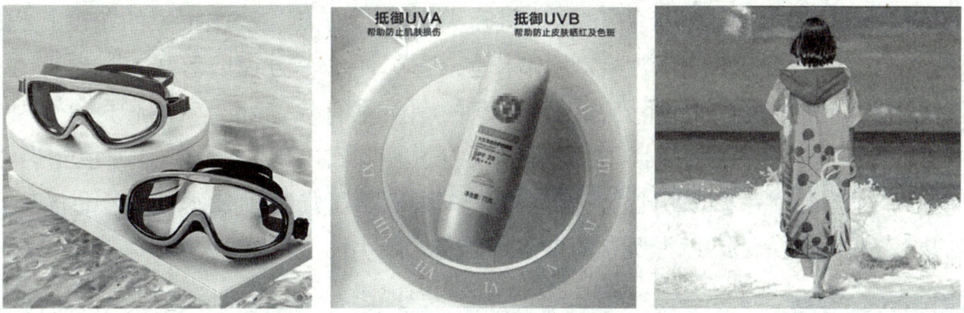

图 4－2－4 潜在关联商品

（2）关联营销原则。

1）共性需求。

客服进行关联营销的前提仍然是买家的需求，结合主推商品的特征，分析买家最可能需要的其他商品，推荐一些“买家肯定用得着”的商品。例如，买家购买一件 T 恤，客服可以推荐能搭配 T 恤穿着的裤子或裙子。

2）价格组合。

做好关联营销的关键在于产品组合及价格的优势。一般情况下，组合产品的价格要比单独购买更为优惠，这样才能让买家感受到成套购买的实惠；同时，建议关联商品的价格一般不高于主推商品。

3）搭配推荐。

通常，关联营销会与满减、折扣、免邮等活动配合使用，从而鼓励买家多购买。例如，店铺推出满 200 元减 50 活动，单独购买 T 恤 140 元（主推商品），单独购买裙子 80 元，但两件搭配购买参加活动共花费 170 元，更为实惠。

三、促成订单

1. 解决异议

在购物过程中，买家经常会产生一些异议，如价格、质量、匹配度、使用效果、物流等问题（见表 4－2－2）。解决异议是指解答买家的疑问，帮助买家排除顾虑、不满等，从而促成下单。通常客服熟悉商品信息后，就可以向买家游刃有余地推荐产品，但在与买家沟通的过程中，如果买家存在疑虑，应当先解决买家的疑问，打消买家的顾虑，再推荐产品，分清轻重缓急，否则容易造成买家反感。

表 4－2－2 买家异议问题列举

问题类型	问题描述
价格问题	价格优惠、价格对比、活动价、优惠券等
质量问题	质量的优劣，正品与否等
匹配度问题	产品尺寸、材质、大小、使用对象等
使用效果问题	产品的功能、效果等
物流问题	包邮、快递公司、发货时间、到货时间等

客服在面对买家异议时，首先需要明确买家的顾虑点，站在买家的角度找出造成顾虑的原因，然后，从产品属性、使用体验、购买评价等方面解答异议。客服在解答异议时，可以借助阐述产品优势、说明买家的利益来有效消除买家的顾虑。例如，买家对洗发水的质量存在顾虑时，客服可以回复说："亲，宝贝成分都是纯植物提取的，不含硅油，不含染料（产品属性），能有效去除头皮屑，强力锁住水分（产品优势），还能修护烫染发，保持健康色泽呢（消费者利益）。"

知识解析

知识拓展

FAB 法则

解答买家异议的方法有很多，其中 FAB 法则为商家提供了一个很好的思路。

FAB 法则：F 指属性（Feature），即产品的特点和属性；A 指优点或优势（Advantage），即自己优于竞争对手之处；B 指客户利益与价值（Benefit），即这一特点能带给客户的利益。

2. 订单催付

与在实体店购物不同，线上交易存在买家拍下商品却迟迟不付款的情况。为了让订单顺利完成，客服可以实时监控订单进展，分析买家不付款的原因，并采取相应策略来应对。

店小秘的话术模板

（1）订单催付的原因。

1）主观原因。主要是指买家主观上对商品本身、商品价格及店铺服务等存在顾虑，想货比三家。对于这类买家，客服应该耐心地根据反馈，从产品本身及服务上寻找差异化，突出优势，充分体现性价比，打消买家疑虑，甚至可以借助赠送小礼物等方式来满足买家"占便宜"的心理。

2）客观原因。主要是指买家操作不熟练、忘记支付密码、支付余额不足等非主观因素的原因。由于这类买家往往是新手，因此，客服可以主动热情地帮助买家正确操作，完成订单。

（2）订单催付的策略。

1）时间。一般订单的催付时间是由买家的下单时间决定的，而不是越早越好。例如，买家晚上下单，客服第二天早上查看订单后，一般不会在 9 点以前留言催付，因为买家可能还在休息或在上班路上，贸然打扰会起反作用。一般的催付时间，如表 4－2－3 所示。

2）频率。客服在订单催付过程中，一定要注意频率，不要重复催付，特别是不要使用同一种方法重复催付。如果买家实在不想购买，也不要强行催付，更不要用生硬的语言催付，要适时选择退让，给买家留下好的印象，以便下次光临；对于有已付款订单的买家可以不用催付。

表 4-2-3 订单催付时间表

下单时间	催付时间
上午单	当天 12:00 点前
下午单	当天 17:00 点前
傍晚单	当天 22:00 点前
午夜单	第二天 10:00 后
两次以上购买的买家	拍下商品 48 小时后

3）工具。在催付时，一般可以选用客服工具、短信、电话等。其中，借助客服工具向买家发送即时信息最为常用，因为客服工具具有干扰性低、免费、不限字数等优势。

知识拓展

促成订单的技巧

（1）强调优势，少提弱项。每一件产品都有自己的强项，也肯定会有不尽如人意的地方，作为客服，要尽可能宣传产品的优势，对于弱项少说或者不提，当然也不可刻意隐瞒或者欺骗消费者。

（2）增加下单的紧迫感。客服可借助活动结束时间、快递发货时间等增加下单的紧迫感，例如，“现在下单可享受优惠，活动将在 2 小时后结束哦。”

（3）暗示客户下单。客户也可借助改价、申请优惠等动作暗示消费者尽快下单，例如，“拍下后帮您改价。”

学习笔记

1. 接待客户

在迎接问好阶段要做到快速应答，一般保证首次的响应时间在________秒左右，不超过________秒；其次，问好内容得当，应答字数每一次不宜超过________行。

2. 销售产品

（1）推荐产品。

客服在推荐产品时，可以使用以下三种策略：______________________________，______________________，______________________。

（2）关联营销。

	主推商品	关联商品	关联营销类型
A		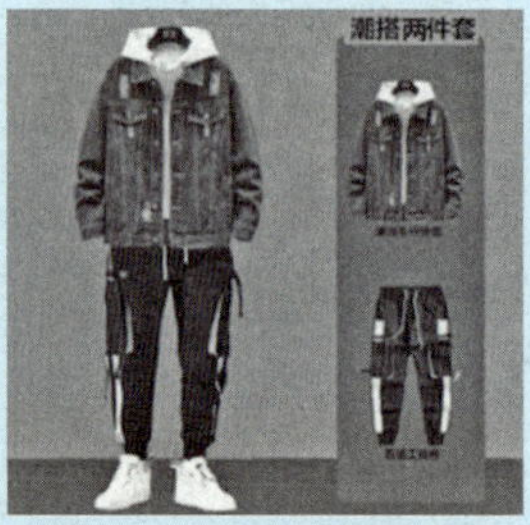	
B			
C			

3. 促成订单

（1）解决异议。

问题类型	问题描述	解决方案
价格问题		
质量问题		
匹配度问题		
使用效果问题		
物流问题		

（2）订单催付。

订单催付的工具主要有：________________________________。

学习笔记

实训任务

1. 任务示例

索要发票场景话术分析，如表 4－2－4 所示。

表 4－2－4　索要发票场景话术分析

买家问题	客服回复话术	话术要素	话术模板
你家能开正规发票吗？	亲，您好！本店支持开发票，按规定只能根据您购买的商品类别开具发票，如您有需要，请在留言中注明抬头。谢谢！	称呼、问候语、答复语、解决方案、致谢、送别	称呼＋问候语＋答复语＋解决方案＋致谢（送别）
能开发票吗？发票能不能帮我开成办公用品（或其他商品）？			

2. 任务操作

第一步，销售产品场景话术设计。模拟销售产品场景下网店客服沟通的过程，列举销售产品场景下客户的高频问题，并结合问题编辑客服回复话术，完成表 4－2－5。

表 4－2－5　销售产品场景话术编辑表

细分场景类型	买家问题	客服回复话术	话术要素	话术模板
推荐产品场景				
关联营销场景				

第二步，促成订单场景话术。模拟促成订单场景下网店客服沟通的过程，列举促成订单场景下客户的高频问题，并结合问题编辑客服回复话术，完成表 4－2－6 和表 4－2－7。

表 4－2－6　解决异议场景话术编辑表

问题类型	买家问题	客服回复话术	话术要素	话术模板
价格问题				
质量问题				
匹配度问题				
使用效果问题				
物流问题				

表 4－2－7　订单催付场景话术编辑表

买家问题	客服回复话术	话术要素	话术模板

评价与总结

1. 课堂表现评价

结合各小组课堂表现情况，完成课堂表现评价表（见表 4－2－8）。

表 4－2－8 课堂表现评价表

小组名称	小组全勤	回答或解决问题	小组讨论	小组汇报	合计
小组一					
小组二					
小组三					
小组四					
小组五					
小组六					

2. 任务成果评价

结合自身任务完成情况，完成任务成果评价表（见表 4－2－9）。

表 4－2－9 任务成果评价表

评价内容	未达标	达标
完成销售产品场景回复话术编辑与总结		
完成促成订单场景回复话术编辑与总结		
能够合理选择关联营销产品		
能够从产品属性、产品优势及消费者利益方面解决买家异议，促成订单		
订单催付话术语言柔和、不生硬		
回复话术称呼准确		
回复话术中已使用礼貌用语及语气助词		

3. 总结

回顾课程内容，用思维导图形式总结

任务延伸与拓展

谈一谈，在线上沟通中怎样拉近与客户的关系，增强用户黏性。

评价与总结

工作任务三

客服售中和售后服务

任务目标

知识目标： 1. 能够说出退换货的处理技巧与原则。
2. 能够说出引起纠纷的原因及处理技巧。
3. 能够说出中差评的原因及处理技巧。

技能目标： 能够围绕售后问题场景挖掘相关问题，编辑回复话术。

素养目标： 树立服务意识，注重保障消费者权益，养成面对问题积极处理的乐观态度。

任务背景

随着店铺“乡里人家”订单量的增加，售后问题也日益增多，如有的买家反馈果蔬不新鲜或是质量参差不齐，要求退货；也有买家在付款后，未及时收到货，向平台投诉，要求退款等。面对这类情况，店铺的客服显得束手无策，稍微处理不当就会得到差评，且容易造成客户流失。因此，小白决定对客服进行售中和售后服务培训，着重规范售后问题回复话术。

任务分析

售后问题的产生有很多原因，有些是售前、售中处理不当导致的，有些是商品本身的问题或是物流问题导致的，有些来源于客服自身，但都应该得到妥善处理。在面对这类问题时，客服首先要明确问题的类型及产生的原因，结合处理流程及处理技巧，站在买家角度按照预设话术进行有效沟通。而好的客户服务不仅要能够妥善处理此类问题，还可以留住老客户，提高店铺的动态评分，吸引更多新客户。

知识解析

一、售中服务

买家付款后，订单会出现多个流程节点，即订单状态，一般分为买家已付款、卖家已发货、交易成功。为了让交易顺利完成，客服需要核对已付款订单并安排发货、跟踪商品物流信息、及时提醒买家收货等。而客服售中服务就是指在买家付款到订单签收阶段，网店客服为买家提供的全部服务，包括打单发货、物流跟踪等。

1. 打单发货

买家付款后，下一个环节就是等待卖家发货。为了避免由于拍错商品、写错地址等问题导致后续的退换货甚至纠纷处理，在发货前确认订单就显得尤为重要。借助平台将订单确认信息发送给买家，若需要修改，可直接进行操作，待再次确认无误后即可安排装配、打包、发货等后续事宜。特别注意，如果买家提出了特殊的包装要求，要视情况予以满足。部分店铺也会借助个性化包装或是在包装箱上做一些贴心小提示，迎合目标消费群体，宣传品牌。

2. 物流跟踪

快递人员取走货物就意味着订单进入了物流运输阶段，客服需要在后台设置产品发货，告知买家已正常发货。在此之前，客服也要掌握店铺的发货时间及库存情况，以应对买家催促发货。如果货物已出库，客服仍需耐心告知买家物流信息，指导买家查询快递运输信息。

知识拓展

运费险

运费险，也被称为退货运费险，一般在 10 ～ 25 元，根据距离、重量计算。运费险在交易成功后自动失效。运费险是在买卖双方产生退换货请求时，保险公司对由于退换货产生的单程运费提供保险的服务。该项服务由加入消费者保障服务并交纳了保证金的商家购买，退换货成功后，保险公司会将理赔金额划拨至买家支付宝账户。

二、售后服务

售后服务是指买家在签收商品后，客服人员通过沟通帮助买家解决商品使用、维护等方面的问题。售后服务是店铺服务的最后一环，直接关系到店铺的动态评分，影响店铺的形象、客户满意度及店铺盈利。一般售后问题集中在售后咨询、退换货处理、纠纷处理、中差评处理等方面。

1. 售后咨询

售后咨询，主要是指买家收到商品后，对于商品的使用方法、安装步骤、售后维修等问题向卖家咨询。

应对技巧：面对完成购买的老客户，客服应该热情回应，耐心做出指引，从而提升买家对品牌的信任及认可度，提高产品复购率。目前，大部分网店为了便于买家安装及使用，都设计了完善的产品使用说明书，制作了相应安装步骤演示短视频，让客户能更加直观地掌握要领，提高客户体验感。客服可以将这类资源及时发送给买家，如有必要，也可致电或视频连线买家进行指导。

2. 退换货处理

当买家对商品本身或商品适配度不满意时，就会申请退换商品。退换货是卖家最常遇见的问题，也是令商家比较头疼的问题。买家退换货的原因五花八门，如果处理及时且合理，还是可以有效避免部分退换货行为的。

应对技巧：不论是退货还是换货，首先应当明确买家的诉求，掌握买家的真实意图，然后核实买家提出的问题并查明原因，最后提供解决方案，与买家友好协商，同时务必要跟进处理动态。另外，注意尽量挽留追回不必要的退换或者引导买家将退货、退款转变成换货。退换货场景问题处理对话，如图 4－3－1 所示。

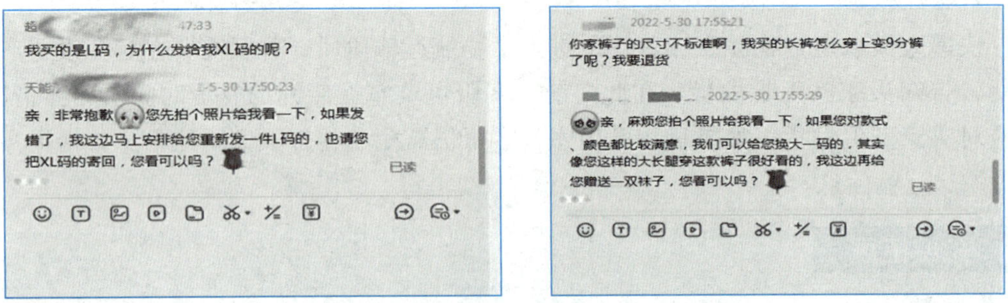

图 4－3－1　退换货场景问题处理对话

素养园地

维护消费者的合法权益

《中华人民共和国消费者权益保护法》

随着消费者网络投诉的大幅上升，为了更好地维护消费者网购中的合法权益，2014 年 2 月 13 日，工商总局公布了《网络交易管理办法》，消费者的网购“后悔权”在法律和部门规章层面都获得了支持。2014 年 3 月 15 日正式实施新修订的《消费者权益保护法》，新增无需要理由退货（后悔权）、非现场购物信息披露、网络交易平台提供者担责等三项制度，规定经营者采用网络、电视、电话、邮购等方式销售商品，消费者有权自收到商品之日起七日内退货，且无须说明理由。

所谓“7 天无理由退换货”，即以签收日的第二天零时起计算时间，满 168 小时为 7 天，若因买家主观原因不愿完成本次交易，卖家有义务向买家提供退换货服务；若卖家未履行其义务，买家有权按照规定向平台发起对该卖家的投诉，并申请“7 天无理由退换货”赔付。

该项制度的提出保护了消费者的合法权益，增加了买家与卖家之间的信任，同时，也对卖家及商品质量提出了更高的要求。

3. 纠纷处理

纠纷主要是指买家对于商品、服务等不满，买卖双方协商无果，对店铺或平台提出投诉。纠纷问题主要包括严重退款纠纷、未收到货物纠纷、货不对版纠纷等。

（1）纠纷产生的原因。

1）产品质量。

产品质量是买家衡量产品价值的标准，也是引起纠纷问题最常见的原因之一。产品的外观质量（产品颜色、造型、局部瑕疵等）、产品的使用质量（产品的使用效果、使用便捷性、耐用性等）以及客户的心理预期（实际收到货品与店铺推广信息的差距造成的买家心理落差等）都将导致买家对产品质量的投诉与纠纷。

2）产品价格。

产品价格是买家在购物过程中考量的重要因素。价格的变动非常常见，特别是伴随活动、促销等的浮动变化。然而，当买家遇到刚买到的产品突然降价，甚至是大幅度降价时，他们会感到不满，甚至引发投诉行为。为了避免这类问题，客服可以如实告知买家近期商品价格的变化情况，提前预防由于价格造成的纠纷。

3）物流问题。

在物流环节，由于物流公司的介入，且其不受卖家控制，因此引发的纠纷问题更为复杂。物流问题来源见表 4-3-1。

跨境平台物流问题处理

表 4-3-1　物流问题来源表

卖家因素	物流公司因素	不可抗力
发错货（错发、漏发、多发）	物流速度过慢	地震、水灾等无法预见、无法预防、无法避免和无法控制事件
	物流超区	
发货延迟（库存不足、排单遗漏）	显示签收但买家未收到（送错、丢件）	
产品破损（发货未验）	产品破损（磕碰）	

知识拓展

物流风险界定

货品在买家或者买家委托的签收人签收之前，风险由卖家承担，在此之前商品发生了任何风险，由卖家负责向承运的物流公司进行索赔。货品一旦被买家或买家委托的签收人在签收地签收后，风险就转移到买家。

淘宝争议处理规范中关于物流风险的界定如下：卖家按照约定发货后，收件人应亲自签收商品。收件人委托他人签收商品或承运人已按收件人的指示将商品置于指定地点的，视为收件人本人签收。

（2）纠纷处理流程。

1）倾听买家抱怨。纠纷投诉的产生预示着买家的心理落差极大，此时客服应该理解买家的心情，耐心倾听买家的抱怨，切忌着急辩解，否则容易激化与买家之间的矛盾，引起不必要的争吵。同时，不必过分纠结造成纠纷的原因，先向买家道歉，缓解买家的抵触情绪，为问题解决创造和谐的沟通环境。

2）分析纠纷原因。耐心倾听完买家的抱怨后，客服需要认真分析抱怨内容，积极寻找买家抱怨的原因，明确买家到底希望解决的问题是什么。有时，买家一旦投诉会抛出很多不满，这时客服需要从众多抱怨要素中找出买家的真实诉求。一般买家抱怨主要涉及商品与描述不符、发货速度慢、客服服务差、快递员服务差等方面。

3）解决纠纷问题。明确买家的诉求后，就要向买家提出解决方案，努力与买家达成共识。如果责任在卖家，则主动承担责任，表达歉意，安排退换货，并承担来回运费，然后给予一定补偿，如优惠券等；如果责任在物流公司，客服应主动帮助买家联系物流公司，查明问题所在，要求快递公司予以赔偿，并向买家致歉；如果责任在买家，客服应用柔和的语气说明问题，让买家承担主要责任，切忌态度生硬。

4）记录并跟踪纠纷进展。在与买家沟通的过程中，客服应该详细记录处理过程，总结纠纷原因，积累纠纷处理经验，同时检查督促相应部门提升工作效能。另外，跟踪调查纠纷处理情况，了解客户对纠纷处理的满意度。

4. 中差评处理

随着店铺规模的不断扩大，成交量的增加，中差评可能也会增加。中差评对网店的影响重大，特别是对于等级不高的网店而言，中差评可能会带来致命性的打击，因此在处理中差评时，客服人员需认真对待，及时解决。

（1）引起中差评的原因。

1）对服务不满意。买家对店铺的服务，如快速响应、服务态度、问题解决等方面存在不满，心中气愤，给予中差评。

2）对商品不满意。买家对商品的期望过高，对商品的颜色、质量、外观等不满意，觉得实物与想象差距较大，给予中差评。

3）对物流不满意。物流速度过慢，买家等待时间较长，或是收到的商品有破损。

4）恶性竞争。来自竞品之间的恶性竞争，故意给对手的商品进行恶意中差评。

（2）处理中差评的技巧。

客服要树立售后服务意识，一旦遇到中差评，应积极与买家沟通，找准买家的不满，并采取响应措施，尽可能让买家修改评价。处理中差评的沟通，主要有 4 个步骤：

1）确认信息。向买家致电时要确认买家信息，同时也让买家得知来电者的信息，以免被买家认定为骚扰电话。例如，“您好，请问您是 ×× 先生 / 女士吗？我是 ×× 网店的客服经理，我叫 ××。”待双方都明确身份后，再确认产品购买信息及评价信息，以免出现乌龙。例如，“您好，我想了解一下，您是否在 ×× 月在我们店铺购买

过 ×× 产品?”“我们看到您给了本次购物 ×× 评价，我想了解一下具体情况，同时看看还能为您提供些什么服务?”

2）表达歉意。不管买家提出什么问题，客服人员都应该先向买家表达诚挚的歉意，为接下来的沟通创造良好的沟通氛围。例如，“非常抱歉，给您造成了不便，我代表店铺全体工作人员向您致歉。”

3）解决方案。结合实际情况分析原因，并强调买家评价对店铺的重要性，恳请买家修改中差评，也可以通过一定的补偿引导买家修改评价。例如，“这次购物让您不开心，是我们工作不到位，再次向您道歉！您提出的问题和建议，我也会反馈给上级领导，避免再次出现类似情况。为了表示感谢，赠送您一张价值 20 元的优惠券，下次消费可以使用。另外，您的评价对我们店铺的运营帮助很大，如果您觉得我的服务还不错，您看是否能帮我把评价等级提升一下。”

4）致敬感谢。无论买家是否同意修改中差评，客服人员在谈话的最后都要表达谢意。例如，“真心感谢您对我们工作的支持，打扰您了！祝您生活愉快！”

知识拓展

淘宝网评价规范

评价修改——评价人可在做出中差评后的 30 天内，对信用评价进行一次修改或删除。

评价解释——被评价人可在评价人作出评论内容或追评内容之时起的 30 天内作出解释。

评价及回复内容要求——交易双方发布的评价内容、图片及回复内容不得出现法律法规、平台规则不允许的内容，包括但不限于：辱骂、泄露信息、污言秽语、广告信息、无实际意义信息、色情低俗内容或其他有违公序良俗内容的评论；盗用他人图片或未经他人同意使用他人图片并编辑后发布的内容；其他异常评价内容。

卖家行为要求——不得自行或通过第三方要求买家只写好评、修改评价、追加评价等；不得以物质或金钱承诺为条件鼓励、引导买家进行“好评”，包括但不限于：全五星返现、好评返现、好评免单、好评返红包、好评返优惠券；不得通过诱导买家、虚假交易等不正当方式获取不真实的评价；不得自行或通过第三方故意给予同行竞争者与事实不符的评价。

学习笔记

1. 售后咨询

售后咨询主要是指____

____。

2. 退换货处理

（1）退换货处理技巧：

（2）退换货处理原则：________________、________________。

3. 纠纷处理

（1）售后纠纷问题主要涉及：____________、____________、____________。

（2）引起纠纷的原因：

（3）纠纷处理流程：

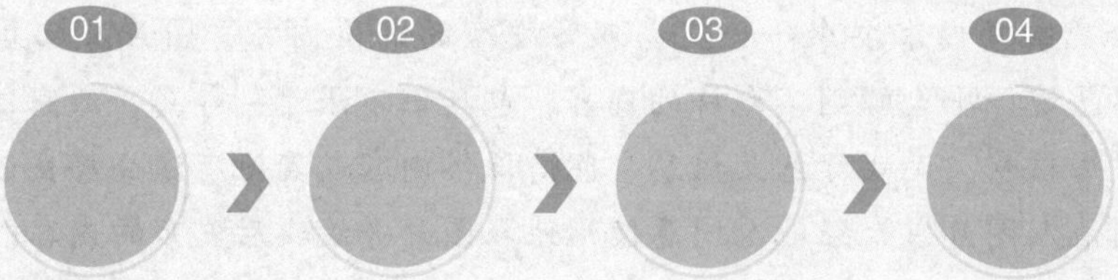

4. 中差评处理

（1）中差评产生的原因包括____

____。

（2）中差评处理技巧：

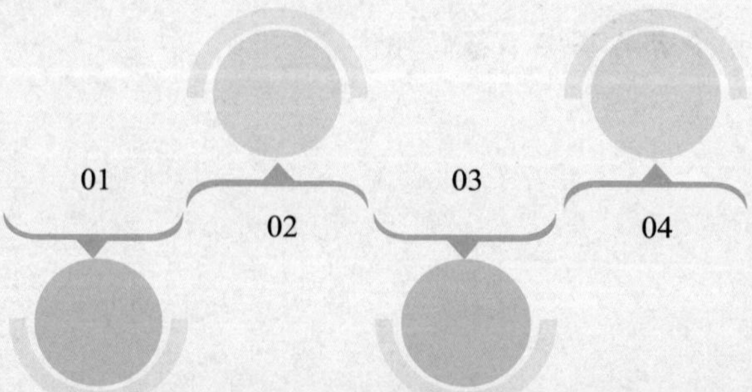

实训任务

1. 任务示例

物流问题话术，如表 4-3-2 所示。

表 4-3-2　物流问题话术

买家问题	客服回复话术	话术要素	话术模板
你家能发顺丰吗？	亲，您好！本店默认申通快递，如果您有特殊要求，可以备注下，需要补运费差价呢，谢谢！	称呼、问候语、答复语、解决方案、致谢	称呼＋问候语＋答复语＋解决方案＋致谢

2. 任务操作

第一步，售后咨询场景话术设计。模拟买家咨询蔬菜烹饪菜谱场景下网店客服沟通的过程，列举买家的问题，结合问题编辑客服回复话术，并完成表 4-3-3。

表 4-3-3　售后咨询场景话术编辑表

买家问题	客服回复话术	话术要素	话术模板

第二步，退换货场景话术设计。模拟买家收货后发现果蔬重量不足或存在烂果等问题要求退货的场景，列举该场景下买家提出的问题，结合问题编辑客服回复话术，并完成表 4-3-4。

表 4-3-4　退换货场景话术编辑表

买家问题	客服回复话术	话术要素	话术模板

第三步，纠纷处理场景话术设计。模拟买家由于物流过慢、价格波动、收货后发现果蔬不够新鲜或水果个头偏小等问题并产生纠纷的场景，列举该场景下买家提出的问题，结合问题编辑客服回复话术，并完成表 4-3-5。

表 4-3-5　纠纷处理场景话术编辑表

问题类型	买家问题	客服回复话术	处理方法	话术要素
物流问题				
价格问题				
产品外观、质量问题				
心理预期				

评价与总结

1. 课堂表现评价

结合各小组课堂表现情况，完成课堂表现评价表（见表 4 - 3 - 6）。

表 4 - 3 - 6　课堂表现评价表

小组名称	小组全勤	回答或解决问题	小组讨论	小组汇报	合计
小组一					
小组二					
小组三					
小组四					
小组五					
小组六					

2. 任务成果评价

结合自身任务完成情况，完成任务成果评价表（见表 4 - 3 - 7）。

表 4 - 3 - 7　任务成果评价表

评价内容	不达标	达标
完成售后咨询场景回复话术编辑与总结		
完成退换货场景回复话术编辑与总结		
完成纠纷处理场景回复话术编辑与总结		
能够运用技巧引导买家将退货转为换货，或追回不必要的退换		
能够分析纠纷原因并提供处理办法		
解决售后问题时能够做到先道歉，不与买家发生争吵，不激化矛盾		
回复话术中已使用礼貌用语及语气助词		

3. 总结

回顾课程内容，用思维导图形式总结

任务延伸与拓展

请思考，如果买家执意不肯修改中差评，客服人员还有哪些补救措施能够为店铺减少损失？

工作任务四

客户关系管理

任务目标

知识目标：1. 能够说出客户信息的类型。

2. 能够正确选用信息收集与分析工具。

技能目标：能够针对不同类别的客户进行分类管理。

素养目标：1. 树立服务意识，养成面对问题积极处理的乐观态度。

2. 关注客户信息安全，增强法律意识。

任务背景

为了迎接中秋佳节、进一步提高市场份额，小白决定充分挖掘店铺新老客户价值，于是组织客服人员收集、整理客户信息，分析客户行为，对客户分类并进行差异化管理，制定出客户维护与关怀策略。

任务分析

客服的工作除了顺利完成商品的销售和售后服务以外，还需要用心经营与客户的关系，维护客户的忠诚度。要想与客户建立良好的关系，可以从经营客户关系的方法、工具、技巧等方面进行分析，不断加强与客户的交流，收集客户的信息，深入挖掘客户的需求，跟踪管理客户的动态，并站在客户的角度不断对产品及服务进行升级。

知识解析

客户关系管理是利用信息化技术协调店铺与顾客在销售与服务上的交互，建立与客户的联系，了解客户需求，最终实现吸引新客户、保留老客户以及将已有客户转化为忠实客户的目标。在网店运营中，客户关系管理工作流程一般分为客户信息收集、客户分类、客户行为分析、客户维护与关怀、客户信息更新五个环节，如图 4-4-1 所示。

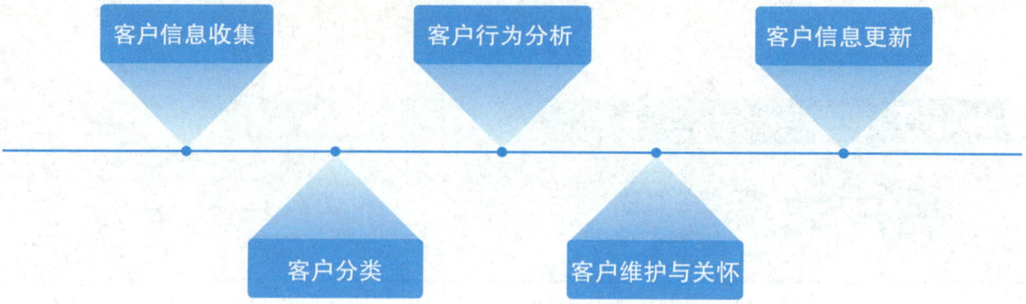

图 4-4-1　客户关系管理工作流程

有效的客户关系管理，可以借助信息化技术，实现客户信息共享，依据客户喜好服务客户，提升店铺营销推广及客户服务的质量，增加店铺的竞争优势，拓展市场，获取更多的客户份额。

一、客户信息管理

1. 客户信息收集

客户信息是客户关系管理的基础，也是店铺经营的宝贵财富。掌握了客户的信息，便于店铺开展营销推广及经营活动。客户信息越详细，可销售的渠道就越丰富，因此，客户信息的收集与维护就显得格外重要。目前，各大电商平台都纷纷在客户管理插件上采集买家的各类信息，包括基本信息、消费数据、行为数据及活动数据，如图 4-4-2 所示。

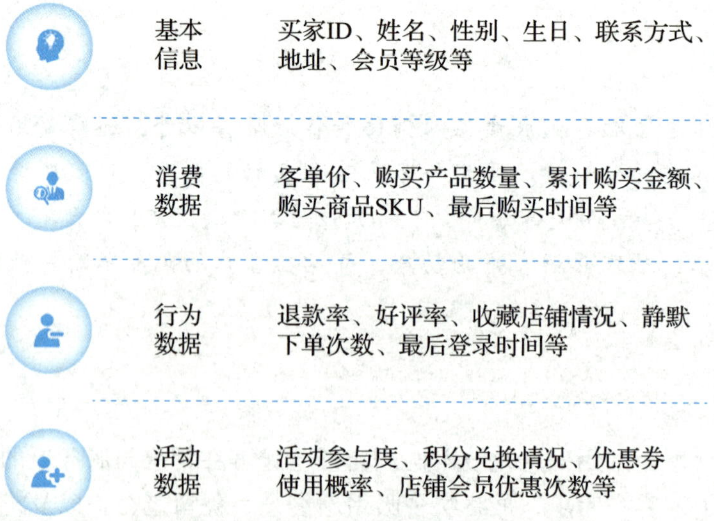

图 4-4-2　客户信息分类

买家首次下单后，买家的 ID、姓名、联系方式、收货地址等基本信息以及订单金额、购买商品、购买数量等消费数据都会在订单中显示，客服可以通过订单信息采集以上数据。随着买家购买次数的增加，逐步开始信赖店铺或客服，愿意与店铺建立联系，就可以获取更多买家信息，如微信号、QQ 号、生日等有价值的信息，客服可以通过这类信息维护买家关系、分类买家等级。当买家成为店铺的忠诚客户，客服可以在长期的统计采集中获得买家购买金额、购买频率、客单价等高价值信息，便于分析买家的购买行为，生成用户画像，从而为买家定制差异化服务，提升服务质量及店铺形象，持续维护客户的忠诚度。

目前，收集客户信息的工具主要包括站内免费工具及付费工具。卖家在各大电商平台均可订阅免费客户管理工具，例如，京东的 Capillary 会员管理工具、阿里的客户运营工具等。同时，第三方公司也开发了一些付费工具，为卖家提供更强大的客户信息采集处理服务，例如，客道 CRM、数据赢家、多卖 CRM、集客 CRM 等。卖家也可借助这类工具获得更完整的客户资源及营销决策支持。

素养园地

淘宝 11 亿条客户信息被泄露案件

2021 年 6 月 3 日，中国裁判文书网上的一起“侵犯公民个人信息罪”案件引发关注。判决书显示，被告人逯某爬取淘宝客户信息共计 11 亿余条，之后将客户手机号码提供给被告人黎某用于商业营销，共获利 34 万余元。

经司法鉴定，逯某通过其开发的软件爬取淘宝客户的数字 ID、淘宝昵称、手机号码等淘宝客户信息，并将其爬取信息中的淘宝客户手机号码以微信文件的形式发送给黎某公司使用，该公司在 2019 年 11 月至 2020 年 7 月期间利用这些信息经营共获利 34 万余元。最终法院判决，黎某犯侵犯公民个人信息罪，判处有期徒刑三年六个月，并处罚金人民币 35 万元；逯某犯侵犯公民个人信息罪，判处有期徒刑三年三个月，并处罚金人民币 10 万元。

《中华人民共和国个人信息保护法》

《中华人民共和国刑法》规定，违反国家有关规定，向他人出售或者提供公民个人信息，情节严重的，处三年以下有期徒刑或者拘役，并处或者单处罚金；情节特别严重的，处三年以上七年以下有期徒刑，并处罚金。

《最高人民法院　最高人民检察院关于办理侵犯公民个人信息刑事案件适用法律若干问题的解释》规定，非法获取、出售或者提供行踪轨迹信息、通信内容、征信信息、财产信息 50 条以上即为“情节严重”。

2. 客户信息分析

卖家收集客户的完整信息不是最终目的，从信息中分析、整理出对客户服务及营销推广有价值的内容，引导产品及服务升级才是重中之重。客户信息分析表，如表 4－4－1 所示。

表 4-4-1　客户信息分析表

客户信息	客户信息处理
年龄	消费能力、消费习惯、消费倾向
地址	生活习惯、推广区域、消费能力
联系方式	推广渠道、推广便捷性
QQ、微信	客户喜好、生活圈子
购买单价	消费能力
购买次数	客户分类、客户忠诚度、客户黏性
购买周期	消费能力、客户分类、客户忠诚度
客单价	客户分类
沟通语言	客户分类

目前，卖家可采用各电商平台的 CRM 管理系统，对客户进行分组、整理忠诚客户、自定义画像等。CRM 管理系统可以有效地帮助卖家收集整理客户信息、分类客户，在卖家进行客户关怀与营销等时，为其提供数据分析依据，从而达成客户关系管理的目标。同时，也可以配合使用第三方工具，如 Excel 工具来整理客户档案、追踪客户回访情况及售后处理情况等。Excel 工具作为一个数据计算与分析的平台，功能高度集成化，操作简单灵活，易学易用。客户关系管理工具可以使客户管理工作事半功倍。客户信息表，如表 4-4-2 所示。

表 4-4-2　客户信息表

序号	买家 ID	姓名	电话	地址	订单编号	成交金额	购买商品	数量	下单日期

二、客户分类管理

1. 客户分类

从事电商的卖家一定要深谙管理学上的“二八定律”，即店铺利润的 80% 来源于 20% 客户的购买。也就是说，对店铺利润起决定性作用的是这 20% 的买家，只有抓住这部分买家，才能保证店铺的盈利情况。那么如何找到这类买家呢？首先要对客户进行分类。

对客户分类主要依据可量化的客户价值和不可量化的客户价值两类指标。所谓可量化的客户价值，就是客户在店铺的消费情况，消费越多、消费越频繁，创造的价值就越高。不可量化的指标则是客户通过QQ、微信、短视频等新媒体分享与传播店铺，吸引更多的消费者前来购买所创造的价值。结合客户的特征，可以将客户分为以下几类：

（1）忠诚客户。此类客户消费能力强，购买次数频繁，熟悉店铺的上新时间、产品性能，甚至与客服人员也较熟。这类买家需用心维护，可在买家生日当天，送上生日礼物与祝福，建立长期联系，倾注更多的私人情感。

（2）大客户。此类客户的消费次数不算太多，但每次的消费数量及金额巨大。对这类买家，客服人员需要深度了解买家的需求，改善服务方式，尽可能提前为买家预设方案，节省买家的时间成本。

（3）老客户。此类客户经济能力有限，但对店铺产品很热衷，多次购买，愿意分享购物体验。对于这类买家，需要巩固其对店铺的信任感，客服人员应及时告知折扣信息及店铺上新动态，以便其形成固化的消费习惯。

（4）新客户。新客户，指第一次在店铺消费，产生第一笔交易的客户。客服人员应该做好长期维护新客户的准备，重点向买家介绍店铺和产品，并给予一定的优惠，提醒客户尽快使用优惠权限，促成客户再次购买。

（5）潜在客户。潜在客户，指访问过店铺或咨询过客服，但没有产生实质性交易的客户。客服人员需要激发此类客户的购买欲望，使其成为新客户。

（6）沉睡客户。沉睡客户，指在网店至少有过一次消费经历，但购物热情不足，有一段时间不再光临店铺，有流失倾向的客户。对于这类客户，客服人员可以通过优惠券、折扣等活动信息唤醒客户对店铺的记忆，促成再次购买。

（7）流失客户。流失客户，指在网店有过不愉快的购买经历，对网店失去兴趣且不再光临的客户。客服人员可借助大型活动的优惠力度刺激其购买欲望，唤回此类客户。

知识拓展

RFM模型分析

RFM模型（见图4-4-3）是衡量客户价值和客户创造利益能力的重要工具和手段。该模型主要由3项指标构成，帮助店铺对客户进行分级分类管理。

（1）最近一次消费（Recency），指客户最近一次购买的时间有多久远，距离上一次消费时间越近的客户所具备的创造潜力就越强。

（2）消费频率（Frequency），指客户在限定的时间内购买商品的次数，最常购买的客户，也就是满意度最高的客户。购买频率高的客户对于店铺的发展更有推动力。

（3）消费金额（Monetary），指客户在最近一段时间内购买商品所花费的金额，消费金额越高的客户越值得维护。

客服可以结合以上3项指标，找准当前客户所对应的指标数据，进行统计对比，以此来划分客户类型。

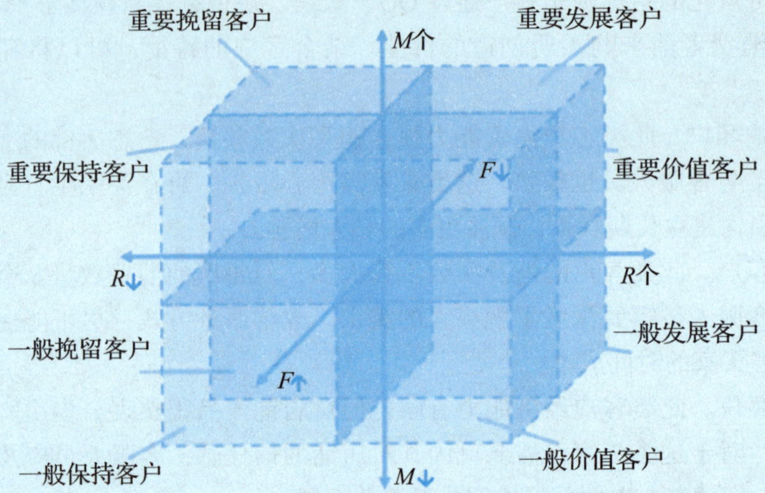

图 4－4－3　RFM 模型

2. 客户维护与关怀

（1）维护客户关系。

维护 20% 关键性客户是客户关系管理的重要内容，通常可以采用智能短信推送、优惠券、支付宝红包、定制化包裹等手段维护客户关系，根据客户以往的消费习惯选取搭配，可以实现更好的效果，提升复购率。

1）短信推送。客服可以将店铺上新、节假日促销活动等信息通过短信精准投放给目标用户群，引导买家复购。这种方式成本低、回报率高。

2）优惠券。优惠券可以实现定期引流，提升复购率，主要包括直接发放型优惠券、买家领取型优惠券。前者直接将优惠券发送至买家的卡券包，联合短信推送通知买家；后者在后台设置，通过短信将领取链接发送给买家。

3）支付宝红包。支付宝红包也是目前常用的营销策略，店铺利用红包刺激新老客户，促进需求转化，增强用户黏性。

4）定制化包裹。采用个性化的包裹寄送，给予买家收货惊喜及专属化服务体验，促进买家再次购买。

创建旺旺
交流群

（2）搭建客户互动平台。

1）旺旺群。阿里旺旺是淘宝平台定制的买卖双方沟通工具，也可以创建群聊。客服可以在旺旺群宣传产品上新信息及店铺优惠活动等，让买家及时了解品牌、产品的最新情况，同时，买家也可在旺旺群里分享讨论商品购买及使用心得，增加用户黏性。

2）微信公众号。微信公众平台无疑是当下最具商业价值的平台之一，不仅具有庞大的用户群体，还能够快速、精准、有效地实现营销推广。客服人员可以借助微信公众号将品牌、产品及活动的最新信息，快速、准确地推送给目标客户群体，提供一对一服务，促进销售，增强买家的购物体验，如图 4－4－4 所示。

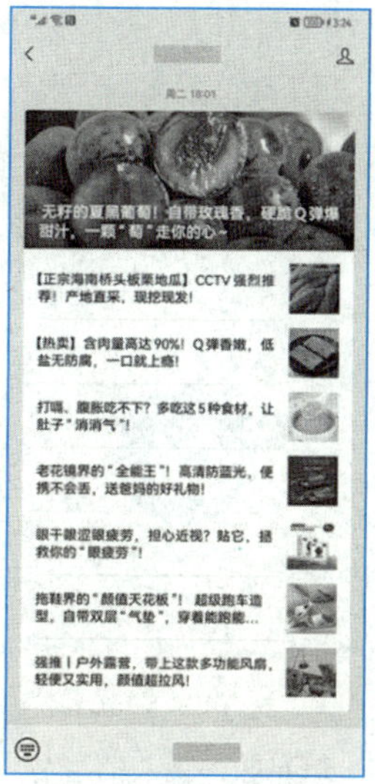

图 4－4－4　微信公众平台发布营销信息

3）微博分享。微博是一个基于用户关系展开信息分享、传播及获取的广播式社交网络平台，具有用户数量庞大、信息传播快速等特点。店铺可以借助微博发布信息、举办活动，增强与客户的互动，提升用户黏性。例如，为了鼓励买家主动分享、宣传店铺及产品，可以设置分享奖励、晒图有奖、转发抽奖等活动。

（3）客户关怀。

客户关怀是客户关系管理的核心，可以有效提升客户的好感度。客户关怀的途径有很多，常见的包括售后关怀、情感关怀、节日关怀。

1）售后关怀。买家付款后，卖家通常会在发货时给买家发送短信，告知发货时间及快递。售后关怀能够帮买家及时了解物流配送情况，提高买家的购物体验。

例如，"亲，您购买的宝贝已发货，快递公司 ××，单号 ××，请注意查收，有任何问题可联系客服，祝您生活愉快！期待您的再次光临！"

2）情感关怀。在买家生日或是重要纪念日，为买家送上祝福甚至是礼物，可以迅速拉近与买家的距离，建立情感上的联系，提升客户忠诚度与满意度。

例如，"亲爱的会员 ×× 先生 / 女士，祝您生日快乐，幸福安康！感谢有您，一路同行，常回店看看。"

3）节日关怀。在节日来临之前，借助短信或旺旺关怀客户，同时适当推送促销信息，通常也会实现不错的效果。

例如，"亲爱的 ×× 先生 / 女士，预祝您端午安康！现送上八折优惠券，7 日内有效，前 100 名还有赠品哦，先到先得。"

另外，客服还可以不定期送一些试用产品给买家，加深与买家的联系。所谓付出才有回报，买家花费同样的价格既买到了心仪的产品，又获得了最佳的服务，这样才能不断在店铺消费。

学习笔记

学习笔记

1. 客户信息管理

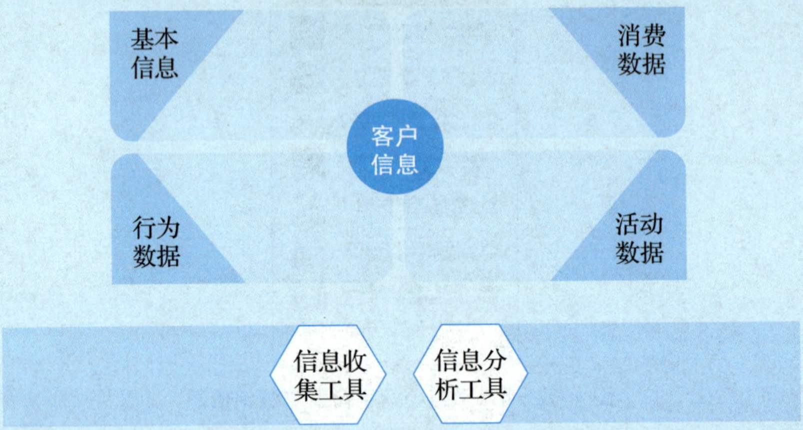

2. 客户分类管理

客户类型	客户特点

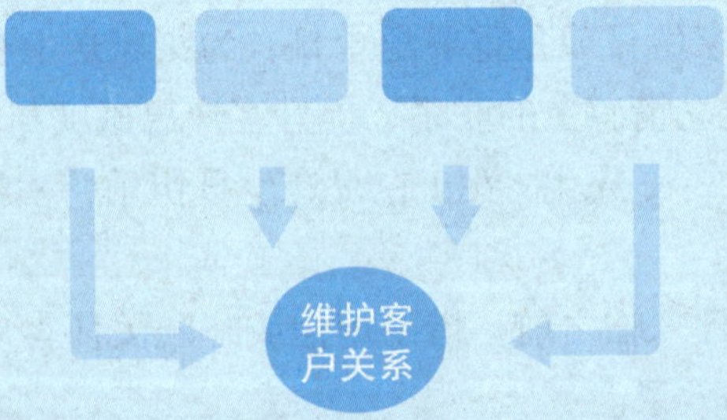

客户关怀途径	试写例句

实训任务

1. 任务示例

客户分类管理及维护示例，如表 4－4－3 所示。

表 4－4－3　客户分类管理及维护示例

客户等级	等级界定	买家 ID	买家姓名	电话	地址	客户维护方式	客户关怀途径	互动平台
V2（新客户）	首次购买店铺商品并完成订单	137*********	罗茜	137******97	天津市河西区××	优惠券、短信推送、活动提醒等	售后关怀、节日关怀等	公众号、旺旺
		158*********	张武德	158******64	北京市朝阳区××	优惠券、短信推送、活动提醒等	售后关怀、节日关怀等	公众号、旺旺
		139*********	李春雷	139******32	云南省昆明市××	优惠券、短信推送、活动提醒等	售后关怀、节日关怀等	公众号、旺旺
		181*********	杨洋	181******77	福建省厦门市××	优惠券、短信推送、活动提醒等	售后关怀、节日关怀等	公众号、旺旺
		……	……	……	……	……	……	

2. 任务操作

第一步，收集客户信息。浏览淘宝运营平台客户管理模块，了解客户信息，设计客户信息表，标注信息采集渠道，并完成表 4－4－4。

表 4－4－4　客户信息收集

序号	买家 ID	姓名	电话	地址	订单编号	成交金额	购买商品	数量	下单日期

第二步，客户分类管理。结合客户类型及特点，确定各类客户关系管理的方

向，并完成表 4-4-5。

表 4-4-5　客户分类管理

客户类型	客户特点	应对措施
忠诚客户		
大客户		
老客户		
新客户		
潜在客户		
沉睡客户		
流失客户		

第三步，制定客户维护与关怀方案。恰逢中秋佳节，请结合节假日制定客户维护与关怀方案，并完成表 4-4-6。

表 4-4-6　客户维护与关怀

客户类型	客户维护方式	客户互动平台及活动	客户关怀途径及话术

评价与总结

1. 课堂表现评价

结合各小组课堂表现情况，完成课堂表现评价表（见表 4－4－7）。

表 4－4－7 课堂表现评价表

小组名称	小组全勤	回答或解决问题	小组讨论	小组汇报	合计
小组一					
小组二					
小组三					
小组四					
小组五					
小组六					

2. 任务成果评价

结合自身任务完成情况，完成任务成果评价表（见表 4－4－8）。

表 4－4－8 任务成果评价表

评价内容	不达标	达标
明确客户信息指标，能够设计客户信息采集表		
明确客户分类标准，能够判别不同类别的客户，并掌握应对措施		
明确客户维护方式，能够结合客户类型选择合适的客户维护方式		
明确客户互动平台，能够结合客户类型及营销方向选择合适的平台，并设计互动方案		
明确客户关系途径，能够设计出客户关怀话术		

3. 总结

回顾课程内容，用思维导图形式总结

任务延伸与拓展

如何有效防范客户流失？如何唤回流失客户？

评价与总结

模块五

运营数据分析

岗位快照

数据运营、数据分析岗位

职位描述

岗位职责

1. 熟悉淘宝、天猫、京东等各类平台的操作及平台各类规则。

2. 完善电子商务数据架构，制定数据搜集、分析、应用、评估体系。

3. 对管理层和业务部门进行数据需求支持，挖掘分析主题，开展数据分析工作。基于数据分析成果，为管理层和业务部门提供商业策略分析和业务优化建议，持续改进运营效果。

4. 对店铺的日常运营数据进行采集、监控和分析，及时发现问题并向运营部门反馈，根据数据分析结果为营销运营策略调整提出合理化建议。

5. 定期编写经营情况简报。

6. 根据领导安排，对专项问题进行量化分析，并编制专项分析报告。

7. 提升团队的整体运营水平。

任职要求

1. 有数据挖掘、数据分析工作经验，有互联网产品和用户分析经验者优先。

2. 对数据分析有深刻的理解，了解数据分析的系统框架与理论模型，有产品运营经验者优先考虑。

3. 对数据敏感，逻辑思维强，精通数据分析工具，有统计学、经济学等相关教育背景者优先考虑。

4. 学习能力较强，具有团队合作精神，能够承担高压力、高产出的工作。

5. 有数据公司、咨询公司从业经历者优先考虑。

学习路线

任务一	任务二	任务三	任务四
电子商务数据分析认知	客户数据分析	推广数据分析	销售数据分析

工作任务一

电子商务数据分析认知

任务目标

知识目标：1. 能够说出电子商务数据的含义与分类。
2. 能够说出电子商务数据分析的流程及步骤。
3. 能够列举电子商务数据分析的方法。

技能目标：能够运用常见数据分析方法处理简单问题。

素养目标：1. 培养数据思维，增强对数据的敏感性。
2. 认识到个人信息保护和数据安全的重要性。

任务背景

小白在店铺经营过程中发现，不论是选品、打造爆款或是客户服务等，每一个环节都离不开数据，数据就是店铺经营的依据。为了经营好“乡里人家”店铺，小白参加了数据分析系列培训，现需结合“乡里人家”店铺经营情况，梳理培训内容，熟悉数据处理方法，为后期具体分析店铺各项数据、顺利开展店铺数据化运营做好铺垫。

任务分析

首先，要明确数据分析、电子商务数据的概念与区别，建立起数据分析的概念，并明确电子商务数据有哪些常见的类型；其次，要明确电子商务数据分析的作用，以便在运营过程能发挥数据分析的作用；最后，要熟悉数据分析流程和常用的方法，以便在利用数据分析支撑运营决策时能够得心应手。

知识解析

一、电子商务数据分析概述

相对于传统销售渠道，电子商务销售平台最大的特点就是摆脱了实体店运营时间与空间的束缚，且所有交易行为、痕迹被最大限度地以数字化形式保存，以供各方随时随地查用。这些数字化信息通常包括各种交易信息，如交易时间、交易商品或服务、交易数量、交易金额等，还包括各种客户信息，比如客户年龄、性别、所处地区、偏好甚至是客户的购买力等。企业可以对所有运营产生的数据进行处理分析，形成对企业运营决策有指导意义的信息，以降低企业运营成本、提升效益。因此，对于电子商务运营来说，数据运营、数据分析是其与生俱来的手段，是任何电商企业都应当具备的基础技能。要掌握电子商务数据分析，首先要明确以下几个概念。

1. 数据分析

数据分析是指用适当的统计分析方法对收集来的大量数据进行分析，将它们加以汇总、理解并消化，以求最大化地开发数据的功能，发挥数据的作用。数据分析是为了提取有用信息和形成结论而对数据加以详细研究和概括总结的过程。

2. 电子商务数据

电子商务数据是企业进行电子商务活动时产生的行为数据和商业数据。所谓行为数据，是指能够反映客户行为的数据，如客户访问情况、客户浏览情况等；而商业数据，是指能够反映企业运营状况的数据，如企业产品交易量、企业投资回报率等。

3. 电子商务数据分析

运用有效的方法和工具收集、处理数据并获取信息的过程。

二、电子商务数据分析的目的和作用

电子商务数据分析是对电商企业运营相关的数据进行有针对性的搜集，并加以整理、计算，以提取对企业有用的信息，起到辅助企业降低运营成本、科学运营、科学决策，从而全面提升企业竞争力的作用。例如，基于以往店铺营销推广方面的数据，企业可以总结市场发展趋势，为下一步开展网络营销活动、制定营销政策提供支持；基于线上活动成效相关数据，可以考核营销人员绩效（KPI），同时把握、监控线上推广活动的投入产出比（ROI），进而发现阻碍推广转化的问题，优化推广组合，减少不必要的成本投入，合理配置企业资源；基于市场相关数据，可以预测市场未来趋势，及时调整产品研发方向等。

需要注意的是，电子商务数据分析应当贯穿企业运营的各个环节、各个产品的整个生命周期，渗透从前期市场调研到后期售后服务、客户管理等各环节，企业运营人员应具备顶层设计思维，并对数据有高度的敏感性，统筹合理布局各个层级的数据分析，全盘考虑，从而让企业能够在最短的时间内对市场和业务需求做出正确、快速的响应，大幅度提高竞争力。

三、电子商务数据的应用和分类

根据数据的应用方向不同，电子商务数据一般可以分为市场类、运营类、产品类数据。其中，运营类数据是店铺数据化运营的重中之重。

市场类数据的主要应用方向是反映市场行情和竞争情况。市场行情方面的数据可以展示行业的发展情况、市场需求以及目标客户画像；竞争方面的数据则可以显示主要竞争对手的交易情况、开展有效的营销活动以及畅销品等信息。

运营类数据的主要应用方向是反映企业日常运营和营销推广情况，是运营过程中所有参与主体的不同行为产生的一系列数据，包括客户行为数据、推广行为数据、销售行为数据和供应链行为数据。客户在网购的过程中，会出现登录、浏览、收藏、加购、离开等行为，这些数据就形成了客户数据（客户本身具有的如年龄、性别等属性数据也包括在内）；企业在运营过程中会通过各种渠道进行宣传推广，无论是免费渠道还是付费渠道，推广行为都或多或少会增加网店的曝光量，为网店带来流量等，这些展现、点击等数据就生成了推广数据；企业一系列活动的目的是形成销售，客户的购买行为与企业满足订单的行为就生成了销售额、销售量等销售数据；企业为了配合营销、销售等而产生的采购、库存管理、发货等行为就生成了供应链数据。

产品类数据的主要应用方向是反映产品在整个行业中的位置，以及企业产品的获客能力和盈利能力。通过掌握不同产品的发展潜力、盈利能力等，企业能够快速地调整产品线、选择定价策略等，为企业运营赢得先机。

具体而言，围绕电商“人、货、场”这三个基础概念，即客户（会员、流量）、商品或服务、人和货交互的环境（渠道、平台及所承载的内容等），电子商务数据分析有不同的应用场景。同时，必须明确的是，无论是哪种应用场景，其分析的数据指标都不完全固定、单一，而是应该根据具体情况采用多种组合进行分析，多角度考虑问题，因为“人、货、场”这三个基础概念是不可分割的有机整体，不能把其中任何一个因素同其他因素割裂看待。

1. 如何选“人”

从如何确定目标客户、挖掘潜在客户和维护老客户的角度，企业可以重点对市场和客户相关数据进行分析。

通过市场行情和竞争情况分析，企业能够发掘目标受众的属性，包括基础属性（年龄、性别、职业等）、设备属性（客户端型号、平台、浏览器等）、行为属性（常用App、活跃时间、使用习惯）等。通过对客户的这些不同属性进行详尽的挖掘、分类汇总，企业可以迅速定位到符合企业自身运营条件的目标客户，并通过适配的“场”和“货”，触达更多的潜在客户，提升效益。

知识拓展

客户画像也称用户画像。在大数据时代背景下，网络用户的各种属性、行为痕迹都被各网络平台记录，并被抽象生成了相应的各种标签，如“00后”“爱喝咖啡”“公交出行”等。商家根据自己的需要，选出具有很多种相同标签的一类真实用户群，并以这些标签组成一个虚拟代表，就是一种客户画像。画像是虚拟的，但它代表的是一个真实的用户群体，对产品的主要受众和目标群体都有很高的代表性，绝对不是凭空捏造出来、游离在真实市场之外的虚构角色。

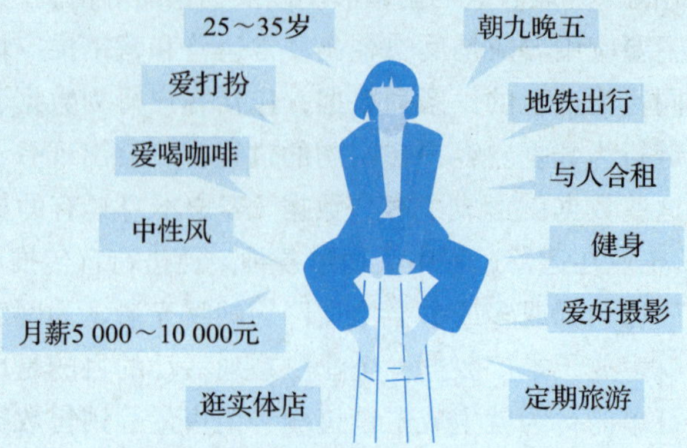

客户画像示意图

客户画像能够让企业更精准地定位，产品和服务更加聚焦。一款产品越是能覆盖所有人群，就越没有特色，通常这样的产品很简单，要求也不高，竞争也很大，很难有长远的发展，生命周期比较短。相反，目标用户如果特征明显，企业的产品和服务就更能专注于解决这一类人群的痛点，反而更容易赢得这一部分客户的口碑及市场份额。

2. 如何选“货”

从如何确定选品，以及后续产品改造与调整的角度，企业可以重点对市场和产品相关数据进行分析。

通过对产品的行业发展情况，如行业销量、行业竞争情况等进行分析，企业能够把握自身产品组合在市场中的定位，并通过对单一产品的盈利能力和获客能力进行统计对比，根据市场行情风向标，及时调整产品组合，实现企业整体的优化升级。

3. 如何选“场”

从如何确定电商平台、推广渠道，如何设计站点等角度，企业可以重点对运营相关数据进行分析，特别是推广数据和销售数据。

通过对企业网站、广告投放等营销活动的数据进行分析，企业可以把握自己站点的流量信息和营销效果，从而选择最适合自身的平台和渠道。在运营过程中，通过对这些数据的监控，企业不仅能够随时掌握日常运营情况，及时发现问题、处理问题，更能通过优化工具组合与设计，降低运营成本，大大增加流量，提高转化率。

四、电子商务数据分析的流程

日常工作和生活中，人们不自觉地都会进行数据分析。例如，人们在电商平台选购商品时，浏览不同网店的不同产品、与客服进行沟通、与其他客户进行沟通等过程，就是一次“采购”数据分析的过程。这一过程中，消费者首先通过浏览、阅读、沟通等手段了解商品的特色、优点和缺点，对不清晰、不明确的问题进行二次“调查”，做信息补充，再通过对比，选出自己最想要的且各方面条件（包括物流、售后）都满足自己预期的那款产品进行购买。这一过程对有的消费者来说，虽然很漫长，但乐在其中；对并不享受这一过程的消费者来说，为了尽量缩短这一过程，他们会直接选择经常采购的店铺，或者直接找信用最好的店铺购买。无论何种情况，消费者都在无意当中完成了“明确目标→采集与处理数据→得出结论”的一整套数据分析流程。电子商务数据分析的流程，也大致相同，包括制定方案、采集数据、处理数据、撰写报告四部分。

1. 制定方案

数据分析的第一步就是制定比较详细的分析方案，以避免开展盲目的、无意义的、无效的分析。具体而言，制定方案一般至少包括明确数据分析目标、明确数据采集渠道和分析方法两个部分。

（1）明确数据分析目标。

第一，制定数据分析方案要明确分析目标，目标的确定应当以问题为导向，企业在运营中要解决的问题不同，确定的目标也不同。例如，要及时发现企业日常运营问题，应对企业日常运营数据进行监控，并明确需要关注的数据指标有哪些，以及观察的时间点和方法等；又如，营销部门要确定“双十一”营销活动策略，就要对历史相关营销数据进行汇总分析，以便制定新的策略等。

第二，要将确定的总目标拆解成一个个具体可以执行分析的小目标，再根据这些小目标确定需要分析的数据指标及其单位和格式。例如，“双十一”营销活动分析，可以拆解为“确定新兴推广渠道”“确定最佳历史推广渠道”“确定最佳推广计划”等，而“确定最佳历史推广渠道”可以通过分析展现量、点击率、转化率等推广指标来进行分析。

（2）明确数据采集渠道和分析方法。

不同数据需要通过不同的渠道进行采集。例如市场行情数据，可以通过政府机构等发布的权威报告、调研机构做的调研报告、平台系统提供的商业分析等渠道获得。店铺的运营情况数据，例如销量等，要通过自身后台数据获取。因此，对于不同的数据指标，要明确相应的采集渠道都有哪些，同时还要标明数据采集的时间段，以保证数据的有效性。

根据分析目标不同，采用的分析方法也不同。要统计数据概况，一般可以采用分类统计、描述性统计等方法；要预测未来发展方向，可以采用趋势预测等方法；要辨别、判断优劣，可以采用对比分析方法等。因此，在明确数据分析的各个子目标和数据指标后，必须要确定的就是具体分析的方法。

2. 采集数据

根据既定方案，对拟定的数据指标从相应的渠道进行采集。采集时，应当注意先调整数据时间设置，认真核对，以免采集的数据不符合要求。尤其是需要付费或者有很严格时效性的数据，还要注意定期采集，避免过期无法采集或者需要付出更高的代价。

知识拓展

电子商务数据采集渠道

电子商务数据可以通过以下几种方式采集：

（1）通过权威机构采集。政府部门、行业协会、咨询机构、新闻媒体等发布的数据，包括免费的和付费的，都可以通过相关权威部门获取。这种渠道获得的数据权威性最好，是非常重要的渠道。

（2）通过网页采集。电商平台上的公开数据，比如商品标题、品牌、价格、销量、介绍、评价等，可以利用一些爬虫类工具（八爪鱼、火车采集器、店侦探等）进行采集。

（3）通过自建站点系统日志采集。企业自建站点通常会在日志中保留访客地址、访问时间、次数、停留时间、来源等数据。运营人员可以利用百度统计等工具对这些日志数据进行采集分析。

（4）通过电商后台系统数据库采集。企业在电商平台开设网店后，可以从平台提供的接口进入后台进行各种操作，其中就包括进入自身店铺数据库采集相应数据，例如订单详细信息等，可以利用电商平台提供的生意参谋、京东商智等系统工具采集。

（5）通过调研采集。企业还可以利用各种信息技术手段进行调研，采集诸如客户偏好、产品反馈等数据。最常见的采集方法有问卷调研和访谈等。

3. 处理数据

根据既定方案，对采集到的数据按照相应的分析方法进行处理。首先，对采集到的数据进行再次核对、校验，对于缺失的数据应当想办法补齐；对于错误的数据应当修正；对于单位、格式不统一的数据要进行数据转换，使得数据具有可比性。对于重复的、没有价值的数据，应当给予删除。对于实在无法补全、修正的数据，应视情况而定，如果删除，应做详细备注说明。其次，按照既定分析方法，利用分析工具对数据进行处理。目前，常见数据分析方法有以下几种：

（1）对比分析法。

常见数据错误类型及解决方法

在店铺经营过程中，对比分析法是经常使用的方法之一。例如，最基础的销售额、销售量的增长情况，就是通过对比本期和往期数据得出的，即同比、环比等数据。此外，还有与竞争对手各方面情况的对比等，都需要用到对比分析法。另外，同一统计周期内，可以进行横向比较，如不同地区、不同渠道、不同部门等；不同周期内，可以进行纵向比较，如本期比上期或本期比同期等。

（2）趋势分析法。

趋势分析法是在对比分析的基础上，将一定规模的历史时期数据进行比较，并试图找到其变化趋势和规律的一种方法。例如，可以对比分析本季度与上季度销量情况，而要分析季度变化趋势，则一般需要对连续四年的各季度数据进行分析，利用趋势预测法，尝试找到规律。

（3）漏斗分析法。

漏斗分析法适合分析环节较多且固定，操作时间较长的项目，比如店铺运营推广分析，往往通过转化漏斗来呈现从展现、浏览、收藏、加购、下单直至付款等环节的情况，查找是哪一个环节的什么问题阻碍了转化。对于客户管理，也常应用漏斗分析法，展现客户各个阶段的转化情况，比如目标用户、潜在用户、意向客户、洽谈客户、成交客户、签约客户、重点客户等，通过划分不同客户等级，对不同客户群体采用不同的营销方式。

4. 撰写报告

根据既定方案，结合数据处理结果，分析各个子目标，并通过图表方式呈现，即将数据可视化。最后，对分析结果进行整理，按照一定的格式和逻辑，撰写分析报告。数据分析报告一般包括引文、正文、结论三个部分。撰写数据报告时，应注意逻辑条理明确、结构清晰、图文并茂，最重要的是保证数据论证的科学性和严谨性。

学习笔记

1. 数据基础认知

（1）数据的形式有：

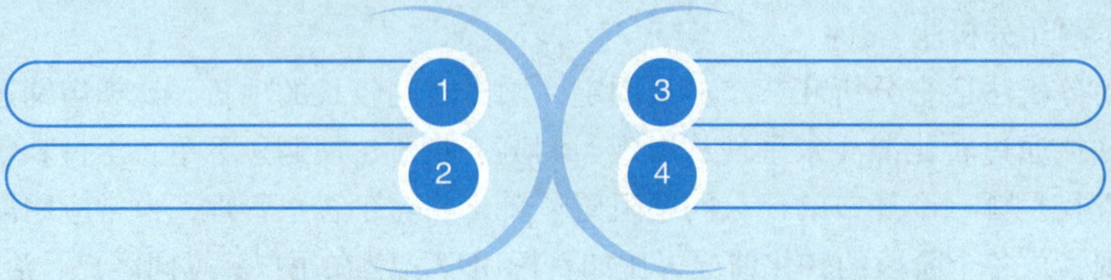

（2）电子商务数据的分类主要有：

2. 电子商务数据分析的流程及注意事项

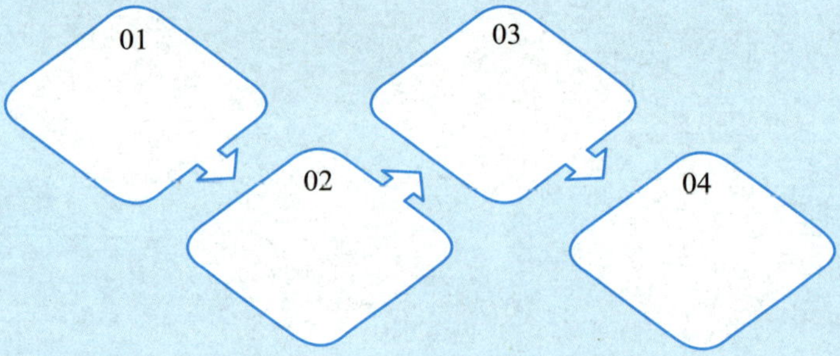

3. 数据采集的原则

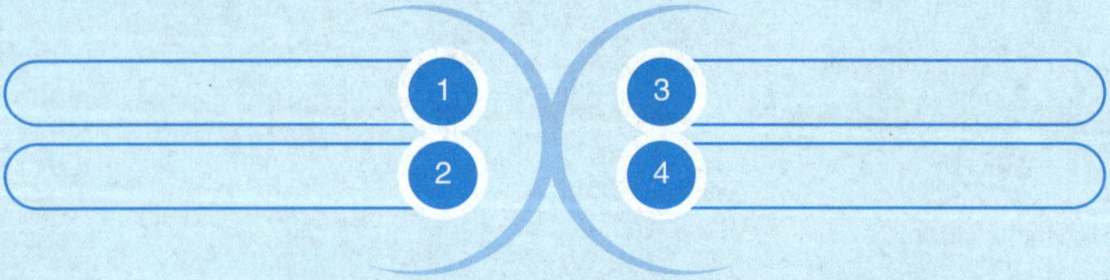

实训任务

1. 任务说明

任务目标：完成对小学生玩具体验数据源的处理。

任务步骤：找出缺失值，查漏补缺，无法补充填“无”；查找年龄错误，年龄不能小于 5 岁大于 13 岁；日期格式统一为“yyyy/mm/dd”。

2. 任务操作

任务内容：“乡里人家”店铺 25 ~ 35 岁人群体验数据处理。

注：任务素材请登录中国人民大学出版社官网（www.crup.com.cn）下载。

第一步，查找缺失值。

查找缺失值的方法：________________________________。

填补缺失值的方法：________________________________。

第二步，查找年龄错误。

根据任务要求，确定合适的年龄条件为：____________________________。

验证数据的方法：____。

第三步，统一日期格式。

将日期格式统一为：____________________________________。

统一日期格式的方法：__________________________________。

评价与总结

1. 课堂表现评价

结合各小组课堂表现情况，完成课堂表现评价表（见表 5－1－1）。

表 5－1－1　课堂表现评价表

小组名称	小组全勤	回答或解决问题	小组讨论	小组汇报	合计
小组一					
小组二					
小组三					
小组四					
小组五					
小组六					

2. 任务成果评价

结合自身任务完成情况，完成任务成果评价表（见表 5－1－2）。

表 5－1－2　任务成果评价表

评价内容	不达标	达标
能够找出所有缺失值，并填补完整		
能够找出所有错误值并纠正		
能够保持格式统一		

3. 总结

回顾课程内容，用思维导图形式总结

任务延伸与拓展

客户画像：尝试通过调研，为你的同班同学生成一个画像。

工作任务二

客户数据分析

任务目标

知识目标：1. 能够说出客户类数据指标的具体含义及指标采集渠道。
2. 能够写出复购率、回购率等客户数据的计算公式。

技能目标：能够完成客户活跃情况分析，找到活跃度高、消费高的客户。

素养目标：1. 能够认真严谨地分步骤处理数据，尽职尽责，树立精益求精的敬业精神。
2. 能够培养发现问题、解决问题的自主探究精神。

任务背景

"乡里人家"店铺运营了一段时间后，小白需要对店铺现有客户群和潜在目标客户做进一步分析，以便提升客户忠诚度、吸引更多客户，从而为后期开展营销推广活动做好准备。

任务分析

客户的数量与质量是企业运营的根基，是企业必须要时刻关注的数据。客户类指标能够从不同角度集中反映客户的性质、数量与购买力等情况，描述客户的黏度和忠诚度。比如客户的基本属性信息，可以通过年龄、性别、地域、设备、登录时间情况等来反映；而客户活跃程度，则通过活跃客户数、活跃客户比率等指标来反映。此外，反映客户购买实力的指标有购买次数、复购率和回头率等。

知识解析

一、客户数据指标

店铺的客户，一般可以根据店铺的需求进行界定与分类。例如，根据客户关注店铺的时间或实际购买时间等，可以将其划分为新、老客户；根据不同结算期间、不同的消费金额等级，可以设定不同等级的客户；根据客户反复购买的频次、退换货频次或影响力，可以对客户等级进行进一步划分，这些都可以根据店铺实际情况和需要而定。为了反映客户这些方面的情况，根据客户先期网购浏览行为的不同主要可以分为以下几组常见的数据指标。

这里需要先澄清的一点是“客户总数”这一指标。对于不同的企业而言，客户总数有着不同的含义。企业需要根据自身实际情况确定其具体统计内涵和标准，然后在其基础上进行分类汇总。例如，有的企业以“是否曾经产生过一次购买行为”作为判断标准来计算客户总数；有的企业以“是否曾经在一个统计周期内产生过一次购买行为”来计算客户总数；有的企业根据自身产品特性，以购买金额作为判断标准来计算客户总数。因此，在对数据进行统计分析时，务必要统一各数据指标的含义，这样才能保证数据的科学性和有效性。

1. 客户注册与登录

客户进入店铺页面后，卖家应尽可能引导客户注册并经常登录，一方面可以进一步掌握客户动态化信息，另一方面可以提高客户活跃度。客户注册与登录情况指标，如表 5－2－1 所示。

表 5－2－1　客户注册与登录情况指标

数据指标	指标含义
注册客户数	在企业网店注册成为会员的客户总数
关注客户数	关注企业网店，订阅企业网店消息的客户总数
活跃客户数	在统计周期内，产生实际购买行为（或登录行为）的客户总数
活跃客户比率	在统计周期内，活跃客户数占客户总数的比例

当然，企业可以根据实际需要设定统计周期，也可自行设定更多数据指标，来完成对客户行为的数据统计。

2. 客户收藏与加购

客户进入产品详情页后，店铺应尽可能引导客户收藏乃至加购店铺产品，以便进一步了解和把握客户偏好，方便后期采取有针对性的措施，如客服温馨提示、发放有针对性的优惠券等，以引导客户下单，产生实际购买行为。收藏人数和加购人数是两个比较有代表性的数据指标，能够反馈这方面的信息。收藏人数与加购人数指标含义，如表 5－2－2 所示。

表 5－2－2　收藏人数与加购人数指标含义

数据指标	指标含义
收藏人数	在统计周期内，访问并收藏店铺产品的客户总数（去重）
加购人数	在统计周期内，访问店铺产品并将产品加入购物车的客户总数（去重）

这里值得注意的是，从客户的角度，一个客户可能收藏、加购多个店铺产品，计算客户总数时，需要去掉重复客户。同时，从产品的角度看，店铺产品被收藏、加购

的次数，则一般不需要去重。

3. 客户购买

客户加购店铺产品与客户实际购买产品有本质区别，不能混为一谈。客户从加购产品到实际购买，中间还涉及下单、支付、确认收货等多个环节。特别是在没有实际付款之前，店铺还有许多工作要做，才能促使客户真正购买。客户购买指标可以集中反馈客户是否产生实际购买行为，监测客户购买动态数据，具体指标含义如表 5-2-3 所示。

表 5-2-3 客户购买指标

数据指标	指标含义
购买客户总数	在统计周期内，产生实际购买行为（完成支付）的客户总数
购买总次数	在统计周期内，客户产生实际购买行为的总次数。购买次数越高，说明客户的忠诚度越高
平均购买次数	在统计周期内，每个客户平均购买的次数。即购买总次数与购买客户总数的比例
复购率	在统计周期内，产生两次及两次以上购买行为（完成支付）的客户数占购买客户总数的比例
回购率	上一统计周期内的活跃客户，在本统计周期内仍旧是活跃客户的比例。如本统计周期内产生购买（登录）行为的客户数，占上一统计周期内产生购买（登录）行为的客户的比例
客户流失率	在统计周期内，没有产生回购的客户的比例。客户流失率与客户回购率之和，一般为 100%

知识拓展

复购率的两种计算方法

除了通过计算产生购买行为的客户数的比例来计算复购率，有时根据实际情况需要，还可以通过计算复购次数来计算复购率。区别如下：

计算方法一：复购人数 / 购买人数 ×100%。

计算方法二：复购次数 / 购买人数 ×100%。

这里需要注意的是，公式中，复购人数相对比较明确，指产生复购行为的客户数；而复购次数，仅指复购的次数，即从第二次购买开始，每一次复购计一次复购次数，在此之前的第一次购买，不能计入复购次数。例如，一个客户在统计周期内购买了 3 次，复购次数只有 2 次，第一次不能算作复购次数。

二、客户数据采集

采集客户数据的渠道有很多，与网店客户消费行为和客户属性相关的数据，网店平台系统会有相关记录与展示，分析人员需要构建自己的数据库，并定期追踪记录，不断丰富完善数据库。

1. 淘宝平台客户数据采集

以淘宝平台为例，关于客户的访问、收藏与加购等情况，可以通过生意参谋“品类”模块下的“品类 360”渠道查看。店铺和商品的访客数、浏览量、加购人数、加购件、收藏量、支付买家数等数据都可以从这里采集。此外，关于客户的浏览、访问、收藏、新老访客等情况，还可以通过生意参谋“流量”模块下的“流量看板”查看，如图 5-2-1 所示。店铺的直播间访客数、短视频访客数等数据都可以从这里采集。

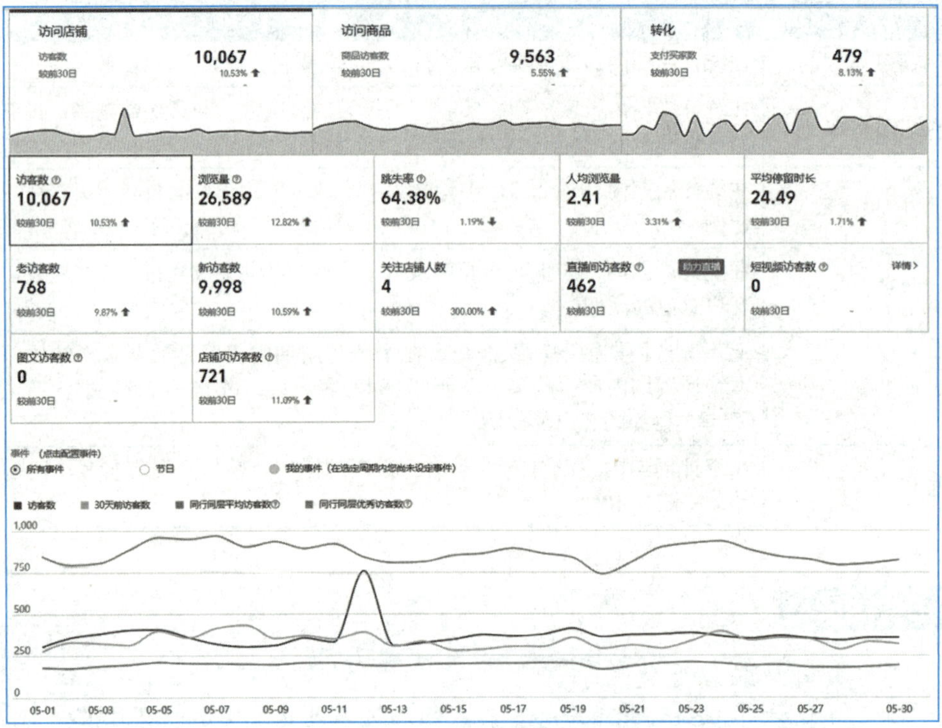

图 5-2-1　某网店生意参谋“流量”模块下的“流量看板”数据

客户属性数据，同样可以通过生意参谋“品类 360”板块采集。在这里，可以查看到客户的立体画像数据，包括搜索人群、店铺访问人群、店铺支付人群三个方面的画像，涉及包括新老客户占比、年龄分布、性别占比、兴趣爱好等在内的多组客户画像数据，如图 5-2-2 所示。“流量”模块下的“访客分析”也能采集到店铺访客的具体数据，如消费层级、性别、年龄、地域等，如图 5-2-3 所示。

此外，店铺在店外开展营销活动所获得的客户数据，也应纳入采集范围中，并进行清晰的标记。在开展数据分析时，只有掌握更多的样本量，附加更精细化的条件，才能做出更精准的分析。这就需要数据分析人员在实践过程中，不断提高对数据的敏感度，善于观察、积累、总结和创新。

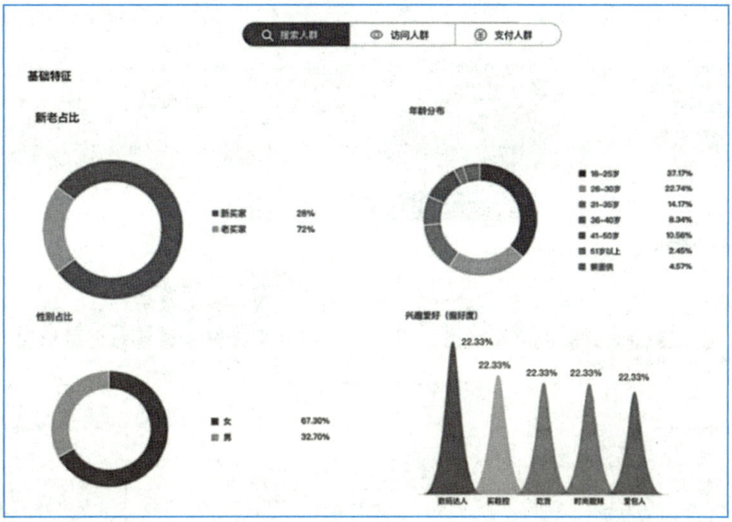

图 5－2－2　某网店生意参谋“品类”模块下的“品类 360”数据

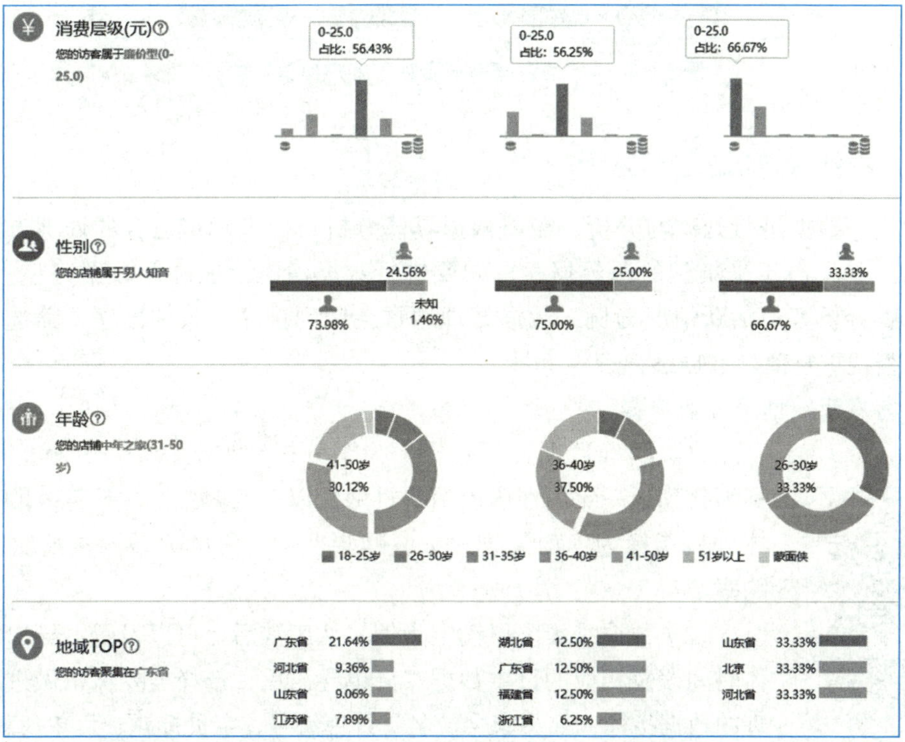

图 5－2－3　某网店生意参谋“流量”模块下的“访客分析”数据

2. 京东平台客户数据采集

在京东商智中，经营人员可以通过系统推送的用户分群信息，采集分析店铺重点人群，如会员，关注人群，价值人群，收藏、加购人群，折扣偏好以及大促偏好人群等，如图 5－2－4 所示。

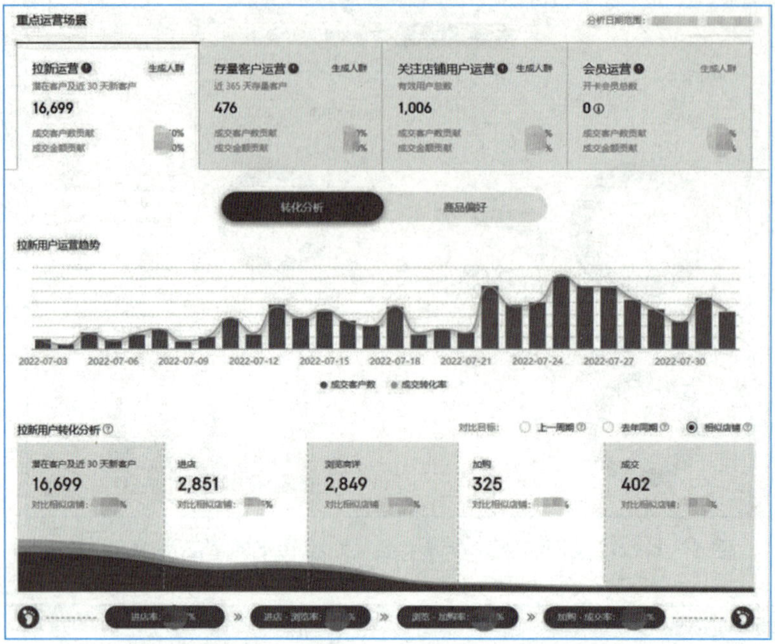

图 5－2－4　某店铺京东商智“客户概览”情况

三、客户数据处理与分析

对客户数据进行处理与分析，需要根据具体分析目标来确定适合的处理方法。值得注意的是，对于采集到的源数据，首先要进行数据清洗，以确保数据完整、准确、规范。以分析客户活跃情况为例，数据处理通常会用到排序、条件排序、筛选、条件筛选、查找重复值、数据透视表等工具。

1. 客户活跃情况分析步骤

（1）明确数据分析目标。为了分析客户活跃情况，确定分析目标为找到近一年内在店内消费过两次以上的客户，并计算复购率。具体分析指标为：购买客户数、购买次数、复购人数、复购次数及复购率。

数据处理与分析注意事项

（2）数据采集。以淘宝为例，从店铺后台可以设置、导出所需具体时间段及相应的订单数据。订单导出后，选择需要保留做进一步处理的数据指标，如买家会员名、订单编号、宝贝标题、订单付款时间、宝贝总数量、买家实际支付金额、交易状态等，如图 5－2－5 所示。

（3）数据处理。根据目标对订单状态进行筛选，确定订单都属于“交易成功”状态，并再次确认订单付款时间。利用条件格式及筛选工具，找到重复购买的客户及相关数据，复制粘贴到新的子表当中，利用数据透视表统计复购客户的购买总次数、购买金额、购买客户总数、复购客户总数等，并计算出复购率。

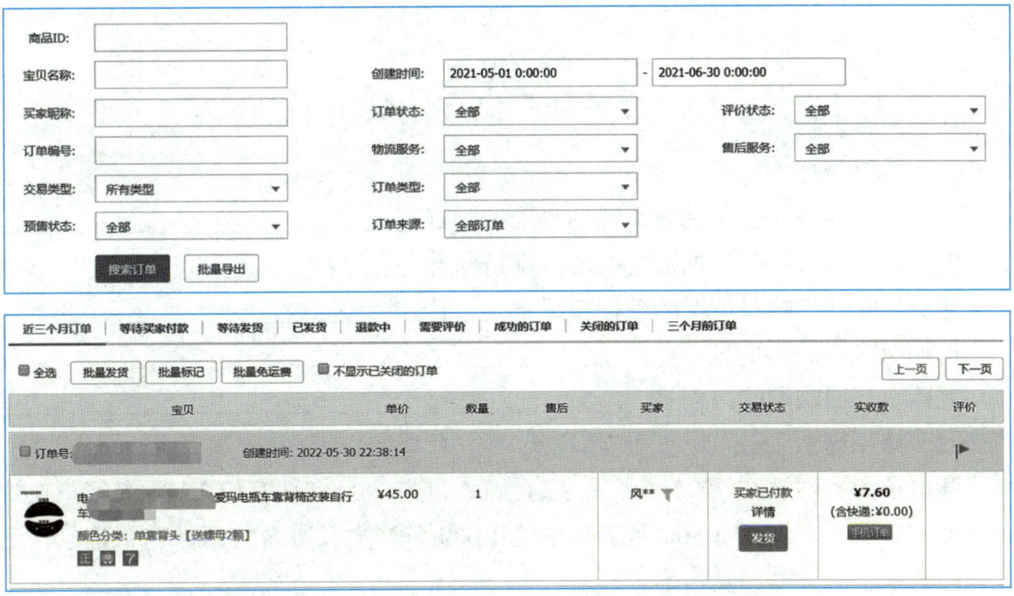

图 5-2-5 某店铺淘宝后台交易管理数据

（4）数据分析。根据需要对单一或多个指标进行排序，找到复购次数在两次、三次甚至更多的客户，找到购买金额在一定金额以上的客户，通过不同角度，根据店铺需要确定不同客户等级。

2. 客户活跃情况分析注意事项

对于数据采集，要以客户实际支付时间为准，采集交易成功的订单数据，注意下单与付款之间的区别。当然，根据店铺需要，也可以采集和分析下单客户情况，或者将下单数据和有效订单数据进行对比，分析未完成订单的情况等。

学习笔记

1. 客户数据指标概念

（1）数据指标含义：

能够反映客户注册与登录情况的数据指标有________________________。

能够反映客户收藏与加购情况的数据指标有________________________。

能够反映客户购买情况的数据指标有____________________________。

加购与购买的区别是____________________________________。

复购率与回购率的区别是__________________________________。

（2）算一算：

某电子商务网站在 2022 年 6 月底有活跃客户 3 000 名，其中 1 800 名客户在第三季度有购买记录，这 1 800 名客户中的 1 000 名客户又有至少两次购买记录，请计算回购率、流失率、复购率。

回购率：____。

流失率：____。

复购率：____。

2. 客户数据采集渠道

（1）客户数据可以通过哪些渠道进行采集？

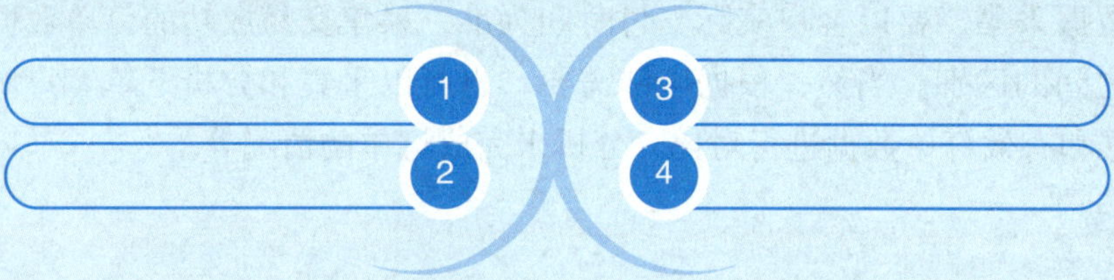

（2）客户画像数据包括哪些指标？

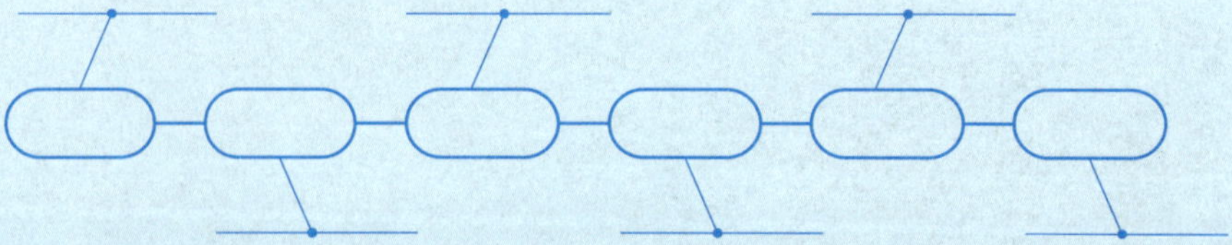

3. 客户数据处理与分析

为了分析客户活跃情况，确定客户等级，以便后期有针对性地开展不同的推广活动，可以确定的分析目标为：

实训任务

1. 任务示例

（1）店铺活跃客户分析目标：近 1 个月活跃客户分析（近 1 个月内复购两次及以上的客户为活跃客户）。

（2）店铺活跃客户数据指标：订单编号、买家会员名、商品标题、支付时间、支付金额、商品数量等。

（3）店铺客户活跃情况分析如图 5－2－6 所示；数据处理分析如图 5－2－7、图 5－2－8 所示。

买家会员名	买家实际支付金额	订单付款时间	宝贝标题	宝贝总数量
ccoc[illegible]2486	94.02	2020/2/1	鲁班锁孔明锁全套装礼盒儿童智力玩具6-8岁以	3
cghl[illegible]	24.38	2020/2/1	儿童男女小孩成人通关三国解题拼图早教积木	1
cher[illegible]9150	50.7	2020/2/1	儿童益智玩具积木叠叠乐层层堆叠叠高男孩女	2
cher[illegible]9161	15.68	2020/2/2	鲁班锁五件套装儿童3-6岁以上智力玩具7-14岁	1
cher[illegible]i5200	19.6	2020/2/2	移车出库汽车华容道儿童益智玩具男孩女孩早	1
cheu[illegible]ijit	21.26	2020/2/2	儿童故事拼图玩具幼儿早教木质拼图拼板男孩	1
chf1[illegible]5665	10.59	2020/2/2	高难度拼图成人古风国潮国粹名画儿童玩具男	1
ciel[illegible]	10.59	2020/2/3	移车出库汽车华容道儿童益智玩具男孩女孩早	1
cxz8[illegible]1	12.88	2020/2/3	儿童故事拼图玩具幼儿早教木质拼图拼板男孩	1
cyp[illegible]	70.38	2020/2/3	高难度拼图成人古风国潮国粹名画儿童玩具男	2
cz15[illegible]7756	10.59	2020/2/4	儿童益智玩具积木叠叠乐层层堆叠叠高男孩女	1
d_b[illegible]3	12.88	2020/2/4	鲁班锁五件套装儿童3-6岁以上智力玩具7-14岁	1
dav[illegible]11	35.8	2020/2/4	移车出库汽车华容道儿童益智玩具男孩女孩早	2
dd[illegible]	15.68	2020/2/5	鲁班锁孔明锁全套装礼盒儿童智力玩具6-8岁以	1
diac[illegible]qi	19.6	2020/2/5	儿童男女小孩成人通关三国解题拼图早教积木	2
ding[illegible]9658	50.7	2020/2/5	儿童益智玩具积木叠叠乐层层堆叠叠高男孩女	2
dong[illegible]bulen	15.68	2020/2/5	鲁班锁五件套装儿童3-6岁以上智力玩具7-14岁	1
……				

图 5－2－6　国潮玩具网店 2 月销售数据

序号	客户名称	宝贝数量	支付金额
1	钟梓[illegible]妈妈爱你	4	197.88
2	gs1[illegible]9	4	195.66
3	tang[illegible]qwe	4	194.57
4	孙金[illegible]50383336	4	194.16
5	ai12[illegible]543	4	194.02
6	ying[illegible]01995	4	191.06
7	超能[illegible]啊	4	190.42
8	sze_[illegible]	4	190.04
9	tb91[illegible]6	4	187.04
10	只是[illegible]路人罢了	4	186.24
11	乐乐[illegible]861013	4	185.91
12	贾[illegible]	4	184.68
13	重庆[illegible]产55	4	183.8
14	tb9[illegible]08	4	181.43
15	688[illegible]ou	4	180.8
16	hr梦[illegible]光	3	180.16
17	tb54[illegible]_11	3	179.66
18	abc5[illegible]26	3	177.42
19	tb67[illegible]38	3	175.6
20	t_14[illegible]2510677_(	3	175.54
21	tb61[illegible]34	3	174.8
22	曹慧[illegible]86	3	174.7
	合计	81	4075.59
	平均值	4	185

图 5－2－7　2 月复购客户及销售情况

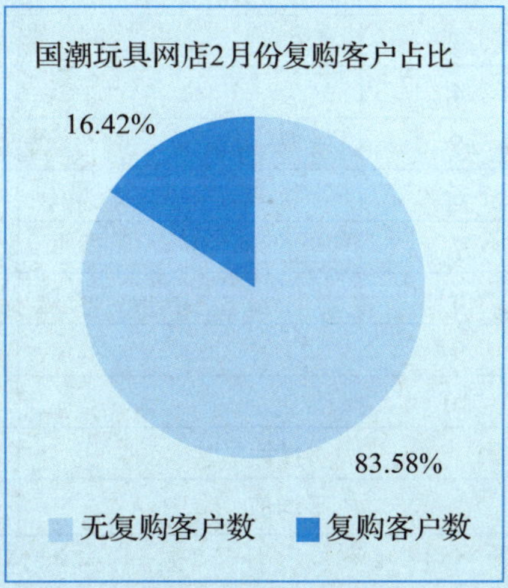

图 5－2－8　2 月复购客户占比

（4）店铺客户活跃情况结论。

国潮玩具网店 2 月活跃客户共计 134 人，复购两次以上的客户只有 22 人，占比为 16.42%；同时，复购客户的平均购买金额是 185 元，购买数量是 4 件。由于店铺刚刚起步，较同行业相比相差较大，建议开展营销活动，为这些优质客户发放定额优惠券，同时加大引流，吸引更多新客户。

2. 任务操作

第一步，明确数据分析目标。

数据分析目标：____。

第二步，数据采集。

注：任务素材请登录中国人民大学出版社官网（www.crup.com.cn）下载。

数据采集渠道及工具：____。

数据采集日期：____。

数据采集的指标：____。

需要计算的指标及其计算方法为：

____。

____。

第三步，进行数据处理与分析，完成表 5-2-4。

表 5-2-4　客户及其购买情况

序号	客户名称	商品数量	支付金额
1			
2			
3			
4			
5			
6			
7			
8			
9			
10			
合计			
平均值			

第四步，数据分析结论。

____

____

____。

评价与总结

1. 课堂表现评价

结合各小组课堂表现情况，完成课堂表现评价表（见表 5-2-5）。

表 5-2-5　课堂表现评价表

小组名称	小组全勤	回答或解决问题	小组讨论	小组汇报	合计
小组一					
小组二					
小组三					
小组四					
小组五					
小组六					

2. 任务成果评价

结合自身任务完成情况，完成任务成果评价表（见表 5-2-6）。

表 5-2-6　任务成果评价表

评价内容	不达标	达标
数据采集：原始数据采集齐全		
数据处理：数据清洗到位，无缺失、无错值、格式统一		
数据处理：恰当选择分析指标，且计算结果正确		
数据分析：能够利用 Excel 工具进行筛选、排序，观察得出结论		
数据报告：结论有理有据，科学性强，可信度高		

3. 总结

回顾课程内容，用思维导图形式总结

任务延伸与拓展

如果采集到的数据格式不统一，如客户地址有的标注到省份，有的没有标注；日期格式有的是“年月日”有的是“日月年”等，应如何处理呢？是否可以运用一些公式统一处理呢？

评价与总结

工作任务三

推广数据分析

任务目标

知识目标： 1. 能够说出推广类数据指标的具体含义及数据采集渠道。

2. 能够写出客单价、点击率、点击转化率、投资回报率等推广数据的计算公式。

技能目标： 能够对系统导出的推广数据表进行处理，并分析说明对店铺推广效果最好的渠道。

素养目标： 1. 能够认真严谨地分步骤处理数据，培养尽职尽责的态度、精益求精的敬业精神。

2. 能够认识到科学地选择推广渠道的重要性，避免盲目投资。

3. 能够区分主观与客观，科学看待现象与本质，理解、挖掘现象背后的本质。

任务背景

“乡里人家”店铺经过两年的运营，积累了一定的经验和数据，为了进一步提高效益，开展了一系列营销推广活动。经过 3 个月的推广，店铺销量增长趋势不够强劲，与投资明显不成正比。因此，小白需要对推广数据进行统计分析，查找原因，为制定下一步推广营销策略提供思路。

任务分析

要提高推广效果，就要了解各推广渠道的引流情况，评估推广效果，尽可能做到精准投放。无论是做免费推广还是付费推广，都需要对效果进行实时监控和阶段性统计分析，以便及时发现问题，调整推广策略。分析推广效果，一般从营销活动所产生的流量、转化和效果三个方面具体进行分析。其中，流量数据能够体现不同营销推广渠道的引流情况；转化数据可以分析店铺运营各层级向下一层级转化的效果，以便查找是哪一个层级影响了转化；最后，通过成交相关数据，可以对店铺推广效益进行分析。

知识解析

一、推广数据指标

店铺运营，通常会在两个渠道开展推广活动，一个是付费渠道，另一个就是免费渠道。不论是通过何种渠道做宣传推广，店铺都要实时留意监测掌控推广效果。尤其是付费渠道，通过数据统计、对比分析，商家可以找到更适合本企业的投资推广渠道，并制订最佳推广计划以控制运营成本保持在合理范围内，甚至找到最优推广组合策略，降低企业运营成本、提高效益。

店铺通常从三个方面监测和反馈推广效果，即流量、转化和效果三个方面。它们分别对应如下三组数据指标。其中，需要重点关注的有 PV、UV、展现量（曝光量）、下单转化率和全网点击率等。

1. 流量数据

流量分析，有助于评估营销推广策略效果，完成客户画像。通过了解不同渠道的引流情况，商家能够减少投资推广的盲目性，及时评估营销推广策略的有效性，为完善营销策略提供有力的数据支撑。根据推广渠道不同，流量分为站内流量和站外流量；根据是否付费，流量分为免费流量和付费流量。相比之下，随着媒体形式的丰富，站外流量形式越来越多，而付费流量见效快但成本高。反馈店铺开展推广活动后，流量情况变化的数据主要围绕客户访问情况设定。具体指标如表 5-3-1 所示。

表 5-3-1　流量数据指标

数据指标	指标含义
访客数（UV）	访客数（Unique Visitor，UV），指在统计周期内，访问店铺的独立客户数（去重）
新访客数	首次访问店铺的客户数
新访客占比	在统计周期内，新访客数占访客数（UV）的比例
回访客数	上一统计周期内访问过店铺的客户，在本统计周期内再次访问店铺的客户数
回访客占比	回访客数占访客数（UV）的比例
浏览量（PV）	浏览量（Page View，PV），又称访问量，指在统计周期内，客户浏览（访问）店铺页面的次数（不去重）
平均访问量（人均浏览量）	又称平均访问深度，指在统计周期内，客户每次浏览（访问）店铺页面的次数的平均值，即平均每个 UV 访问了多少个 PV
停留时间	在统计周期内，客户浏览（访问）店铺页面的时长
平均停留时间	在统计周期内，客户浏览（访问）店铺页面的平均时长
入站次数	在统计周期内，客户从店外进入店铺内的次数
跳失	在统计周期内，访客入站后只浏览了一个页面就离开的行为。比如首页跳失、关键页跳失、商品详情页跳失等

续表

数据指标	指标含义
跳失率	在统计周期内，访客跳失次数占入站次数的比例。比如首页跳失率、关键页面跳失率、商品详情页跳失率等
关注数	在统计周期内，新增关注店铺的客户数（包含先关注再取消关注的客户数）

其中，需要特别注意的是“去重”与“不去重”的区别。如，访客数，该数据指标只统计独立客户数量，同一客户多次访问店铺页面只能算一个访客，这种方法是“去重”计算，即去掉重复值。而浏览量这一指标，随着客户每多访问一个店铺网页即会增加一个访问量，即使是客户多次打开或刷新同一个店铺页面，这些访问量都会被计入其中，这种方法是“不去重”计算，即不去掉重复值。此外，对于入站次数这一指标，多次入站的行为通常会发生在客户使用多标签浏览器访问店铺的情况下，访客对店铺的每一次访问均有可能发生多次入站行为。

2. 转化数据

转化相关的数据能够直接反映店铺运营推广成效，其中，转化率是网店运营的核心指标。商家可以通过以下几个指标监测店铺运营推广的转化情况，并根据不同转化指标，找到是哪个环节影响、阻碍了转化，由此提出有针对性的解决方案。值得再次强调的是，产生实际购买行为一般以完成支付全部货款为准，加购与下单行为均不构成实际购买。具体指标如表 5－3－2 所示。

表 5－3－2　转化数据指标

数据指标	指标含义
展现量（曝光量）	在统计周期内，通过搜索关键词，店铺或店铺商品被展现的次数，也称曝光量
点击量	在统计周期内，某个或者某些关键词广告被点击的次数
点击率（全网点击率）	在统计周期内，某个或者某些关键词广告被点击的次数占通过搜索该关键词展现店铺或店铺产品的次数的比率，即点击量占展现量的比率
点击转化率	在统计周期内，客户点击关键词广告进入店铺，又产生实际购买行为的次数，即产品成交次数占关键词广告被点击的总次数的比率，即成交次数占点击量的比率
支付转化率	在统计周期内，产生实际购买行为的客户数占店铺访客总数的比率
注册转化率	在统计周期内，店铺新增注册客户数占所有新访客数的比率
收藏转化率	在统计周期内，收藏或关注客户数占网店或商品页面总访问数的比率
下单转化率	在统计周期内，下单客户数占该商品页面访客总数的比率
咨询转化率	在统计周期内，咨询客服后产生下单行为的客户数占咨询客服的总客户数的比率

续表

数据指标	指标含义
客服转化率	在统计周期内，咨询客服后产生购买行为的客户数占咨询客服的总客户数的比率
付款转化率	在统计周期内，产生购买行为的客户数占下单客户总数的比率
成交转化率	在统计周期内，产生购买行为的客户数占该商品所有访客数的比率

知识拓展

转化漏斗模型

网店运营最重要的营销推广效果一般通过转化漏斗模型来呈现。通过展示营销推广各环节的转化率，商家可以一目了然地看出是哪一个环节阻碍了转化。营销推广各环节通常指店铺从实施推广计划开始，获取客户流量并引导消费者选购、加购、下单直至支付整个流程中涉及的各个环节，如广告设计、广告推送、详情页设计、客服咨询、优惠活动等。从上一个环节能否顺利转化到下一个环节，有多少客户能从看到商品开始，一直能不断继续操作，最终顺利完成付款，又有多少客户，因为何种原因没有完成付款，就需要通过监测每一环节的转化情况，即不同转化指标数据来查看。常见的转化漏斗模型，如图 5－3－1 所示。

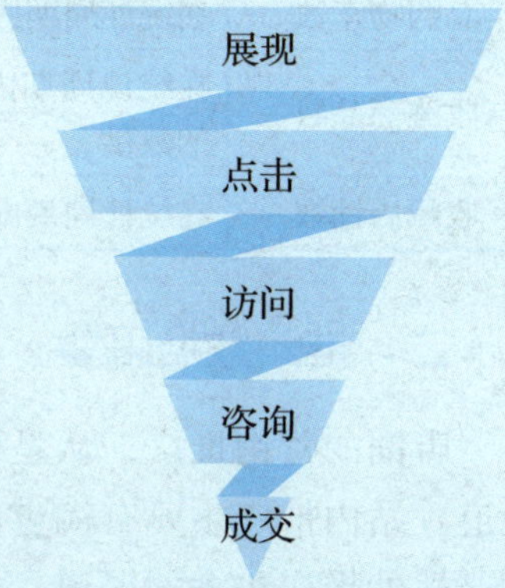

图 5－3－1　常见的转化漏斗模型

随着环节往下进行，能继续完成下一步操作的客户会越来越少，流失率越来越高。企业可以利用这个模型分析找到流失率偏高的环节并分析原因，及时制定、调整营销运营策略。

3. 效果数据

关于推广的效果，可以通过以下几个数据反馈。具体指标见表 5－3－3。

表 5－3－3　效果数据指标

数据指标	指标含义
花费	在统计周期内，店铺在付费推广渠道开展营销活动所投入的费用
平均点击花费	在统计周期内，某个或者某些关键词广告被点击的平均花费
直接成交金额	在统计周期内，客户通过点击某个或者某些关键词广告进店，并最终实际购买了该广告产品的总成交金额
间接成交金额	在统计周期内，客户通过点击某个或者某些关键词广告进店，没有购买该广告产品，而购买店内其他产品的总成交金额

续表

数据指标	指标含义
总成交金额	在统计周期内，直接成交金额与间接成交金额之和
直接成交笔数	在统计周期内，客户通过点击某个或者某些关键词广告进店，并最终实际购买了该广告产品的总成交笔数
间接成交笔数	在统计周期内，客户通过点击某个或者某些关键词广告进店，没有购买该广告产品，而购买店内其他产品的总成交笔数
总成交笔数	在统计周期内，直接成交笔数与间接成交笔数之和
直接购物车数	在统计周期内，客户通过点击某个或者某些关键词广告进店，并将广告产品加入购物车的产品数量
间接购物车数	在统计周期内，客户通过点击某个或者某些关键词广告进店，将店内其他产品加入购物车的产品数量
总购物车数	在统计周期内，直接购物车数与间接购物车数之和
收藏商品数	在统计周期内，客户通过点击某个或者某些关键词广告进店，将店铺产品收藏的数量
收藏店铺数	在统计周期内，客户通过点击某个或者某些关键词广告进店并收藏店铺的次数

二、推广数据采集

店铺的营销推广，从是否依托电商平台发起，可以分为站内推广和站外推广两个渠道。站内推广主要有淘宝的直通车、钻展及淘宝客等，京东的京东快车、京东直投等；站外推广包含的渠道、形式与种类要复杂得多，对于一般网店来说，主要集中在新媒体运营推广，比如微信公众号、抖音、小红书、今日头条等。因此，推广数据的采集渠道也因推广渠道的不同而不同。

在淘宝生意参谋中的“流量”板块中，可以采集到全店铺的流量概况，来源和去向，访客数，访客特征，店内动线路径分析（见图 5－3－2），“日常承接页”分析（见图 5－3－3）。

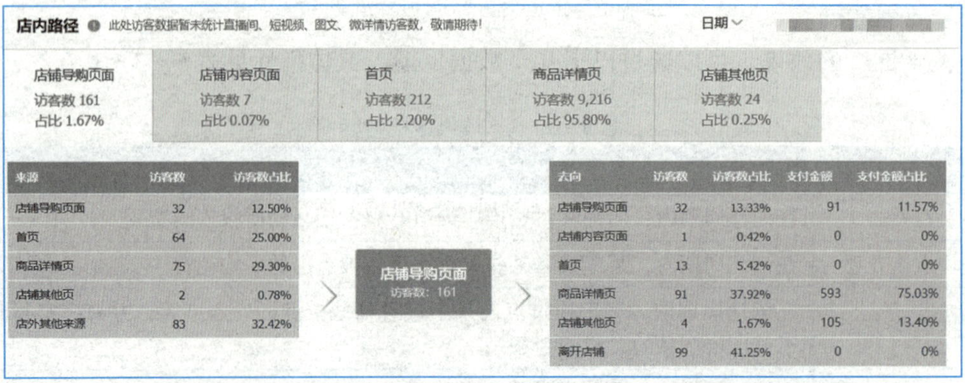

图 5－3－2　某店铺生意参谋“流量纵横”中的“店内路径”数据

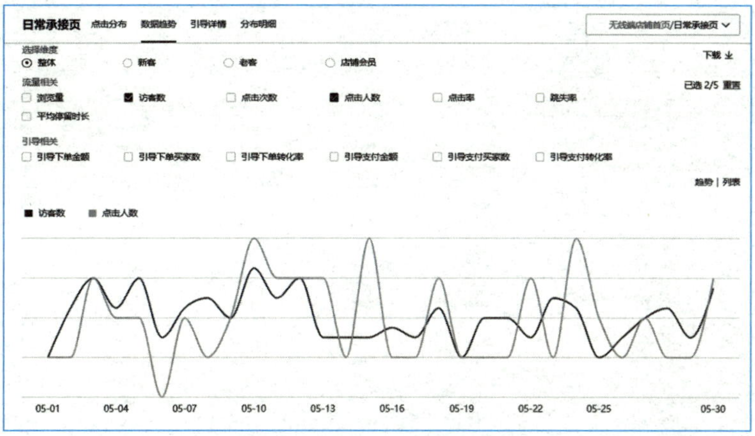

图 5-3-3 某店铺生意参谋“流量纵横”板块下“日常承接页”分析

以淘宝直通车为例，进入后台后，就可以采集到推广的实时数据和阶段数据（见图 5-3-4），如展现量、点击量、点击率、平均点击花费、总成交笔数、总成交金额等，还可以在下拉弹窗中选择不同的数据组合进行采集。

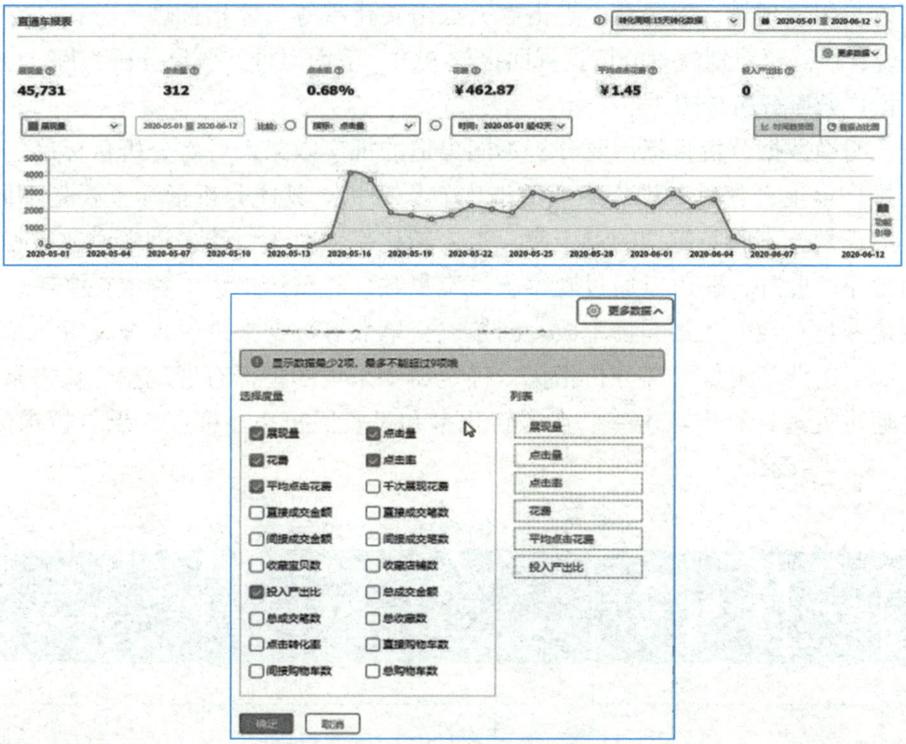

图 5-3-4 某网店直通车后台数据

对于站外推广渠道来说，各自有各自不同的后台系统可以采集到数据（见图 5-3-5）。对于独立站点来说，可以通过百度统计等采集访客量、浏览次数、访问时长及跳出率等；对于邮件营销，可以通过具体的设置来收集邮件的送达与阅读量等数据。

来路域名	独立访客(UV)	IP	新独立访客	站内总浏览次数	平均访问时长	跳出率
全站总计	74315	71250	26826	1909080	7分38秒	31.81%
www.baidu.com	8199	8538	4477	105264	5分6秒	30.68%
tui.cnzz.net	4952	4009	1719	32180	7分2秒	75.1%
www.so.com	2699	2814	1461	35939	5分21秒	38.73%
so.360.cn	1105	1120	690	15892	4分41秒	48.67%
hao.360.cn	985	1133	102	18535	5分58秒	23.5%
www.hao123.com	479	573	49	14502	5分8秒	19.3%
www.sogou.com	885	925	525	6789	5分14秒	43.25%
hao.app111.com	210	256	15	2154	2分20秒	64.95%
tieba.baidu.com	346	363	281	2282	2分49秒	48.06%
m.baidu.com	303	338	148	1459	3分9秒	60.04%
cache.baiducontent.com	73	144	18	1567	2分29秒	30.41%
www.fishingsq.com	241	236	194	651	4分40秒	73.36%
bbs.xafish.com	142	139	128	586	2分28秒	56.22%
mail.qq.com	135	132	62	691	1分9秒	31.87%
so.xadiaoyu.com	62	63	19	378	9分51秒	73.47%
m.sa.sm.cn	50	57	12	275	2分22秒	45.05%
m5.baidu.com	39	37	26	152	3分2秒	58.33%

图 5-3-5　某独立站点后台访客数据

三、推广数据处理与分析

分析各推广渠道的推广效果是有效反馈投放是否精准的重要手段之一。分析推广效果可以运用展现量、点击量、点击率、点击转化率等具体指标进行分析，对于付费流量来说，还需要特别注意分析投资回报率 ROI。下面以推广效果分析为例。

1. 推广效果分析步骤

（1）明确数据分析目标：要分析不同渠道的推广效果，可将分析目标确定为店铺各免费推广渠道、各付费推广渠道的推广效果分析。具体分析指标主要是不同时期、不同推广计划、不同关键词的点击率、点击转化率，对于付费渠道来说，还需要分析投资回报率。此外，还可以通过观察收藏宝贝数、收藏店铺数、总成交金额、总收藏数、直接购物车数、间接购物车数、间接成交笔数等数据来进一步查看每一步的推广转化情况。由此，根据目标分析指标，确定需要采集的指标有展现量、点击量、花费等，再通过处理计算出点击率、点击转化率和投资回报率。推广效果分析指标示意，如表 5-3-4 所示。

表 5-3-4　推广效果分析指标示意

月份	展现量	点击量	共花费（分）	总成交笔数	总成交金额	千次展现花费（分）	平均点击花费（分）	点击率	点击转化率	投资回报率
10 月										
11 月										
总计										

（2）数据采集：以淘宝直通车为例，从店铺后台进入直通车，在首页找到直通车当天推广数据指标，通过调整时间、选择更多指标，可以导出所需具体时间段的相应数据，如图 5-3-6 所示。

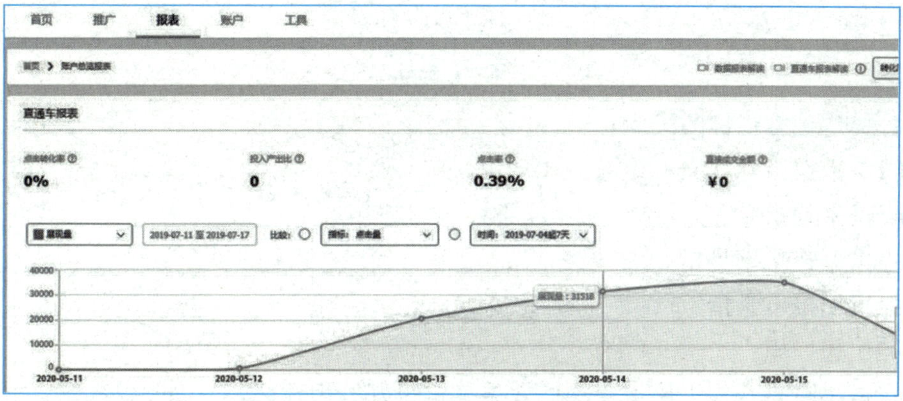

图 5-3-6 推广数据采集渠道（直通车）

（3）数据处理：根据目标添加所需要的数据指标，并完成计算。

（4）数据分析：根据需要对单一或多个指标进行排序，通过观察、进一步计算等手段进行分析，找到推广效果较好和较差的渠道，尝试分析原因，得出结论。

2. 推广效果分析注意事项

推广渠道分为付费渠道和免费渠道，各自可以采集到的数据有所不同，要根据相应渠道不同数据确定分析指标，并进行相应的计算。

素养园地

电子商务数据的真实有效性

数据分析的前提是数据真实有效，如果所采集的数据不准确或者已经失效，那么数据分析的结果就会有偏差，甚至差之毫厘，谬以千里。无论何种原因造成的数据失真，其结果都会导致数据分析结果失去原有的意义，不能作为分析店铺运营问题的依据，根据错误的数据分析结果制定的运营、营销策略更会对网店运营带来严重后果，甚至产生无法挽回的损失。

《中华人民共和国数据安全法》

保证采集的数据真实有效，是数据运营人员的基本职责之一，也是应当具备的职业素养。

《中华人民共和国刑法》第二百八十六条规定：违反国家规定，对计算机信息系统功能进行删除、修改、增加、干扰，造成计算机信息系统不能正常运行，后果严重的，处五年以下有期徒刑或者拘役；后果特别严重的，处五年以上有期徒刑。

违反国家规定，对计算机信息系统中存储、处理或者传输的数据和应用程序进行删除、修改、增加的操作，后果严重的，依照前款的规定处罚。

故意制作、传播计算机病毒等破坏性程序，影响计算机系统正常运行，后果严重的，依照第一款的规定处罚。

学习笔记

1. 推广数据指标的概念

（1）数据指标含义：

点击率是指 ______________________________。

点击率转化率是指 ______________________________。

投资回报率是指 ______________________________。

（2）想一想：

点击率高是否代表该渠道推广效果一定很好？为什么？

______________________________。

点击转化率高是否代表该渠道推广效果一定很好？为什么？

______________________________。

还有哪些指标可以用于分析推广效果？为什么？

______________________________。

2. 推广渠道的分类

推广渠道可以根据不同标准分类，分别是：

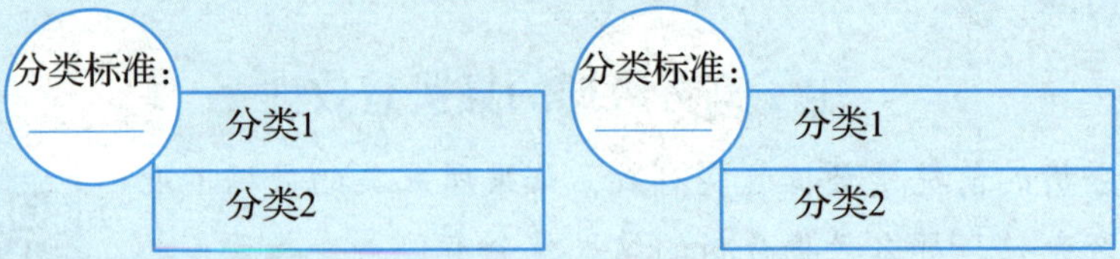

3. 推广数据处理与分析

（1）请列举能够反映店铺广告设计水平的转化率指标：

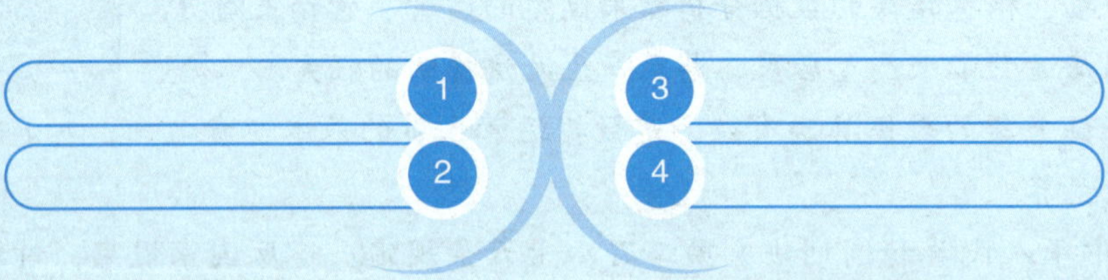

（2）请列举能够反映店铺产品详情页设计水平的转化率指标：

实训任务

1. 任务示例

推广数据分析目标：对不同推广渠道的引流效果和质量进行分析。

推广数据指标：渠道来源、独立访客数、浏览次数、平均访问时长、跳出率。

推广数据分析，如表 5－3－5、表 5－3－6、表 5－3－7 所示。

表 5－3－5 付费推广渠道引流效果

渠道来源	独立访客数（人）	浏览次数（次）	平均访问时长（小时）	跳出率
钻石展位	29 478	10 967	02:21	57.23%
直通车	24 121	7 928	02:54	69.41%
聚划算	23 201	7 893	01:03	53.37%
淘宝客	13 007	1 738	01:47	48.65%
KOL	12 089	2 524	01:17	62.80%

表 5－3－6 免费推广渠道引流效果

渠道来源	独立访客数（人）	浏览次数（次）	平均访问时长（小时）	跳出率
会场	9 721	794	05:41	32.84%
购物车推荐	7 266	648	07:49	21.77%
收藏推荐	6 004	622	05:38	31.96%
淘金币	3 701	292	06:43	45.83%
曾经买过	3 088	230	04:13	48.65%
千人千面	2 461	227	07:43	17.70%
限时购	1 809	102	07:04	32.39%
领券中心	1 640	86	03:27	72.64%

表 5－3－7 付费和免费推广渠道引流效果对比

推广渠道	独立访客数（人）	浏览次数（次）	平均访问时长（小时）	跳出率
付费推广渠道	101 896	31 050	01:52	58.29%
免费推广渠道	35 690	3 001	06:02	37.97%

推广数据分析结论：

通过数据采集与分析，明显可以看出付费推广渠道比免费推广渠道带来的独立访客数多 2 倍左右，浏览次数是免费推广渠道的 10 倍左右，但平均访问时长很低，跳出率较高，说明付费推广渠道取得了较好的引流作用，但可能由于推广落地页面质量不高导致效果不好。

付费推广渠道中，钻碾位引流效果最好；免费渠道中，会场及购物车推荐引流效果较好。建议加大这些渠道的引流力度，同时查找其他渠道的问题，必要时删减渠道数量，提高渠道引流质量。

2. 任务操作

第一步，明确数据分析目标。

明确任务目标：____。

对应采集指标：____。

第二步，数据采集。

注：图片素材请登录中国人民大学出版社官网（www.crup.com.cn）下载。

数据采集渠道及工具：__________________________________。

数据采集日期及时间段：________________________________。

第三步，数据处理与分析，完成表 5－3－8、表 5－3－9、表 5－3－10。

表 5－3－8　免费和付费渠道引流数据分析

推广渠道	独立访客数	浏览次数	平均访问时长	跳出率
付费推广渠道汇总				
免费推广渠道汇总				

表 5－3－9　不同渠道大类引流数据分析

渠道来源	独立访客数	浏览次数	平均访问时长	跳出率

表 5－3－10　不同具体渠道引流数据分析

渠道来源	独立访客数	浏览次数	平均访问时长	跳出率

第四步，数据分析结论。

____

____

____。

评价与总结

1. 课堂表现评价

结合各小组课堂表现情况，完成课堂表现评价表（见表 5－3－11）。

表 5－3－11 课堂表现评价表

小组名称	小组全勤	回答或解决问题	小组讨论	小组汇报	合计
小组一					
小组二					
小组三					
小组四					
小组五					
小组六					

2. 任务成果评价

结合自身任务完成情况，完成任务成果评价表（见表 5－3－12）。

表 5－3－12 任务成果评价表

评价内容	不达标	达标
数据采集：原始数据采集齐全		
数据处理：数据清洗到位，无缺失、无错值，格式统一		
数据处理：恰当选择分析指标，且计算结果正确		
数据分析：能够利用 Excel 工具进行筛选、排序，观察得出结论		
数据报告：结论有理有据，科学性强，可信度高		

3. 总结

回顾课程内容，用思维导图形式总结

任务延伸与拓展

学会了通过点击率、点击转化率查看推广效果，请思考还有哪些其他指标可以用来分析推广效果？如何分析？

提示：仔细观察转化漏斗。

任务背景

知识解析

工作任务四

销售数据分析

任务目标

知识目标：1. 能够说出销售数据指标的具体含义及指标采集渠道。

2. 能够写出客单价、件单价、利润率等销售数据指标的计算公式。

技能目标：能够利用不同预测方法，完成对销量数据的预测。

素养目标：1. 能够认真严谨地分步骤处理数据，培养尽职尽责的态度。

2. 能够认识到科学选择推广渠道的重要性，避免盲目投资。

任务背景

“乡里人家”店铺通过对推广数据进行分析，改变了营销推广策略，取得了较好的效果。经过一段时间的运营，小白需要对销售情况进行分析，并对下一阶段的销售进行预测，为后期采购、备货，调整供应链，制订销售计划，调整销售策略提供基础数据支撑。

任务分析

销售盈利是企业运营的根本目的，企业运营的成果势必要通过一系列销售数据来体现和反馈，并由此反推出阻碍销售正常进行的环节，及时发现问题、解决问题。销售相关的数据通常可以从订单、退货、销售利润、客户价值与投资回报几个方面来进行分析。在做销售预测时，还需要根据产品的不同特性选择不同的预测方法，如受季节等因素影响较大的、不受影响或影响较小的产品，在预测方法上显然有所不同。

知识解析

一、销售数据指标

对销售数据进行分析，有助于正确、快速地做出市场决策，及时了解营销计划的执行效果，提高网店营销系统运行的效率。当今市场形势瞬息万变，迭代速度越来越快，商家只有掌握产品销售及市场需求情况，才能及时对变化规律做出反应，有针对性地调整营销运营策略，从而抓住商机。而对销售情况的分析，就是调整策略的基础，是分析销售过程中存在的问题的重要手段之一。销售数据同其他数据一样，是店铺运营数据分析不可分割的一部分，起到举足轻重的作用。销售数据指标主要是从网店成交量、成交额和利润等方面统计店铺的销售数据，并通过几个辅助指标从侧面反映店铺整体销售情况。通常包括以下几个方面的指标。

1. 关于订单

网店销售的订单，通常可以通过表 5-4-1 中所列指标反馈。

表 5-4-1 订单相关指标

数据指标	指标含义
有效订单	在统计周期内，客户对店铺产品下单，生成正式订单并完成付款的订单
无效订单	在统计周期内，客户对店铺产品下单，生成正式订单但没有完成付款的订单
成交客户数量	在统计周期内，对店铺产品下单，生成正式订单并完成付款的客户数量
订单数量	在统计周期内，店铺收到的总有效订单数量
订单金额	在统计周期内，店铺收到的总有效订单金额
订单转化率	在统计周期内，店铺有效订单数占访客数的比例

2. 关于退货

网店的退货情况，通常可以通过表 5-4-2 中所列的指标反馈。

表 5-4-2 退货相关指标

数据指标	指标含义
退货数量	在统计周期内，客户下单并完成付款后，又产生退货行为的订单数量
退货金额	在统计周期内，客户下单并完成付款后，又产生退货行为的订单金额
退货客户数量	在统计周期内，下单并完成付款后，又产生退货行为的客户数量
订单退货率	在统计周期内，店铺退货数量占产品总成交量的比例

3. 关于销售量、销售额和利润

网店的销售量、销售额和利润，通常可以通过表 5-4-3 中所列的指标反馈。

表 5-4-3 销售和利润相关指标

数据指标	指标含义
销售量	在统计周期内，店铺实际销售的产品数量
销售额	在统计周期内，店铺实际销售的总销售额
销售毛利	在统计周期内，销售额扣除销售成本后的利润
销售毛利率	在统计周期内，销售毛利占实际总销售额的比例
销售利润	在统计周期内，店铺的全部收入扣除全部成本、税费及各种损失后的净利润。其中，全部收入包括营业收入、投资收益、资产处置收益等；成本税费包括各种销售、管理、财务等费用；损失包括投资损失，资产处置损失等，视店铺企业具体情况而定
销售利润率	在统计周期内，销售利润占销售额的比例

4. 关于客户价值与投资回报

网店投资情况和客户价值等情况，通常可以通过表 5－4－4 中所列的指标反馈。

表 5－4－4　客户价值与投资回报相关指标

数据指标	指标含义
投资回报率	在统计周期内，销售利润占投资总额的比例
客单价	在统计周期内，成交总金额与成交总客户数之比。它反映客户为店铺贡献的价值的平均水平。客单价高说明客户质量较好，需要结合客户总数分析
件单价	在统计周期内，成交总金额与成交总产品数量之比。它反映单件产品为店铺贡献的价值的平均水平。件单价高说明产品获利能力较好，需要结合产品总数分析

投资回报率（Return on Investment，ROI）是指通过投资而应返回的价值，即企业从一项投资活动中得到的经济回报。它涵盖了企业的获利目标。投资回报率 =（税前年利润 / 投资总额）× 100%，是指企业从一项投资性商业活动中得到的经济回报，是衡量一个企业盈利状况所使用的指标，也是衡量一个企业经营效果和效率的一项综合性指标。

二、销售数据采集

不同电商平台对入驻的店铺都提供了相应的后台，商家可以在相应的后台系统与销售相关的板块中获取各项数据指标（见图 5－4－1）。进入店铺后台，在交易管理模块，可以看到“已卖出的宝贝”的相关信息及详细数据。根据订单的不同状态可以细分为近三个月订单、等待买家付款、等待发货、已发货、退款中、需要评价、成功的订单、关闭的订单和三个月前订单等。还可以通过商品名称、买家昵称、订单编号等详细信息进行搜索。在生意参谋中，商家可以从交易模块获得销售概况、交易构成和交易明细等销售数据。在数据纵横中，商家可以在成交分析板块查看销售数据分析。与此同时，店铺的排名、成交概况、成交分布及成交核心指标都有所体现。

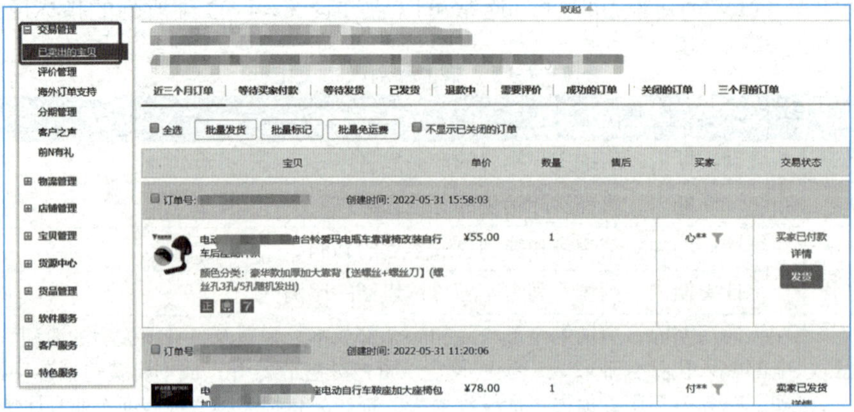

图 5－4－1　某店铺销售数据采集渠道

三、销售数据处理与分析

电商企业经营过程中，要特别注意监控销售数据，并根据前期销售数据，针对市场变化及时调整营销策略。利用科学的方法和手段，通过对每个月的销量进行比较分析，及时整理汇总销量增减情况，企业能够及时发现数据变动的原因，调整相关策略。通过分析一段历史时期的销售数据，可以对未来一段时间内的销售趋势进行预测，找到影响销售的因素，进而为制定下一步营销策略提供依据。

如果要对店铺销量进行预测，需对不同的产品采用不同的分析方法。例如，对受季节影响较大的产品进行销量预测，可以拟确定分析目标为统计近四年各季度销量，并计算同季度平均值、季度平均值、季度比率，最终做出下一年销量预测。对几乎不受季节等环境因素影响的产品进行销量预测，则可拟确定分析目标为统计近两年各月份销量，并利用移动平均法测算下一年度各月份销量。然后，再结合产品特点进行分析，找到影响销量的因素，尝试分析原因，得出结论。

知识拓展

时间序列预测法

时间序列预测法其实是一种回归预测方法，属于定量预测。其基本原理是：一方面承认事物发展的延续性，运用过去的时间序列数据进行统计分析，推测出事物的发展趋势；另一方面充分考虑到由于偶然因素影响而产生的随机性，为了消除随机波动产生的影响，利用历史数据进行统计分析，并对数据进行适当处理，进行趋势预测。

时间序列预测法可用于短期、中期和长期预测。根据对资料分析方法的不同，又可分为：简单序时平均数法、加权序时平均数法、移动平均法、加权移动平均法、趋势预测法、指数平滑法、季节性趋势预测法、市场寿命周期预测法等。

常见图表及其应用

其中，季节性趋势预测法是根据事物每年重复出现的周期性季节变动指数，预测其季节性变动趋势。推算季节性指数可采用不同的方法，常用的方法有季（月）别平均法和移动平均法两种。

季（月）别平均法，就是把各年度的数值分季（或月）加以平均，除以各年季（或月）的总平均数，得出各季（月）指数。这种方法可以用来分析生产、销售、原材料储备、预计资金周转需要量等方面的经济事物的季节性变动。

移动平均法，即应用移动平均数计算比例计算典型季节指数。

学习笔记

1. 销售数据指标概念

（1）销售额、成交转化率与客单价。

对于网店来说，销售额除了可以通过产品单价和销量来计算，还经常以访客数、成交转化率和客单价来计算，反之也能计算客单价。请尝试用公式表明这几个指标之间的关系。

销售额 = ________________。

客单价 = ________________。

（2）算一算。

某网店上个月有 5 000 个访客，其中有 300 个客户购买了产品，系统显示客单价为 60 元，上月总销售额为多少？成交转化率为多少？ 销售额：__________。 成交转化率：__________。	某网店近 1 个月成交了 1 132 件产品，产品总额为 21 036 元，成交客户数为 132 人，该网店近一个月的件单价和客单价分别为多少？ 件单价：__________。 客单价：__________。

（3）想一想。

一家经营“国潮”玩具鲁班锁的网店 A，上个季度客单价是 10 元；另一家经营相同产品的网店 B，上个季度客单价是 100 元。你认为哪家网店的经营状况好？为什么？

2. 销售数据采集渠道

在生意参谋中，商家可以从 __________ 获得 __________、__________ 和 __________ 等销售数据；数据纵横中，商家可以在 __________ 中查看销售数据分析。

3. 销售数据处理与分析

对销量进行预测，可以采用多种方法。其中，__________ 的产品适合采用季节趋势预测法进行预测；反之，可以采用 __________ 来进行预测。

实训任务

1. 任务示例

销售数据分析目标：对店铺前一阶段益智玩具销量数据进行分析，明确各品类销售情况。

销售数据指标：买家实际支付金额、订单付款时间、商品标题、商品种类、商品总数量。

销售数据分析，如表 5－4－5、图 5－4－2 所示。

表 5－4－5　不同商品销售数据分析表

商品标题	总支付金额（元）	总数量（件）
移车出库汽车华容道儿童益智玩具男孩女孩早教 3～6～9 岁幼儿园	3 585.6	72
儿童益智玩具积木叠叠乐层层堆叠叠高男孩女孩亲子互动宝宝	1 728	60
鲁班锁孔明锁全套装礼盒儿童智力玩具 6～8 岁以上男孩 10～12 岁	1 434	30
儿童故事拼图玩具幼儿早教木质拼图拼板男孩玩具女孩生日礼物	554.4	28
高难度拼图成人古风国潮国粹名画儿童玩具男孩女孩生日礼物	2 397.6	27
鲁班锁五件套装儿童 3～6 岁以上智力玩具 7～14 岁生日礼物	1 047.6	27
儿童男女小孩成人通关三国解题拼图早教积木玩具新年礼物	716.4	18

商品种类	买家实际支付总金额（元）	总数量（件）
堆叠	1 728	60
鲁班锁	2 481.6	57
拼图	2 952	55
通关解题	4 302	90
总计	11 463.6	262

a

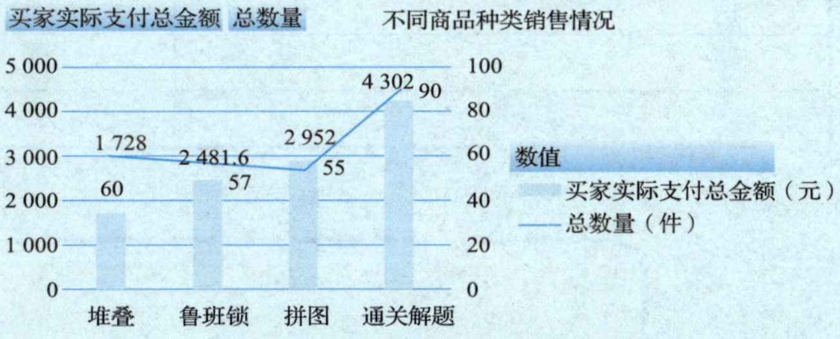

b

图 5－4－2　不同商品种类销售情况

销售数据分析结论：

通过对店铺前一阶段销售数据采集与分析，可以得出通过解题类的产品销售情况较好，而拼图类的产品销量相对最低，需要结合展现和点击情况进一步分析原因；从具体产品看，移车出库汽车华容道和儿童的积木堆叠产品是最受欢迎的，说明比较符合现有客户群需求；而同类别的“儿童男女小孩成人通关三国解题拼图早教积木玩具新年礼物”销量非常低，可能的原因有目标客户定位不准确、推广不到位等，需要进一步分析；同时，可以发现标题中含有“生日礼物”关键词的销量并不高，需要结合展现和点击数据进一步分析原因。综上来看，移车入库和层层堆叠产品销量比较好，较高难度成人拼图和三国通关销量不高，可能是推广目标人群定位不准确造成的。

2. 任务操作

第一步，明确数据分析目标。

明确任务目标：____。

对应采集指标：____。

第二步，数据采集。

注：任务素材请登录中国人民大学出版社官网（www.crup.com.cn）下载。

数据采集渠道及工具：________________________________。

数据采集日期时间段：________________________________。

第三步，进行数据处理与分析，完成表 5－4－6。

表 5－4－6 “乡里人家”店铺不同种类产品销售数据

商品标题	商品种类	买家实际支付金额	商品总数量

图 5－4－3 “乡里人家”店铺不同种类产品销售数据

第四步，数据分析结论。

____

____

____。

评价与总结

1. 课堂表现评价

结合各小组课堂表现情况，完成课堂表现评价表（见表 5-4-7）。

表 5-4-7　课堂表现评价表

小组名称	小组全勤	回答或解决问题	小组讨论	小组汇报	合计
小组一					
小组二					
小组三					
小组四					
小组五					
小组六					

2. 任务成果评价

结合自身任务完成情况，完成任务成果评价表（见表 5-4-8）。

表 5-4-8　任务成果评价表

评价内容	不达标	达标
数据采集：原始数据采集齐全		
数据处理：数据清洗到位，无缺失、无错值、格式统一		
数据处理：恰当选择分析指标，且计算结果正确		
数据分析：能够利用 Excel 工具进行筛选、排序，观察得出结论		
数据报告：结论有理有据，科学性强，可信度高		

3. 总结

回顾课程内容，用思维导图形式总结

任务延伸与拓展

对“乡里人家”店铺来说，影响销售的因素可能有哪些？如何规避这些影响？

参考文献

[1] 曾弘毅．淘宝天猫 SEO 从入门到精通．北京：中华工商联合出版社，2018．

[2] 白东蕊．网店运营与管理．北京：人民邮电出版社，2021．

[3] 陈志轩，张运建，张艳格，张燕．淘宝网店运营．北京：人民邮电出版社，2019．

[4] 刘建珍，刘亚男，陈文婕．网店金牌客服．北京：人民邮电出版社，2018．

[5] 欧阳红巍，王晓亮．淘宝网店运营与管理．北京：人民邮电出版社，2021．

[6] 恒盛杰电商资讯．淘宝天猫食品与农产品网店运营．北京：机械工业出版社，2016．

[7] 大麦电商学院．淘宝网店金牌客服．北京：人民邮电出版社，2021．

[8] 北京鸿科经纬科技有限公司．网店运营基础．北京：高等教育出版社，2019．

[9] 北京鸿科经纬科技有限公司．网店运营推广．北京：高等教育出版社，2019．

[10] 北京博导前程信息技术股份有限公司．电子商务数据分析基础．北京：高等教育出版社，2019．